ARTE, CLÍNICA E LOUCURA

Dados Internacionais de Catalogação na Publicação (CIP)
(Câmara Brasileira do Livro, SP, Brasil)

Lima, Elizabeth Araújo
   Arte, clínica e loucura: território em mutação / Elizabeth Araújo Lima. São Paulo: Summus: FAPESP, 2009.

   ISBN 978-85-323-0518-3 (Summus)

   1. Arte e doença mental 2. Insanidade 3. Psicanálise e arte 4. Psicoterapia - Pacientes 5. Psiquiatria 6. Terapia artística 7. Terapia ocupacional I. Título.

08-10527   CDD-155.232

Índices para catálogo sistemático:
1. Arte-terapia e loucura : Psicologia   155.232
2. Loucura e arte-terapia : Psicologia   155.232

Compre em lugar de fotocopiar.
Cada real que você dá por um livro recompensa seus autores
e os convida a produzir mais sobre o tema;
incentiva seus editores a encomendar, traduzir e publicar
outras obras sobre o assunto;
e paga aos livreiros por estocar e levar até você livros
para a sua informação e o seu entretenimento.
Cada real que você dá pela fotocópia não autorizada de um livro
financia um crime
e ajuda a matar a produção intelectual de seu país.

ARTE, CLÍNICA E LOUCURA
território em mutação

Elizabeth Araújo Lima

ARTE, CLÍNICA E LOUCURA
território em mutação
Copyright © 2009 by Elizabeth Araújo Lima
Direitos desta edição reservados por Summus Editorial

Editora executiva: **Soraia Bini Cury**
Assistentes editoriais: **Andressa Bezerra e Bibiana Leme**
Capa, projeto gráfico e diagramação: **Gabrielly Silva**
Imagem da capa: **Fernando Diniz/Museu de Imagens do Inconsciente**

Summus Editorial
Departamento editorial:
Rua Itapicuru, 613 – 7º andar
05006-000 – São Paulo – SP
Fone: (11) 3872-3322
Fax: (11) 3872-7476
http://www.summus.com.br
e-mail: summus@summus.com.br

Atendimento ao consumidor:
Summus Editorial
Fone: (11) 3865-9890

Vendas por atacado:
Fone: (11) 3873-8638
Fax: (11) 3873-7085
e-mail: vendas@summus.com.br

Impresso no Brasil

Para Martim e Julia

Agradecimentos

Este livro originou-se da tese de doutoramento *Das obras aos procedimentos: ressonâncias entre os campos da Terapia Ocupacional e das Artes*, defendida no Programa de Estudos Pós-Graduados em Psicologia Clínica da Pontifícia Universidade Católica de São Paulo. Agradeço aos integrantes do Núcleo de Estudos da Subjetividade pelo engendramento de um espaço de pensamento e criação do qual pude usufruir durante mais de dez anos; ao orientador deste trabalho, professor Peter Pál Pelbart, que soube acompanhar de forma cuidadosa, firme e paciente a descoberta de um caminho de pesquisa, para o qual contribuíram em muito os colegas do grupo de orientação; às leituras sensíveis dos professores Celso Favaretto, Suely Rolnik, Eliane Dias de Castro e Viviane Maximino, nos momentos de qualificação e de defesa de tese.

O trabalho contou com o apoio da Coordenação de Aperfeiçoamento de Pessoal de Nível Superior (Capes); esta publicação, com o apoio da Fundação de Amparo à Pesquisa do Estado de São Paulo (Fapesp).

A construção do trabalho foi marcada pelo encontro que se deu no acompanhamento de pessoas e na prática de ensino em terapia ocupacional. Por esses encontros vitais agradeço aos integrantes e parceiros do Programa Permanente Composições Artísticas e

Terapia Ocupacional (Pacto); aos alunos, estagiários, funcionários e professores do curso de graduação em Terapia Ocupacional da FMUSP e do Curso de Especialização Práxis Artística e Terapêutica: Interfaces da Arte e da Saúde. Em especial, àqueles que contribuíram para a constituição e o desenvolvimento do Laboratório de Estudos e Pesquisa Arte e Corpo em Terapia Ocupacional. Alguns companheiros de viagem durante a realização desta pesquisa estiveram presentes de tal modo que foi como se eu escrevesse com eles: Eliane Dias de Castro, Érika Alvarez Inforsato, Leonardo José Costa de Lima, Ana Lúcia Borges da Costa, Daniela Figueiredo Canguçu, Christiana Moraes e Sylvio Coutinho.

Agradeço, ainda, à psicanalista Carmem Molloy, que tem me ajudado na difícil tarefa de afirmar a vida em sua exuberância e precariedade; e a meus pais, que, cada um a seu modo, sempre apoiaram meus projetos e sonhos.

Há exercícios manuais que são como pequenas iluminações, pois nos conscientizam de que nossa vulnerabilidade é paradoxalmente nossa força, de que nossa inevitável dor forma parte da lógica do ser vivente e de que no tédio que invade os recantos de nossas habitações cotidianas vibra uma lacerante verdade sobre o sentido de nosso estar no mundo. (Martinez, 1998)

Sumário

PREFÁCIO › **11**

INTRODUÇÃO › **15**

1 · Proveniências de um território › **23**

A preparação do terreno › **23**

A clínica como olhar, linguagem e prática › **27**

Visões da arte sobre a clínica: Machado de Assis,
a psiquiatria e a loucura por uma certa literatura › **34**

Experimentações estéticas atravessadas pela clínica:
Qorpo-Santo, um "homem precário", e sua obra › **41**

2 · A emergência das primeiras paisagens › **65**

A trama moderna › **65**

Olhares da clínica sobre a arte: a perspectiva de Freud › **68**

Visões da arte sobre a clínica: modernismo brasileiro,
o interesse pela exterioridade e a presença da psicanálise › **78**

Experimentações estéticas atravessadas pela clínica:
Flávio de Carvalho e a busca da arte no seu limite › **93**

Olhares da clínica sobre a arte: Machado de Assis,
um caso clínico › **103**

Experiências clínicas atravessadas pela arte:
Osório César e a expressão artística nos alienados › **112**

Loucos ou modernos? Uma exposição de Anita Malfatti
e Qorpo-Santo ignorado › **123**

3 • Inflexões rumo a novas configurações do território › **135**

Uma experiência-dobradiça › **135**

Experiências clínicas atravessadas pela arte: Nise da Silveira, do
Setor de Terapêutica Ocupacional ao Museu de Imagens
do Inconsciente › **137**

Olhares da clínica sobre a arte: as concepções de arte presentes
no pensamento de Jung › **149**

Visões da arte sobre a clínica: Mário Pedrosa e o "bom
encontro" entre a crítica de arte e o Museu de Imagens
do Inconsciente › **159**

Experimentações estéticas atravessadas pela clínica:
Abraham Palatnik e Fernando Diniz, artistas e engenhos
de dentro e de fora › **178**

Isso é arte? A ressurreição de Qorpo-Santo ou a recuperação
de uma obra › **199**

CONCLUSÃO • Arte, clínica e loucura. Devires › **207**

O percurso das obras do Museu de Imagens do Inconsciente › **207**

Arte contemporânea na vizinhança da clínica › **210**

Clínica contemporânea na vizinhança da arte › **216**

O "Pacto": um dispositivo artístico e clínico › **219**

Para finalizar › **224**

REFERÊNCIAS BIBLIOGRÁFICAS E ICONOGRÁFICAS › **229**

Livros, jornais, revistas e trabalhos acadêmicos › **229**

Folders, catálogos de exposições e museus › **245**

Filmes e vídeos › **246**

Eventos › **246**

Prefácio

O leitor que se interessa por arte, por loucura ou pela clínica tem em mãos um livro imperdível. Com delicadeza, Elizabeth Lima nos introduz à atmosfera cultural em que se foram tecendo conexões inesperadas entre alienistas, artistas, críticos, loucos, literatos e admiradores – e isso desde o século XIX. Comparecem personagens monumentais, como Machado de Assis e sua fascinação incansável pelo tema da loucura, mas também autores ainda pouco conhecidos, como Qorpo-Santo, que encarnou como ninguém a intersecção entre a escrita arrojadíssima (um Joyce dos trópicos *avant la lettre*) e um triste destino psiquiátrico. A galeria de tipos vai se ampliando, e cada exemplo ilustra, da maneira mais palpável e saborosa, de que modo se abrem brechas antes impensáveis entre domínios até então estanques, como as artes, a loucura, a clínica psiquiátrica. Por exemplo, a autora apresenta-nos um psiquiatra, músico e crítico de arte que trabalhava no Hospital Psiquiátrico do Juqueri, leitor de Freud, de Prinzhorn e admirador de Dubuffet, próximo aos modernistas, que resolve escrever sobre a "expressão artística" nos alienados e promove exposições fora do manicômio. Osório César não só almeja a uma "profissionalização" sustentável para os pacientes como dissemina sua "arte", suscitando espanto e curiosidade entre seus contemporâneos. Menotti del Pichia, por sua vez, fica deslumbrado com o fato de que, nesse tipo de obra, o louco "atinge sem muito esforço" o que todo pintor busca desesperadamente. O artista Flávio de Carvalho escreve com empolgação a esse respeito, valorizando enfaticamente a arte dita "anormal". No mesmo caldo de cultura, a psiquiatra Nise da Silveira, no interior de uma instituição total, inaugura uma abordagem revolucionária no trato com os pacientes, vendo em suas pinturas uma expressão estética universal – no que é corroborada com entusiasmo pelo crítico Mário Pedrosa, que considera essa "franja" de um interesse artístico da maior importância, já que alarga o domínio estético em direção à própria vida e desfetichiza o produto dito artístico no regime capitalista.

São pequenos exemplos de como a autora consegue mostrar, de maneira a um só tempo convidativa e concreta, como os campos da arte e da loucura no Brasil, apartados um do outro no século XIX, foram ressoando, atraindo-se, contaminando-se mutuamente. Com isso, já no século XX, ampliaram-se as fronteiras do que era considerado artístico, mas também do que era considerado clínico e do que parecia monopólio exclusivo da doença. É um movimento cheio de nuances e surpresas, no qual a figura da alteridade mobiliza uma gama extraordinária de afetos e iniciativas concretas, com consequências nos mais diversos domínios, implicando sobretudo uma mudança da sensibilidade coletiva.

Claro que o interesse da autora não é meramente historiográfico, o que já teria sido uma contribuição da maior importância para o estudo dessa reconfiguração no contexto brasileiro, com suas idiossincrasias e seus influxos vindos do exterior. Contudo, a questão que move esta obra é o presente, mais precisamente a clínica no presente. Como validar um campo para a clínica em que essas esferas antes apartadas possam se cruzar e se alimentar reciprocamente? O que está em jogo, para a autora, é como as práticas estéticas podem ser mobilizadas no âmbito da terapia ocupacional, sem rebater a arte em "terapia" nem transformar a terapia em "arte". Reconhecendo o deslocamento contemporâneo belamente enunciado por Celso Favaretto – a saber, de que a arte não consiste hoje em produção de obras, mas em produção de acontecimentos, ações e experimentações –, a autora pergunta-se como essa nova "matéria" poderia fornecer às práticas clínicas atuais elementos para a promoção de processos de vida e de criação. Clínica, portanto, concebida não como mera remissão de sintomas, muito menos como normalização, talvez nem como "cura", porém, como diz Guattari, como recomposição de universos existenciais, como produção mutante de enunciação. Se de fato a modernidade fez explodir a "arte" e a "loucura" como domínios estanques, tal como este livro deixa entrever, oferece-se à clínica a ocasião, nesses novos entrelaçamentos que daí decorrem, de extrapolar o domínio do patológico e da instituição asilar, desterritorializando o próprio foco da aposta clínica.

Um trabalho como este, cuja leitura é um sopro de leveza e inteligência, de pesquisa e delicadeza, é da maior importância para a terapia ocupacional. O leitor atento saberá reconhecer aqui uma genealogia alternativa para esse domínio tão atrelado historicamente à ergoterapia e às práticas disciplinares, já que remete às experimentações tão arrojadas no contexto brasileiro. Com isso, esta obra aponta para uma inflexão possível desse domínio nos dias de hoje, que, aliás, como se sabe, já acontece de fato nas mais diversas iniciativas, inclusive aquelas em que a autora está concretamente implicada. Assim, ao renovar o teor e os desafios da terapia ocupacional hoje, o livro dá a entender que esse domínio não pode ficar restrito a si mesmo; deve se abrir a toda sorte de conexões, de hibridações, de associações. É um belo exemplo de como um recuo no tempo, com base em uma pergunta do presente, nos devolve pistas para repensar o hoje para além de seus limites empíricos, alargando-o em direções inusitadas.

Ao debruçar-se sobre arquivos empoeirados, redescobrindo-lhes a lógica e o frescor – é o trabalho do arquivista, ou da "arqueologia" –, a autora também reconstitui e reinventa, calcada em material "demonstrável", uma nova genealogia. Munida desses resultados, já pode propor outra cartografia do presente. Uma cartografia, nós o sabemos, não é uma representação pretensamente isenta de um estado de coisas, mas uma intervenção, um traçado exploratório que desmonta capturas, produz conexões inéditas, inventa novas saídas, vislumbra e cria, ao mesmo tempo, novos territórios.

Que este trabalho interessa aos terapeutas ocupacionais, isto é óbvio. Que ele interessa aos que se ocupam da loucura, como psicólogos, psicanalistas, acompanhantes terapêuticos e até psiquiatras, também é uma evidência. Que ele possa interessar aos artistas, sobretudo àqueles que pensam os limites de seu ofício e as intersecções que hoje o caracterizam, é igualmente natural. Partindo de minha prática com esse campo, e também de minha frequentação filosófica, eu diria que ele interessa a quem se interroga sobre o estatuto da alteridade hoje, em um contexto que reconfigurou o seu contorno e, por isso mesmo, lança ao ar novos desafios, práticos e teóricos, que a antenagem do presente não pode deixar escapar.

PETER PÁL PELBART
Filósofo e ensaísta, professor do Departamento de Filosofia da Pontifícia Universidade Católica de São Paulo (PUC-SP) e do Programa de Estudos Pós-graduados em Psicologia Clínica da mesma instituição

Introdução

Nietzsche diz que geralmente somos solicitados a pensar e produzir conhecimento com base em um olho carente de toda orientação, no qual deveriam estar entorpecidas e ausentes as forças ativas e interpretativas. No entanto, para esse filósofo, existem unicamente um ver e um conhecer perspectivistas; um ver e um conhecer nascidos dos afetos. Eliminar a vontade e os afetos – supondo que isso fosse possível – significaria castrar o pensamento.

Aceitando o desafio de pensar acolhendo os afetos, realizei este trabalho a partir do encontro que se dá, no cotidiano da terapia ocupacional, entre corpos cuidadores, corpos marcados pela deficiência, pela loucura e pelo abandono, corpos aprendizes, corpos sonoros e musicais, corpos de tinta, argila, máquina fotográfica, corpos de obras inacabadas, de outras aparentemente acabadas. Fomos tomados pela força daquilo "que ainda não é arte, mas que talvez possa se tornar arte" (Bausch, 2000) e mobilizados pela ressonância entre práticas artísticas e processos terapêuticos. Essa ressonância fez reverberar proximidades entre os trabalhos de artistas contemporâneos e os de alguns pacientes e vizinhanças entre dispositivos clínicos e procedimentos estéticos.

Para explorar essa ressonância, partimos do campo da terapia ocupacional, perspectiva que nos fez privilegiar temas e recortes, evidenciando alianças e confrontos. A história da terapia ocupacional está relacionada com a constituição das instituições disciplinares, a produção de práticas de exclusão social e a docilização dos corpos, modelando-os e preparando-os para fazer parte do mundo do trabalho capitalista.[1] Por outro lado, como disciplina menor[2], a terapia ocupacional ocupou um lugar marginal entre as práticas disciplinares associadas à medicina social, o que possibilitou aos terapeutas ocupacionais tomar a língua médico-biológica e modificá-la por um forte coeficiente de desterritorialização, criando condições para a expressão de outras sensibilidades.

Talvez por esse uso menor de uma língua maior, algumas práticas contemporâneas da terapia ocupacional brasileira têm invertido a lógica disciplinar e produzido caminhos que apontam para a direção oposta, afirmando o direito de existir mesmo nas situações mais adversas. Essa inversão das práticas e sua lógica sustentam-se no compromisso ético-político que muitos terapeutas ocupacionais têm assumido com a população atendida — constituída por sujeitos fortemente marcados pelos processos de exclusão — e na aceitação de uma estranha proximidade que se constitui entre o terapeuta e seu paciente, já que a exclusão e o desvalor que estão colados a certas existências grudam-se também aos profissionais que delas se ocupam.

Na busca de uma emancipação que dissesse respeito a todos os envolvidos, o trabalho clínico dirigiu-se para a construção de possibilidades concretas de vida para as pessoas, o que lhes permitiu exercer sua potência de criação e acessar redes de produção cultural. Nesse contexto, as atividades passaram a ser elementos importantes no movimento de desconstrução de uma lógica excludente e alienante, ferramentas que concorrem para a invenção de formas de existência e para o engendramento de corpos singulares em seus movimentos, suas ações, seus fazeres cotidianos (Brunello, Castro e Lima, 2001).

Realizado com base em tal terapia ocupacional, este estudo se desenvolveu em torno da relação da vida, em sua precariedade e seu inacabamento, com o universo da arte, para além ou aquém da arte instituída, e da promoção de uma saúde que possa daí advir. Assim, fomos levados a explorar um território no qual arte e clínica se atravessam.

Nosso ponto de partida foi a premissa de que não é em qualquer configuração histórica que o universo da arte se compõe com o da clínica. Acompanhando Rolnik (2001), percebemos que, no mesmo momento histórico em que práticas estéticas deixaram de compor uma dimensão integrada à vida coletiva, surgiram na medicina do Ocidente as práticas clínicas voltadas para a subjetividade. Isto é, existiu um solo sociopolítico e cultural que propiciou a emergência de um território no qual os campos da arte e da saúde se encontraram e passaram a dialogar.

Nesse sentido, cabe perguntar como teria sido produzida essa composição e se houve, ao longo do tempo, uma transformação na relação entre os campos, no intuito de pensar para onde se dirige hoje essa mútua implicação. Com esse objetivo realizei uma pesquisa histórica na qual explorei o território que foi se constituindo no Brasil, a partir de meados do século XIX e durante o século XX, à medida que arte e clínica começaram a dialogar. Esse território tem amplas conexões com o surgimento da terapia ocupacional brasileira e traz em primeiro plano a psiquiatria, as instituições asilares e o uso da ocupação nessas instituições.

Para Foucault (2000), pertencemos a uma época caracterizada por certa relação com a atualidade que compreende uma reflexão sobre o que a produz e uma crítica permanente de nós mesmos como seres históricos. Isso implica a realização de pesquisas histórico-críticas orientadas para a análise e a reflexão sobre os limites por intermédio dos acontecimentos que nos levaram a nos constituir tal como somos. Pesquisas que se referem a um material, a uma época, a um corpo de práticas e discursos determinados. Essas devem se caracterizar também por uma atitude experimental que possibilite a apreensão dos pontos em que uma transformação é possível e desejável.

A história, em Foucault, serve para pensar o presente. A crítica do que somos é, simultaneamente, análise histórica dos limites que nos são colocados e prova de sua possível ultrapassagem. A história designa, assim, o conjunto de condições que torna possível a experimentação de algo que escapa à própria história. Foucault (1980) acompanha Nietzsche para pensar a história não em sua dimensão monumental, mas como instrumento privilegiado da genealogia, reintroduzindo no tempo a inconstância, o intempestivo e o devir. Como nos esclarece Deleuze (1976), para Nietzsche a história de uma coisa é a sucessão de forças que dela se apoderam e a variação de sentidos que, por isso, venha a ganhar. Ela é marcada por rupturas que complexificam o solo no qual nos movemos. Esse solo complexo é formado por estratos que coexistem cada um com sua densidade.

No processo de (re)construir uma história da mútua implicação entre arte e clínica explorei a emergência de um território, os acontecimentos graças aos quais ou contra os quais ele se formou, as articulações entre os campos que compuseram diferentes paisagens e as mudanças de orientação que só puderam ser situadas diretamente sobre a paisagem anterior. Nos acontecimentos e articulações estudados, busquei reconhecer e apontar aquilo que neles nos interessa hoje atualizar. Em uma concepção de tempo como coexistência e devir, camadas muito antigas podem ressurgir, abrindo caminho na camada atual, imprimindo nela novos trajetos (Deleuze e Guattari, 2001).

Para organizar o percurso cruzei dois métodos: o cartográfico e o arqueológico. Fazendo uma arqueologia, tratei dos discursos e dos acontecimentos históricos, procurando as forças que os engendraram. Ao cartografar, busquei acompanhar algumas linhas que, emergindo de cada um desses campos em relação ao outro, se articularam, formando pontos de captura e liberando experimentações.

As coordenadas na construção desse mapa foram algumas obras, trajetórias e experimentações realizadas por artistas, "doentes", loucos, médicos e terapeutas que articularam arte, clínica, precariedade e produção de saúde. No acompanhamento desses casos e personagens paradigmáticos – tomados aqui como personagens conceituais[3] – procurei entender como clínica, arte e precariedade se compuseram no momento em que dada experiência foi produzida, mas também como a produção dessas experiências fez mover todo o terreno, transformando seu relevo e reconfigurando sua geografia. Obras e acontecimentos – frequentemente formulados com respeito a limite ou limiar – que funcionam como se algo ou alguém tivesse apertado a embreagem no curso do tempo: as articulações já dadas entre as engrenagens se soltam, e os elementos voltam a se articular sob novas formas, instaurando novas visibilidades e novos enunciados.

Esses exemplos estão organizados em dois eixos que se cruzam ao longo do trabalho: os planos e as séries. Os planos recortam essa história geológica em três camadas diferentes. A primeira, abordada no primeiro capítulo, compreende o final do século XIX e refere-se ao mapeamento da proveniência do território em estudo, em uma configuração histórica na qual a fronteira entre arte e clínica não está ainda claramente delineada. É o momento da constituição das primeiras instituições asilares no Brasil, quando a arte não era vista como instrumento terapêutico nem como apoio para o estabelecimento de concepções teóricas ou diagnósticas, embora o campo da arte já começasse a se interessar pela medicina mental e pelos estados mentais alterados. A segunda camada, que constitui o segundo capítulo, refere-se às primeiras décadas do século XX, quando as práticas ergoterápicas, a psiquiatria, a psicanálise e a arte brasileira entraram em relações de atravessamento, fazendo emergir um território que começava a ser visitado por artistas, clínicos e pacientes. O terceiro capítulo debruça-se sobre um plano mapeado em torno das décadas de 1940 e 1950 que apresenta uma importante inflexão no pensamento sobre as contribuições da arte para a clínica e sobre as relações entre arte e subjetividade.

Em cada um desses planos exploramos quatro séries de acontecimentos. A primeira — denominada "visões da arte sobre a clínica" — diz respeito a certa produção do campo da arte que se debruça sobre a clínica, ou sobre estados clínicos, para pensá-los como fato social ou como vizinhos do próprio processo de criação. A segunda série, relativa às concepções sobre arte e processo de criação forjadas no campo clínico, seja pensando a presença da patologia no processo artístico seja pensando os efeitos terapêuticos da arte, foi chamada "olhares da clínica sobre a arte". A terceira série aponta para práticas clínicas que se desenvolveram na articulação com a arte: são as "experiências clínicas atravessadas pela arte". Por fim, na série "experimentações estéticas atravessadas pela clínica", abordamos a vida e a obra de criadores que oscilaram entre a patologização e a criação e procuraram, no processo de criação, uma saída para o enclausuramento da patologia, ou de artistas que têm seu projeto poético marcado por uma proximidade com o campo clínico.

Para compor a última série, encontramos algumas obras produzidas no Brasil, em situações extremamente precárias, por *pessoas-margem* cuja vida foi marcada pelo desvalor e que circularam, com suas produções, em espaços de exclusão ou em vizinhança com a clínica. O estudo desses criadores e de suas produções nos possibilitou investigar como o público e o universo artístico viram essas obras e lhe deram significado; como a clínica se relacionou com elas; o sentido que a criação dessas obras teve para a vida de quem as produziu; de que maneira e em que sentido tais obras promoveram transformações no território em que surgiram. Nessa série visitei também artistas consagrados no campo da arte, com a intenção de pinçar em suas obras concepções de processo de criação, visões sobre a clínica ou sobre estados clínicos, e também flagrar uma dimensão clínica da arte em ação. Uma clínica que possibilita a produção de uma "vida digna"[4] para aquele que cria, mas que ultrapassa em muito essa produção em direção ao *socius*, evidenciando uma potência da obra de ser clínica para seu mundo. Nesse sentido, Deleuze (1997) fala do escritor e do criador em geral como médicos de si mesmos e do mundo, sua obra sendo um empreendimento de saúde. Esses autores e artistas são como "gênios híbridos"[5], às vezes artistas pela metade, às vezes psicólogos ou psiquiatras pela metade, às vezes loucos ou doentes pela metade, mas também muito mais que artistas, psiquiatras ou loucos. Certamente eles não fazem a síntese entre arte e clínica/patologia, nem apagam a diferença de natureza que há entre esses territórios; pelo contrário, instalam-se na própria diferença.

Para pensar e problematizar as obras e experiências visitadas e suas relações com os campos da clínica e da arte, busquei nos trabalhos estético-clínicos de Deleuze e Guattari e nas ideias ligadas à estética da existência de Foucault um horizonte teórico para o desenvolvimento de algumas noções centrais para o estudo. Por fim, talvez fosse o caso de perguntarmos como o vínculo estabelecido entre as manifestações expressivas de pessoas-margem e a cultura tem ressignificado a doença, a miséria, a loucura e a precariedade no contemporâneo.

NOTAS

1 • Para um maior aprofundamento dessa discussão, remetemos o leitor ao livro de Léa Beatriz Soares, *Terapia ocupacional: lógica do capital ou do trabalho* (São Paulo: Hucitec, 1991).
2 • O conceito de *menor* foi elaborado por Deleuze e Guattari em *Kafka: por uma literatura menor* (Rio de Janeiro: Imago, 1977). Na obra *Em defesa da sociedade* (São Paulo: Martins Fontes, 1999), Foucault diz que a genealogia é um empreendimento para dessassujeitar e reativar os saberes locais, *menores*, contra a hierarquização científica do conhecimento e seus efeitos de poder.
3 • Os personagens conceituais, segundo Deleuze e Guattari (2001), tornam perceptíveis as formações de território e os processos de reterritorialização de dado campo social em determinada época.
4 • Expressão de Qorpo-Santo que será abordada no capítulo 1.
5 • Deleuze e Guattari (1997, p. 89) referem-se a "gênios híbridos" ao falar de escritores que são "filósofos pela metade, mas que são também bem mais que filósofos", como Hölderlin, Kafka, Pessoa e Artaud.

1
Proveniências de um território

> A pesquisa da proveniência não funda, muito pelo contrário: ela agita o que se percebia imóvel, ela fragmenta o que se pensava unido; ela mostra a heterogeneidade do que se imaginava em conformidade consigo mesmo.
>
> MICHEL FOUCAULT
> (1980, p. 21)

A PREPARAÇÃO DO TERRENO

Foucault (1995) conta-nos que em hospitais no mundo árabe – criados por volta do século XII e destinados exclusivamente aos loucos – a música, a dança, os espetáculos e as narrativas de contos eram utilizados como forma de intervenção e de cura da alma. No século XV, provavelmente em virtude da invasão da península ibérica pelos mouros, surgiram na Espanha os primeiros hospitais para insanos da Europa, nos quais essa tradição estava presente. Além da influência árabe, a retomada de conhecimentos e práticas da Antiguidade durante a Renascença possibilitou a visão de virtudes terapêuticas nas artes; estas, nesse período, não tinham sentido psicológico, mas atuavam na totalidade do ser humano, penetrando-lhe corpo e alma.

No Renascimento, o interesse pela loucura estava infiltrado em todas as esferas da vida cultural, especialmente na arte. A experiência do insensato ganhou formas plásticas e literárias quando a loucura exercia um poder de fascínio, tanto por sua desordem e seu furor quanto por ser tomada como um saber fechado, esotérico e invisível. Mas, ao longo do século XVII, o que Foucault chamou de experiência trágica da loucura foi sendo relegado à penumbra e ao ocultamento quase completos, dando lugar privilegiado a uma consciência crítica da loucura. A loucura passou a ser percebida não mais como estranheza familiar do mundo, mas "no horizonte social da pobreza, da incapacidade para o trabalho, da impossibilidade de integrar-se ao grupo" (Foucault, 1995, p. 78). Daí seria apenas um salto para que a loucura fosse cada vez mais conhecida pelo pensamento racional e compreendida como doença mental.

Foi nesse momento que as artes desertaram as práticas terapêuticas, o que coincidiu, também, com a criação dos hospícios organizados em torno do tratamento moral, cujo principal aliado era um trabalho estruturado e bem dirigido. Para o tratamento moral, o trabalho tinha grande força de coação, separando o doente de uma liberdade de espírito que lhe seria funesta e engajando-o em um sistema de responsabilidade. Já os romances, as histórias, os espetáculos teatrais, a música estavam intimamente relacionados com a paixão e a linguagem – duas grandes formas da experiência humana das quais nasce o desatino – e eram vistos, portanto, como meios de perversão de toda a sensibilidade, de desregramento dos sentidos, de cultivo das ilusões, como produtores, enfim, das doenças nervosas e mentais (Foucault, 1995).

Assim, a clínica, no início de sua forma moderna, desinteressou-se pela arte, e um silêncio ocupou o espaço entre esses dois campos. Um silêncio que coincidiu com aquele ao qual foi condenada a loucura por toda a época clássica. Foucault nos diz que são inúmeros os textos, durante os séculos XVII e XVIII, nos quais se aborda a questão da loucura. Neles, fala-se sobre a loucura como forma negativa da natureza positiva da razão, mas ela mesma não tem espaço de enunciação.

Mas foi dessa região do silêncio, que se concretizou no internamento, que a loucura pôde conquistar uma linguagem própria. Após um isolamento de quase dois séculos, o diálogo foi reaberto pela confluência de dois deslocamentos: de um lado, alguns artistas, ao se debruçarem sobre a alma humana e suas vicissitudes, voltaram o olhar para o mundo da loucura; de outro, alguns habitantes desse mundo fizeram um movimento quase imperceptível, já que fora realizado em um espaço de exclusão, em direção à criação artística. Foi o reaparecimento da loucura no domínio da linguagem, que precedeu qualquer interesse da clínica pela arte, seja como aliada para a construção de uma teoria do funcionamento humano seja como instrumento de procedimentos terapêuticos.

Se a loucura havia sido confinada ao internamento, está claro que lá encontraríamos — cruzando os muros do manicômio que separavam a vida do internamento da vida na cidade — linhas que começavam a se dirigir umas às outras e que, mais tarde, teceriam uma trama na qual arte e clínica entrariam em relação, às vezes de embate, às vezes de composição.

Esse movimento está articulado a um conjunto de profundas transformações no campo clínico e no campo artístico em curso no final do século XIX. Transformações que fizeram emergir os movimentos de vanguarda na arte, que marcaram todo o século XX e propiciaram também o surgimento da psicanálise, da psicologia analítica e de uma série de teorizações em torno da psicologia da arte. Ressonâncias entre a produção de certo pensamento clínico e algumas experimentações artísticas reverberarão, instaurando um entrelaçamento complexo entre esses campos de conhecimento.

No Brasil, essa trama ganhou corpo no século XX, em duas experiências para nós paradigmáticas: a Escola Livre de Artes Plásticas do Juqueri e o Museu de Imagens do Inconsciente, experiências que até hoje são evocadas em exposições e trabalhos que abordam essa fronteira e que serão visitadas no segundo e terceiro capítulos, respectivamente. Mas para pensá-las e compreender seu sentido será preciso voltar um pouco no tempo e explorar essas transformações em curso no final do século XIX, o que nos leva à constituição da psiquiatria no Brasil e suas principais instituições: os grandes asilos.

Neste primeiro capítulo, buscarei mapear um momento em que não havia ainda um diálogo claro entre os campos da clínica e da criação. No entanto, pretendo colocar lado a lado acontecimentos simultâneos que se dão em cada um desses campos, procurando a procedência de um diálogo que mais tarde se fará fortemente ouvir. Dessa forma, apresentarei a topografia de um território que se vai formando: linhas soltas, dispersas; traços que não sabem ainda seu lugar no conjunto de uma figura que começa a ser esboçada.

No campo da clínica encontramos o discurso da psiquiatria nascente: médicos tomados por seu afã de cientizar e classificar comportamentos, formas de vida, existências. No campo da arte encontramos Machado de Assis, um dos maiores escritores brasileiros, que no conto *O alienista* se debruçou sobre esse discurso e produziu uma das críticas mais contundentes sobre o movimento de patologização da diferença, criando uma possibilidade estética de significá-lo por meio de um quadro extremamente criativo e preciso. Oscilando entre os dois campos encontramos Qorpo--Santo, um criador que se equilibra na linha tênue que separa a patologização da invenção de formas de existência dissidentes; um "homem precário", na expressão de Flávio Aguiar (1975), que, ao longo de uma vida povoada de incompreensões e choques com a sociedade da qual fazia parte, produziu uma obra que somente por vias do acaso e da proteção dos deuses pôde chegar até nós.

A trajetória de Qorpo-Santo será tomada no cruzamento entre a psiquiatria nascente e a visão que dela tem Machado de Assis, no intuito de mapear certas linhas de força, pontos de concentração e de ruptura nesse território em constituição. Sua obra nos servirá também de guia na exploração de outros planos ou extratos históricos a ser explorados, já que sua recepção foi se transformando ao longo dos últimos 150 anos.

A CLÍNICA COMO OLHAR, LINGUAGEM E PRÁTICA

Em *O nascimento da clínica*, Foucault (1998) diz que o nascimento da medicina moderna é um acontecimento capital para a relação que o homem passa a estabelecer consigo mesmo, pois provoca uma redistribuição do visível e do invisível, fazendo aparecer, no olhar e na linguagem, o que se encontrava aquém ou além do seu domínio. Surge uma articulação entre o espaço do corpo perscrutado e dissecado pelo olhar e uma linguagem descritiva que, à medida que descreve aquilo que é visto, vai se tornando horizonte daquilo que se apresenta ao olhar. Está em constituição um saber clínico pautado em um olhar sensível à diferença, que transforma o sintoma em signo, inserindo-o em uma linguagem. O ideal dessa clínica é construir uma linguagem que possa decodificar de forma clara e objetiva as manifestações patológicas, tornando-as transparentes ao olhar médico, desfazendo qualquer obstáculo à produção de um saber sobre elas.

O olhar privilegiado e construído por este saber é anterior à intervenção, fiel ao imediato e, paradoxalmente, equipado com uma armadura lógica que exorciza a ingenuidade de um empirismo não preparado. O exercício dessa percepção compreende um olhar que observa sem intervir.

Mas esta clínica que é, num primeiro momento, uma aguda percepção do singular só poderá encontrar apoio numa estrutura coletiva. O olhar médico passa a atravessar o espaço social, formando uma rede de vigilância permanente, deslocando-se da referência à saúde para investir a ideia de normalidade. Agora, este olhar que vê é um olhar que domina e que se mantém sempre à espreita do desviante. (Foucault, 1998)

Esse processo faz parte de um progressivo desenvolvimento do poder sobre a vida, que, a partir do século XVII, estará associado a um poder de normalização dos processos vitais. Esse desenvolvimento se deu em duas formas principais: a primeira, centrada no corpo e em seu adestramento, na ampliação de suas aptidões, no investimento em sua docilidade e utilidade e na extorsão de suas forças, chamadas por Foucault (2001) de disciplinas, caracterizadas por uma anatomopolítica do corpo.

A segunda forma de poder sobre a vida, que se formou em meados do século XVIII, centrou-se no corpo-espécie como suporte dos processos biológicos, caracterizado pela dinâmica do vivo. A essa forma de exercício do poder, que Foucault chamou de biopolítica da população, interessa conhecer, regular e controlar os nascimentos, a mortalidade, o nível de saúde, a duração da vida de determinadas populações e todas as condições que provocar variações nesses processos. Com base na instauração dessa biopolítica, vemos surgir um mecanismo de vigilância e controle e a organização de populações divididas em grupos com características peculiares tomadas como traço identitário. Entre elas, a produção dos *anormais*, que Foucault acompanhou exaustivamente em seu curso de 1974–1975 no Collège de France.

Foucault (2001) diz que a personagem do anormal surge no cruzamento entre três figuras da anomalia: o monstro humano, o indivíduo a ser corrigido – que não é assimilável ao sistema normativo de educação – e a criança masturbadora. Faz surgir assim, no personagem anormal, a composição de traços daquilo que, estando na posição limite do humano, é o modelo de todos os pequenos desvios contra a natureza; traços da delinquência e dos desvios em relação à lei; e traços da sexualidade perversa e mal direcionada, que articula o desvio da natureza ao desvio social.

Sobre essa personagem anormal, que, colocada no limite do humano, serve como pano de fundo para a normalidade humana, o poder vai se exercer por meio de práticas e políticas em relação ao desvio, articuladas a duas modalidades de controle – diretamente relacionadas com as duas formas de poder abordadas anteriormente. Para falar da primeira modalidade de controle, Foucault utiliza como modelo a exclusão dos leprosos e diz que se caracteriza por uma prática de rejeição e marginalização dos indivíduos, que são assim expulsos da cidade e impedidos de circular socialmente. Mas há outra modalidade de controle que parece ser mais duradoura, cujo modelo é o da peste. Tal modalidade se concretiza no policiamento da cidade e diz respeito ao controle dos indivíduos mediante uma forma de inclusão constituída pela análise pormenorizada do território e de seus elementos e pelo exercício de um poder contínuo.

> Não se trata de uma exclusão, trata-se de uma quarentena. Não se trata de expulsar, trata-se, ao contrário, de estabelecer, de fixar, de atribuir um lugar, de definir presenças, e presenças controladas. Não rejeição, mas inclusão. [...] Trata-se de uma série de diferenças sutis, e constantemente observadas, entre os indivíduos que estão doentes e os que não estão.[1] (Foucault, 2001, p. 57)

No Brasil, entre as anormalidades, a vadiagem ganha, desde o século XVIII, lugar de destaque. O vadio é percebido como perigoso, vive no mato, separado das trocas humanas, gente-fera, misto de homem e animal. Organizar os vadios torna-se um problema a ser enfrentado. É preciso ordenar uma população que é caótica, revoltosa, mole, frouxa e, sobretudo, doente. A doença, a pobreza, o ócio, o vício e o crime caminham juntos em cidades sem trabalho, luxo ilusório que a escravidão possibilita (Machado et al., 1978).

Nos projetos de ordenação da população, o primeiro ponto ressaltado é a preocupação com a ocupação do tempo. A ociosidade é vista como fator de perigo urbano, destrói a saúde e cria fendas por onde penetram o descontrole e a desordem.

Que interessante inversão! Na Europa, o discurso de valorização e dignificação do trabalho era base para a construção de uma nova sociedade organizada em torno da produção capitalista, que requeria a sujeição do ritmo da vida ao tempo da produção e visava produzir, por meio da disciplinarização dos corpos, uma forma de existência que atendesse às necessidades de mão-de-obra do capitalismo nascente. Entre nós, no entanto, o discurso apareceu anteriormente à necessidade econômica: as fábricas deveriam ser abertas com a função de docilizar os corpos, e não os corpos ser docilizados para adentrar a fábrica! O imperativo do trabalho perdia, assim, sua conotação econômica apenas para condenar a ociosidade.

É desse pano de fundo que nasce, no Brasil do século XIX, a medicina social. Esta, tomando a desorganização e o mau funcionamento da sociedade como causas de doenças, deveria intervir por meio de prevenção e controle cada vez mais acirrados. O fundamental não era a ação direta sobre a doença para restabelecer a saúde, mas impedir sua manifestação. O objeto da medicina começava a se deslocar da doença para a saúde e a normalidade.

O objetivo de realizar uma sociedade sadia ligou a medicina social, desde sua origem, ao projeto de transformação do desvio em patologia. O efeito de normalização atravessava toda a população, instaurando a tendência a categorizar cada uma das pequenas fragilidades que aparecessem na vida cotidiana, de forma a se construir uma gradação entre normal e anormal. Em toda parte, o tempo todo, até nas condutas mais ínfimas, mais comuns, mais cotidianas, era descoberto algo que teria estatuto de irregularidade em relação a uma norma e estatuto de disfunção patológica em relação ao normal.

A incidência dessa prática se dava no campo social e em cada um dos indivíduos, em última análise produtos dessa relação normalizadora que se estabelece entre a cidade e a população. Estão dadas as condições históricas para que surja e se afirme uma medicina do comportamento. Foi assim, no bojo da medicina social, que a psiquiatria nasceu no Brasil.

O pensamento alienista brasileiro, como a medicina social, estava voltado para a profilaxia do meio urbano. O que foi dito inúmeras vezes em relação à psiquiatria se revelou de forma contundente no Brasil: a transformação de loucura em doença, fenômeno patológico que exige um tipo específico de medicina para tratá-lo, foi um acontecimento histórico datado e, em nosso caso, maciçamente importado. Deve-se a uma importação de ideias e teorias a expressão "aos loucos o hospício", lançada como palavra de ordem em 1830, incluindo o louco nas medidas da medicina social e, simultaneamente, lançando as bases da psiquiatria (Machado et al., 1978). Segundo Mângia (1992) a medicina defendeu a criação de um hospício no Rio de Janeiro mesmo antes de o discurso psiquiátrico ter penetrado no país de forma definitiva, e em uma época em que na França já existia um movimento pela desospitalização.

No entanto, apesar de a construção do hospício ser o mote em torno do qual se organizou a psiquiatria nascente, o grande enfoque na produção teórica brasileira estava no estudo das doenças, de seus aspectos clínicos, anatomopatológicos e estatísticos. Os primeiros trabalhos teóricos sobre a alienação mental surgidos no Brasil, em meados do século XIX, buscavam definir a loucura e dizer como se poderia detectá-la. Os estudos sobre a instituição ficaram relegados a um plano secundário (Machado, et al., 1978).

A maior parte dessa produção teórica baseava-se em bibliografia estrangeira. Jurandir Freire Costa (1980) afirma que naquela época a psiquiatria brasileira limitou-se a reproduzir o discurso teórico da psiquiatria francesa, retomando seus principais temas sobre a doença mental, em uma disjunção teórico-prática. Trata-se de uma produção científica que discutia diagnósticos com base em textos estrangeiros e com pouquíssima referência a uma clínica desenvolvida no país. Quando esta ocorria, era apenas para ilustrar ou corroborar a teoria. Mas mesmo que a psiquiatria brasileira não tenha formulado teorias originais, a especificidade de seu pensamento e a singularidade de sua história devem ser consideradas, pois as teorias psiquiátricas europeias e norte-americanas nunca foram incorporadas à cultura brasileira sem ser modificadas e integradas a uma matriz de significação peculiar da nova cultura (Costa, 1980). É importante ressaltar, ainda, que essas primeiras produções brasileiras no campo da psiquiatria no âmbito universitário lançaram o Brasil entre os povos ocidentais civilizados e permitiram a produção científica moderna.

Essa literatura científica, cuja produção visava inscrever a loucura na categoria das condutas anormais, tinha a obra de Esquirol como influência marcante e dava ênfase ao papel das paixões na doença mental, especialmente por meio do conceito de monomania. A monomania é um diagnóstico criado por Esquirol para designar uma doença caracterizada por um delírio parcial com predomínio de uma paixão. Mediante a noção de delírio parcial é possível fazer coexistir um núcleo patológico no interior de um funcionamento normal da inteligência.

O conceito de monomania foi amplamente utilizado entre os psiquiatras brasileiros. Paradoxalmente, na monomania o delírio é um sintoma com a insólita propriedade de não se manifestar. Por isso, segundo os psiquiatras brasileiros da época, a monomania é a forma de loucura mais difícil de ser diagnosticada. As pessoas acometidas desse mal podem passar anos "sem que se suspeite da existência de um tal desarranjo; ou passam geralmente por homens irritáveis e sensíveis em excesso, *originais e singulares*" (Albuquerque, *apud* Machado *et al.*, 1978, p. 402).

Os limites que separam a razão da loucura estão borrados. Somente o médico, com seu saber, seu olhar aguçado e sua autoridade, poderá distinguir o normal do patológico, por meio da observação das condutas ao longo do tempo, com o que se poderão constatar as mudanças no caráter, nos costumes, nas inclinações e na moral.

Nesse contexto, a produção teórica da psiquiatria desempenhou o papel de instrumento auxiliar de validação da ofensiva médica e de instauração da prática asilar. Era preciso criar um lugar de correção para o louco, uma vez que este era visto como elemento de desordem e periculosidade. Mas esse lugar deveria ser também um espaço no qual ele fosse sistematicamente observado, pois sua loucura só poderia ser percebida pelo médico e seu saber.

No fim do século XIX, nossos asilos traziam a marca da indiscernibilidade do hospital geral: eram um misto de grande internamento com o asilo de alienados proposto por Pinel, próprio da revolução psiquiátrica europeia do século XVIII. Assim, nossa loucura era colocada no quadro do desatino e na moldura de uma estrangeiridade.

Não é por acaso que o estrangeiro (negro ou europeu) ocupou lugar central nas preocupações da higiene mental que tomaria corpo no início do século XX. Essa higiene mental foi marcadamente eugênica, como se para afastar e prevenir o risco da loucura fosse preciso expulsar ou, em uma ação de assepsia, evitar os riscos da contaminação que aqueles que vinham de fora representavam.[2]

Dessa forma, não tendo desenvolvido plenamente a prática do grande internamento, importamos simultaneamente e colocamos para funcionar juntos a prática policial do hospital geral, as técnicas do tratamento moral e os tratamentos físicos, rapidamente substituídos, no início do século XX, por intervenções médico--cirúrgicas cientificamente justificadas.

Entre os procedimentos técnicos, as atividades artísticas não tinham nenhum lugar. A arte e os divertimentos (teatro, música, leituras) eram vistos pelos teóricos brasileiros, na esteira de Esquirol, como possíveis causas da alienação mental ao exacerbarem as paixões, excitando os sentidos, exaltando a imaginação e o desejo de fazer a realidade corresponder ao imaginado. Todas as atividades que faziam parte do tratamento no asilo estavam organizadas com base na lógica de um trabalho, cuja principal finalidade não era a produção, mas a interiorização de seus princípios básicos, como coordenação dos atos, ordenação do corpo, atenção e obediência à sequência de fases implicada na tarefa. A terapeuticidade do trabalho fundamenta-se na sua exclusão da esfera econômica e das trocas sociais e na sua inserção em uma pedagogia disciplinar.

Esses asilos, marcados em sua fundação por uma forte herança do tratamento moral, passaram em poucos anos a relegar essa herança apenas à arquitetura do local e aos poucos trabalhos realizados na manutenção da instituição e justificados como forma de tratamento. A implantação de oficinas de trabalho nunca foi efetiva nos asilos brasileiros, e a falta de ocupações que pudessem disciplinar os internos deu lugar ao estabelecimento de práticas de repressão violentas no interior dessas instituições.

Em pouco tempo o asilo se ligaria fortemente aos desenvolvimentos científicos de uma psiquiatria positiva. Mas a pesquisa, palavra de ordem da neurologia e da psiquiatria orgânica, servirá, nesse contexto, a uma funesta conjunção de cientificidade com exclusão, fazendo da população excluída cobaia de práticas muito próximas daquelas nazistas realizadas do outro lado do oceano.

Nossos manicômios desempenharam quase que desde o início uma tripla função: exclusão da estrangeiridade, exercício pedagógico e moral de (re)educação e disciplinarização dos corpos e prática anatomocirúrgica de tratamento da doença mental, vista como algo relativo ao corpo e nele alojada. Obviamente, colocados na simultaneidade discursiva, ora um, ora outro argumento era mais adequado, e o que de visível essa prática produzia se fazia por um efeito primordial claro: a exclusão. As outras funções – pedagogia moral, cura, pesquisa – acabavam ficando em segundo plano e não eram, na maioria das vezes, efetivadas.

VISÕES DA ARTE SOBRE A CLÍNICA: MACHADO DE ASSIS, A PSIQUIATRIA E A LOUCURA POR UMA CERTA LITERATURA

Como vimos, foi da região do silêncio concretizada no internamento que a loucura pôde reaparecer no domínio da linguagem. O interesse que o campo da criação artística e literária passa a dedicar à loucura, aos sujeitos que são objeto do saber psiquiátrico, à sua experiência de exterioridade em relação ao modelo de homem vigente e à qualidade de sua produção criadora é parte desse reaparecimento. Esse interesse está enraizado em um solo preparado pelo Romantismo e por um movimento de descentramento com relação aos cânones e às convenções acadêmicas que regiam a produção em arte, indicando uma aspiração por liberar-se deles. Nessa busca de liberação, os artistas dirigiram seu olhar para o Oriente, o imaginário popular, o exotismo, a natureza, a loucura. Seu interesse voltava-se para o sonho, o êxtase e todos os estados alterados de consciência, na busca de afastar-se do caminho reto da razão e adentrar regiões desconhecidas da alma e do inconsciente.

Na perspectiva aberta pelo Romantismo, a loucura falava a linguagem do sonho, e seus mistérios estavam em íntima conexão com aqueles que envolvem a criação artística. A arte seria a linguagem privilegiada para se aproximar dessas esferas da experiência que não poderiam ser abarcadas pelo pensamento racional, por meio, principalmente, da experiência subjetiva daquele que cria. Daí o deslocamento, operado pelo Romantismo, do foco da obra de arte para o artista criador. O valor da obra passou a estar associado à plena expressão da subjetividade do artista (Loureiro, 2002). Essa hegemonia da subjetividade desencadearia, segundo Nunes (*apud* Guinsburg, 1993), o avultamento do sujeito e o primado da interioridade, desembocando no individualismo romântico que sustenta a ideia de originalidade e as associações entre artista e gênio.

Mesmo com o fim do movimento romântico, o Romantismo sobreviveu em inúmeros vestígios e resíduos, da segunda metade do século XIX até o nosso tempo. Encontramos sua marca nas atitudes antiburguesas, na contestação da racionalidade moderna, no interesse pelo inconsciente, no fascínio pelo exterior (Carpeaux, *apud* Guinsburg, 1993). Para Alfredo Bosi (1990), há na literatura um resíduo romântico no interesse de alguns escritores de perscrutar o excepcional, o feio, o grotesco. Mas para ele esse interesse em descrever situações, hábitos e seres anômalos teria um lastro na cultura ocidental que transcenderia as divisões da história literária.

No contexto desse lastro, durante o século XIX, alguns escritores se dedicaram ao tema da loucura, o que acabou por levar a uma querela com a psiquiatria em torno da tentativa de formular uma compreensão para esse fenômeno (Roudinesco, 2001). Ficava, assim, evidenciada uma oposição entre o reino da razão – que se debatia em tentativas de explicar, classificar, distinguir o comportamento normal do patológico – e o reino da paixão, do sentimento e da imaginação, que, acolhendo a loucura, fazia que ela passasse a habitar nossos íntimos recônditos.

Aos olhos do século XX, os escritores parecem ter sido mais felizes que a ciência psiquiátrica em encontrar uma linguagem que pudesse falar dela e com ela. Roudinesco considera que "é a Balzac, mais que a Esquirol, que cabe o mérito de ter descrito, em *Louis Lambert*, o mais belo caso de loucura jamais imaginado pelos médicos" (2001, p. 19). Já para Lobo (1993, p. 98), "autores como Dostoiévsky e Machado de Assis apresentam a loucura, o descoroamento e a reviravolta do mundo instituído na própria ruptura do discurso narrativo e no esfacelamento da verdade narrativa através das vozes de inúmeros personagens".

Consideramos que a obra de Machado de Assis é exemplar nesse sentido. O tema da loucura, o lugar que esta ocupava na sociedade de seu tempo e as tênues fronteiras que a separavam da razão foram uma preocupação constante do escritor. Podemos reconhecer na obra de Machado de Assis aqueles vestígios de romantismo dos quais nos fala Carpeaux, mas esse escritor é, como Balzac, um expoente do romance realista, e a partir de 1880, na sua fase de maturidade, empreendeu uma ruptura com a estética romântica, acrescida de críticas ao naturalismo e ao cientificismo (Ventura, 1991).

Nas obras desse período, as personagens perdem a coerência, e sua complexidade as desvia de um certo padrão de normalidade. O divisor de águas entre as duas fases da obra machadiana é *Memórias póstumas de Brás Cubas*, quando o romancista passa o foco narrativo para o defunto-autor[3]. Nesse livro, segundo Alfredo Bosi (1990), Machado de Assis aprofundou o desprezo às ideologias românticas e deixou emergir a consciência nua do indivíduo fraco e incoerente. O interesse pela subjetividade e suas vicissitudes abandona, nessa literatura, sua verve romântica calcada na idealidade de um eu unitário. Nela, ainda segundo Bosi (1990, p. 200), Machado mostrou que "o estatuto da personagem na ficção não depende, para sustentar-se, da sua fixidez psicológica, nem da sua conversão em tipo; e que o registro das sensações e dos estados de consciência mais díspares veicula de modo exemplar algo que está aquém da *persona*: o contínuo da psique humana".

Por meio da construção de suas personagens, o escritor buscava explorar singularidades, pequenas diferenças, quase ínfimas expressões de vida, o que configurava uma sensibilidade para tratar das questões da loucura em uma perspectiva muito diferente daquela colocada pelo Romantismo. Machado gostava, como ele mesmo dizia, de "catar o mínimo e o escondido. Onde ninguém mete o nariz, aí entra o meu, com a curiosidade estreita e aguda que descobre o encoberto" (*apud* Teixeira, 1987, p. 59). Essa característica revelaria uma capacidade de focalizar detalhes, o que o levaria a se orgulhar até mesmo de sua miopia.

Em *Memórias póstumas de Brás Cubas*, o narrador-defunto apresenta ao leitor, logo no início do livro, a ideia fixa à qual ele atribui a causa de sua morte e descreve um delírio, dizendo que, se "ainda ninguém relatou o seu próprio delírio; faço-o eu, e a Ciência mo agradecerá" (Assis, 1994 [1881], p. 14), para em seguida nos relatar uma luta entre razão e sandice:

[...] era a Razão que voltava à casa, e convidava a Sandice a sair, clamando, e com melhor jus, as palavras de Tartufo:
"La maison est à moi, c'est à vous d'en sortir"
Mas é sestro antigo da Sandice criar amor às casas alheias, de modo que apenas senhora de uma, dificilmente lha farão despejar. Agora, se advertirmos no imenso número de casas que ocupa, umas de vez, outras durante as suas estações calmosas, concluiremos que esta amável peregrina é o terror dos proprietários. No

nosso caso, houve quase um distúrbio à porta do meu cérebro, porque a adventícia não queria entregar a casa, e a dona não cedia da intenção de tomar o que era seu. Afinal, já a Sandice se contentava com um cantinho no sótão. (Assis, 1994 [1881], p. 14)

O homem machadiano é movido por desejos e sentimentos contra os quais a razão se debate, tentando manter ordem na casa. Nele não encontramos figuras idealizadas nem heróis, apenas destinos sem grandeza.

Em *Quincas Borba*, Machado de Assis (1994 [1891]) colocou a loucura no centro da cena nas figuras do filósofo que dá nome ao livro e de seu discípulo, Rubião. Por intermédio dessas duas personagens encontramos duas figuras de loucura constantemente trabalhadas pelo escritor: a primeira está ligada a uma forma de existência excêntrica, a uma exploração dos caminhos do pensamento, e parece ser consequência dos movimentos de um espírito criador; outra, uma loucura de tonalidade tragicômica, mais triste, reveladora da solidão e do abandono, aos quais o louco é, nessa configuração histórica, muitas vezes condenado. Em ambas encontramos a depuração sóbria do precário em que se resume toda a existência.

Mas foi no conto *O alienista* que o escritor explorou mais profundamente esse tema, elegendo-o como questão em torno da qual a escritura se desenvolve e tratando-o com lucidez e senso crítico aguçado. O centro temático dessa obra é, justamente, a discussão em torno da norma, de sua existência, de sua busca, da delimitação entre loucura e razão, objetivo de Simão Bacamarte, o alienista. Acima de tudo, a problematização da ciência como produtora dessa norma e da verdade sobre o homem. "Demarquemos definitivamente os limites da razão e da loucura. A razão é o perfeito equilíbrio de todas as faculdades; fora daí insânia, insânia e só insânia" (Assis, 1977 [1882], p. 20).

Por meio desse conto, a literatura oferece-nos uma análise precisa e contundente, mas também extremamente irônica, do que foi a prática psiquiátrica brasileira em seu início. Análise produzida ao mesmo tempo em que tal prática era engendrada. Podemos ver na abordagem machadiana do alienismo muitos pontos de aproximação com a análise histórica produzida por outro Machado, de nome Roberto, um século depois. Embora não seja nenhuma novidade, nos surpreendemos a cada vez que o deparamos com a precisão de mapas de dada realidade produzidos no campo da arte.

Mas não seria justamente uma das funções da arte criar cartografias que possibilitem pensar o contemporâneo, o tempo mesmo no qual as obras são criadas, ainda que essas cartografias só venham a fazer sentido depois?

A visão machadiana do alienismo poderia ser resumida na seguinte frase que encontramos em *Danação da norma*: "prática que coloca, em princípio, todos os indivíduos e todos os seus atos sob suspeita de anormalidade" (Machado et al., 1978, p. 403). No entanto, o tempo e o lugar não importam, Itaguaí "é aqui". Para Simão Bacamarte, Itaguaí era seu universo e a Ciência, seu único emprego. Já de início Machado de Assis contrapôs um local provinciano, periférico, tido como universo, a um universal, central e hegemônico tomado apenas como emprego.

Esse parece ter sido um desafio ao qual Machado se lançou no momento de inflexão de sua obra, buscando uma mistura entre o local brasileiro e a tradição europeia. Gledson (*apud* Assis, 1998) encontra essa afirmação nas palavras do personagem Inácio do conto *O machete*: "penso em fazer uma coisa inteiramente nova; um concerto para violoncelo e machete[4]" (Assis, 1998 [1878], p. 247). No conto, o personagem enlouquece tentando conciliar o que parecia inconciliável. O escritor, no entanto, foi mais feliz na empreitada.

Em *O alienista* Machado nos conta a história da criação de um asilo em uma pequena cidade no interior do Brasil, satirizando a adesão incondicional à ciência, comum em seu tempo, e fazendo uma crítica ferina à psiquiatria que se desenvolvia no século XIX.

A crítica ao procedimento classificatório que caracterizou a ciência da época também se fez presente na forma como Simão Bacamarte foi construindo todo um sistema de classes para as pequenas diferenciações que cada habitante de Itaguaí pudesse, eventualmente, apresentar. O alienista dividiu os "tipos de loucura" em dois grandes grupos – os furiosos e os mansos –, e em várias subclasses – as monomanias, os delírios, as alucinações diversas. Novas classificações poderiam ser criadas de acordo com os hábitos, as simpatias, as palavras, os gestos, os temas que mais motivavam alguém. Assim, encontramos, entre os habitantes da pequena cidade, os loucos com mania de grandeza, os casos de monomania religiosa, aqueles que padeciam do "amor das pedras", os que eram muito generosos, os muito sovinas, aqueles muito vaidosos e outros sem vaidade nenhuma. São as pequenas dores cotidianas, os afetos e desafetos, os interesses, os modos de vida singulares que se descortinam para nós sob a pena do escritor; mas também através das lentes do alienista se transformam em novos diagnósticos, formas de condutas a ser investigadas, classificadas e, por fim, curadas.

Dessa forma, o processo de patologização das singularidades e o exercício da disciplinarização são problematizados ao longo do conto. A loucura aparece, por vezes, no lugar onde é esperada – nos loucos, no asilo –, por vezes onde não a procuramos – no médico, no poder político, nas relações conjugais. Por fim, atravessando de forma pungente toda a trama, descortina-se a precariedade de cada um dos personagens e da própria existência.

Com seu interesse pela exploração da alma humana, sua fineza e leveza no trato das questões mais complexas, Machado de Assis foi capaz de, ao mesmo tempo, revelar certas experiências da loucura e descortinar os mecanismos de poder em jogo nas relações entre o Estado e a ciência psiquiátrica. Talvez seja por isso que, em 1930, Américo Valério tenha afirmado que o escritor "pressentiu o freudismo", ou que, em 1985, Luiz Dantas tenha enunciado a hipótese de que *O alienista* teria prenunciado a visão foucaultiana da loucura. Talvez também por isso Nise da Silveira (in: *Encontros com pessoas notáveis nº 1*, 1992) afirme que "antes de ler um pesado manual de psiquiatria, melhor ler, pela décima vez, Machado de Assis".

Além desse interesse dedicado ao mundo da loucura, podemos depreender da obra de Machado a ideia de que a literatura pode ser pensada como clínica no sentido que Deleuze (1997) dá a esse termo, quando vê o romancista como médico de si mesmo e do mundo, e a literatura como um empreendimento de saúde. Em 1908, Machado escrevia: "A arte é o remédio e o melhor deles" (*apud* Lopes, 2001, p. 43).

No conto *Terpsícore*, nome da musa da dança, Machado de Assis fez aparecer a dança como a possibilidade de um casal pobre sair da miséria e de uma vida medíocre para encontrar o encantamento, uma certa riqueza na existência. Condenados a um cotidiano voltado apenas para o trabalho, sem um dia para o descanso, sabendo que "isto é mau para a saúde", o "par de malucos" (Assis, 1996 [1886]) escolhe gastar o dinheiro para dar espaço ao desejo nascido com a dança, quando, por obra da sorte e do acaso, são contemplados por um prêmio de loteria.

Assim, o que parecia delírio ou loucura acaba por revelar que, na experiência de um movimento ritmado e expressivo e no mergulho em formas inventivas de existência, para além da necessidade de subsistência, cria-se a possibilidade de sair da condição de subjugado para dançar livremente. Nesse conto, Machado de Assis apresenta-nos a dança como experimentação dos corpos, do ritmo, do movimento, como meio de escavar uma saída em formas de vida aprisionantes, condenadas à mesmice e a um lugar de desvalor.

EXPERIMENTAÇÕES ESTÉTICAS ATRAVESSADAS PELA CLÍNICA: QORPO-SANTO, UM "HOMEM PRECÁRIO", E SUA OBRA

Se em Machado de Assis a busca de uma saída pela via da arte aparece no espaço da ficção, outros criadores, que habitaram lugares de desvalor e de exclusão, empreenderam na vida essa busca de uma saída.

No século XX, o movimento de arte bruta recolheu e conservou muitas obras produzidas em situações semelhantes. No livro *L'art brut* [Arte bruta], Michel Thévoz (1980) realizou uma pré-história dessa forma de expressão artística. Esse autor entende por arte bruta, em consonância com Dubuffet, qualquer espécie de produção — desenho, pintura, formas esculpidas, construções no espaço — que apresente um caráter espontâneo e fortemente inventivo e que tenha sido realizada por pessoas obscuras, estrangeiras ao meio artístico profissional. Ao tentar fazer a história dos trabalhos designados por tal insígnia, o autor encontra um problema: poucos casos de produções desse tipo são conhecidos antes do século XX; somente alguns de caráter arquitetônico que, por razões materiais, resistiram à passagem do tempo e escaparam à destruição. Para Thévoz, a razão para tal dado é bem evidente: antes do século XX os trabalhos de arte bruta não eram conservados porque ninguém lhes prestava atenção.

No entanto, Ana Mae Barbosa (1998) conta-nos que desde o século XVIII alguns artistas adentravam os asilos, como outros visitantes que iam ali para olhar os loucos encarcerados, e faziam deles desenhos de observação. Em alguns desses registros, vemos loucos desenhando e desenhos nas paredes das celas. Os artistas foram os primeiros a chamar a atenção para a criação dos loucos. E se alguns artistas e escritores voltaram seu interesse para formas de expressão marginais, chegando a registrar essas expressões e a ação de realizá-las, isso mostra que esse interesse que estava se esboçando encontrou um movimento de seres que, em situações-limite, procuraram criar um campo expressivo e inventar linguagens e mundos, construir uma *saída*.

Esses internos buscavam formas de expressão ou de criação independentemente de qualquer proposta terapêutica a eles dirigida. Antes de ser uma atividade terapêutica indicada aos pacientes, e independentemente de ser uma produção artística que viesse a transitar de alguma forma pelo circuito cultural, o ato de pintar, escrever, desenhar esteve presente, talvez como "necessidade vital", na existência de muitos dos que habitaram esses "tristes lugares" que eram (e são) os asilos.[5]

Resta a pergunta que a pesquisa realizada por Thévoz (1980) sugere: a arte foi sempre utilizada para escapar de uma realidade insuportável, mas esse uso e os produtos dessas experimentações artísticas só se tornaram visíveis quando certa cultura passou a se interessar por eles? Ou será que a descoberta que alguns criadores marginais fizeram da arte como produção de sentido e de formas de vida está em íntima conexão com as transformações que a arte sofreu ao longo do século XIX e sua consequente ligação com as ideias de criação, expressão e construção de linguagens?

Para Frayze-Pereira (1995), a valorização de expressões não canônicas foi precedida pela emergência, no horizonte cultural, da figura do pintor ingênuo, artista que produzia obras por iniciativa própria. Os pintores ingênuos tornaram-se numerosos a partir do século XIX, quando foram dissolvidas as corporações de ofício e se instalou a época dos artistas individuais. Antes disso, quando alguém sentia inclinação para alguma atividade artística acabava por entrar em um ateliê e, mediante o aprendizado técnico, se transformava em um profissional da arte.

Além disso, se artistas e criadores voltaram o olhar e o interesse para figuras da exterioridade e para o universo da loucura e, ao mesmo tempo, pessoas que transitavam por esses universos estrangeiros estavam criando obras mais ou menos interessantes, algo se passava que ia além de mero paralelismo entre essas duas figuras, a do artista e a do louco: os artistas começavam a trabalhar em uma inquietante vizinhança com a loucura. Foram muitos os criadores que, levando suas experimentações artísticas a regiões de indiscernibilidade em que obra e subjetividade se confundem, correram o risco de desabar nos abismos da loucura.

Foucault (1985) define *Dom Quixote* como a primeira obra moderna, na qual uma nova experiência da linguagem e das coisas inscreve, no seio da criação, um face a face entre poesia e loucura. Localizadas em direções opostas do espaço cultural, poesia e loucura estavam, ao mesmo tempo, muito próximas por sua simetria e pela situação-limite que ocupavam na orla exterior da cultura. É como se, para essa cultura, criação e loucura ocupassem o lugar de uma exterioridade absoluta, porta-vozes de uma desmedida que põe em cheque a própria cultura.

Dessa forma, a partir do século XIX a loucura estaria associada ao que há de decisivo para o mundo moderno em toda obra, e também àquilo que toda obra comporta de mortífero, de constrangedor, de *desouvrement*. Enfim, Nietzsche, Artaud, Van Gogh, ao acolherem a loucura, deram-lhe uma expressão, um direito de cidadania, uma ascendência sobre o mundo ocidental, e instalaram-na em uma vizinhança entre palavra e silêncio, obra e desmoronamento, experiência de desamparo e colapso do autor. Isso significa que, por meio da loucura, a obra e o tempo se interrompem e se abre um vazio, uma questão sem resposta, provocando um dilaceramento sem reconciliação em que o mundo é obrigado a interrogar-se (Pelbart, 2000).

No silêncio instalado em um tempo que se rompe, podem surgir linhas que, diferindo da história, produzem uma trajetória divergente. A noção de acontecimento em Foucault aponta para essa irrupção de uma singularidade única e aguda que esgarça o tecido da história, instaurando outras temporalidades. O tempo vai sendo cortado e perde sua sequência lógica, aparecendo em movimentos que apontam para o futuro e para o passado em um mesmo ponto.

É um acontecimento desse tipo que encontramos em Qorpo--Santo e em sua história fascinante que se desenrolou na segunda metade do século XIX, no Rio Grande do Sul, então província do Império. A história de um criador (não era em seu tempo tomado como artista), um "homem precário", na designação de Flávio Aguiar (1975), que conheceu o primeiro manicômio brasileiro, bem como a experiência do estigma, de carregar a tarja de "louco" e que, nesse lugar, produziu uma obra que permaneceu por quase cem anos esquecida. A história dessa obra, do momento de sua produção até chegar ao seu destino, o leitor: os caminhos tortuosos que trilhou para chegar até o século XXI, seus aparecimentos e desaparecimentos; a luta de um corpo para inscrever sua criação nos circuitos da cultura, publicá-la, enviá-la à posteridade, fazê-la viver para além de si mesmo e buscar seus interlocutores.

Há um inextrincável entrelaçamento entre a vida do escritor e a obra que produziu, entre força e precariedade, indistintamente articuladas. Para Aguiar (1975), a vida e a obra de José Joaquim de Campos Leão de Qorpo-Santo são um testemunho sobre a condição de marginalidade e a condição social da loucura no Brasil do século XIX.

Muito do que conhecemos hoje sobre a vida desse escritor tem componentes de ficção e foi narrado, principalmente, com base em seus próprios relatos inscritos na obra *Ensiqlopèdia ou Seis mezes de huma enfermidade*. Parte dela foi recolocada no circuito das trocas artísticas e culturais por seus descobridores, a partir da década de 1960. Os primeiros textos disponibilizados ao público foram as peças de teatro organizadas e publicadas por Guilhermino César, em 1969. Em 2000, suas poesias inéditas foram reunidas por Denise Espírito Santo, e em 2001 Eudynir Fraga publicou o *Teatro completo* de Qorpo-Santo[6].

No segundo volume de sua *Ensiqlopèdia*, Qorpo-Santo apresenta sua biografia. Conta que nasceu na Vila do Triunfo, em 1829, e que aos 3 anos de idade teve início sua vida intelectual e moral, quando brilhou em seu cérebro o primeiro raio de inteligência.

Aos 11 anos, após a morte do pai, Qorpo-Santo veio para a capital da província estudar gramática nacional e trabalhar em algo que pudesse gerar renda para si e sua família. Depois de pouco mais de um ano começou a trabalhar em uma casa comercial. Em 1850, habilitou-se para o magistério público e trabalhou nesse ofício por quatro anos, passando depois a lecionar e dirigir escolas particulares, chegando mesmo a fundar um colégio de instrução primária e secundária. Casou-se nesse período, foi eleito vereador da câmara municipal de Alegrete, nomeado subdelegado de polícia nessa mesma cidade e recebeu também o grau de mestre, do qual ele muito se orgulhava.

Entre 1852 e 1873, Qorpo-Santo escreveu alguns textos para jornais, até que estes passaram a não publicar mais seus escritos. Publicou então seu jornal, *A Justiça*, durante alguns meses. A partir de 1862, passou a trabalhar na reforma ortográfica que propôs para a Língua Portuguesa, visando simplificar a escrita e combater a desordem ortográfica vigente em sua época. Segundo ele próprio conta (1969 [1877], p. 28), envolveu-se nesse projeto "levado de huma força irrezistivel, e do mais vehemente dezejo de ser de qualquer modo louvável util a meus semelhantes e especialmente a meus alumnos, ensaiei a Ortographia de que pouco a pouco me vou servindo, e transmitindo a os sabios a cuja critica sujeito".

Em 1868 publicou em *A Justiça* um documento com regras práticas do seu sistema ortográfico.

Aos 35 anos, em 1864, sofreu a primeira intervenção da justiça, que solicitou um exame de sua sanidade mental, e foi por essa época que começou a tomar notas para sua *Ensiclopèdia*. A partir daí houve um longo processo até sua interdição, em 1868. Os detalhes do processo, "os vai-vens originários de suposta loucura", ele mesmo conta, tendo publicado, em seu livro VII, intitulado *A saúde e a justiça*, toda a documentação referente ao seu processo de interdição, sua passagem pelo Hospício D. Pedro II e os autos dos exames de sanidade mental realizados, reproduzidos no livro organizado por Guilhermino César.

Esse episódio merece que nos detenhamos por um momento. Como vimos, a medicina social no Brasil, no início do século XIX, estava pautada em um esquema de normalização da vida social brasileira, em estratégias de medicalização da sociedade e de patologização do comportamento que colocavam sob suspeita de anormalidade todos os indivíduos e todos os seus atos.

É no seio desse movimento pela normalização e pelo controle do comportamento que encontramos a querela de Qorpo-Santo com a justiça. No auto de exame de sanidade realizado em 1867 e assinado por três médicos, encontramos o relato dos sucessivos exames aos quais ele foi submetido desde 1864, tendo em todos eles sido afirmado que estava "no gôzo de perfeita saúde e de suas faculdades mentais, [...] que nenhuma alteração há sofrido em sua razão ou faculdades mentais, [...] [e que] até hoje nenhum fato se há dado que o faça discrepar daquela sua opinião" (in: Qorpo-Santo, 1969 [1877], p. 16-7).

No entanto, um ano depois, o juiz de Órfãos e Ausentes (que corresponderia atualmente à Vara da Família) de Porto Alegre determinou que Qorpo-Santo fosse ao Rio de Janeiro para ser examinado por especialistas da capital. Nesse novo laudo, de 1868, mais detalhado e mais longo que o primeiro e realizado após um mês de estadia no Hospício D. Pedro II, encontramos alguma hesitação quanto à avaliação médica do escritor. Os médicos mostraram-se reticentes em afirmar algo, referindo-se a um diagnóstico anterior de monomania e afirmando a dificuldade de detecção de formas intermediárias da doença. Todavia, afirmaram que o paciente não apresentava delírio parcial, nem alucinações, nem se notavam ideias fixas. Sendo assim, concluem que

> o paciente apresenta um acréscimo de atividade cerebral, que não pode exprimir um estado anormal do intelecto [...] não se segue que deste estado se possa tirar a unidade mórbida representante da alienação mental que arrasta o indivíduo à perda do livre arbítrio. [E como] não é admitida em patologia mental a periodicidade à manifestação da forma monomaníaca da loucura, não deve por isso o paciente continuar a permanecer neste estabelecimento. (Qorpo-Santo, 1969 [1877], p. 19)

Não obstante, os médicos acharam que Qorpo-Santo devia se afastar temporariamente de sua cidade natal e indicaram seu recolhimento a uma casa de saúde no Rio de Janeiro.

Já havíamos visto que o diagnóstico de monomania que ronda Qorpo-Santo era o interesse central de toda a psiquiatria brasileira da época, sendo amplamente utilizado. De fato, o conceito de monomania permitia, por meio da noção de delírio parcial, descobrir núcleos patológicos em pessoas que apresentassem um funcionamento mental normal. A excitação mental de Qorpo-Santo, sua necessidade de tudo escrever, adequava-se bem a esse diagnóstico.

É bem provável que, se o juiz de Porto Alegre não tivesse detectado "certa" anormalidade, o escritor passasse apenas por um homem excessivo, original e singular.

A difícil detecção dessa doença, segundo seus teóricos, exigia a observação das condutas ao longo do tempo para que se pudessem verificar possíveis mudanças no caráter, nos costumes, nas inclinações e na moral, o que justificaria a internação. A ausência de consenso quanto ao diagnóstico a ser dado a Qorpo-Santo justificava a indicação de estadia na Casa de Saúde Doutor Eiras, onde poderia ser observado e onde o submeteriam a novos exames. Mas, "não podendo por mais tempo sujeitar-se a uma observação que se eternizará", Qorpo-Santo enfrentou a autoridade e o saber médicos e solicitou, por meio de um advogado, que lhe fosse concedida "a garantia de seus direitos, remédio que a lei dá aos males que sofre". Novo relatório lhe foi, então, fornecido. Neste, o médico que o acompanhou na Casa de Saúde atesta que, apesar de "alguma exaltação cerebral, com pequenos e raros desvios da inteligência sobre certos assuntos, nada indica em seu organismo um estado mórbido" e que, "longe de haver vantagem de qualquer ordem que seja, na conservação deste senhor em um estabelecimento de saúde – pelo contrário a privação de sua liberdade, as contrariedades por que tem passado [...] podem agravar seu incômodo, o qual, no grau em que está, não o priva de cuidar de sua família, de seus negócios e interesses" (Qorpo-Santo, 1969 [1877], p. 21).

De posse desse novo laudo, o juiz nomeou uma nova junta médica, que, não de forma unânime (pois um dos médicos declara que o paciente sofre de monomania, enquanto outros dois discordam deste), concluiu pela aptidão do paciente para gozar de seu livre-arbítrio.

No entanto, a querela não terminou ali. Qorpo-Santo retornou a Porto Alegre com seu salvo-conduto, mas, no mês seguinte, o juiz solicitou que fosse submetido a novo exame de sanidade. Desta vez Qorpo-Santo se recusou a comparecer, "porque ninguém está autorizado a ordenar exames de sanidade em quem apresenta documentos de pessoas mais habilitadas que o puseram no gozo de todos os seus direitos". É interessante observar como ele joga com a medicina e a justiça, tomando ora uma, ora outra como aliada, oportunamente aproveitando-se da descontinuidade entre essas duas esferas do poder.

Intimado mais uma vez, respondeu novamente com um ofício no qual afirmava que o parecer de nove médicos, autoridades no assunto, "não pode sofrer a menor alteração em vista dos repetidos ataques, que evidentemente provam o grau da horrível enfermidade, que há quatro anos padece, a que chamam – monomania – pelo incessante esforço que há igual tempo há feito para desgraçar uma família inteira, cavando continuadamente a ruína de seu chefe" (Qorpo-Santo, 1969, p. 24). Ironicamente, Qorpo-Santo utiliza a mesma arma de seus "inimigos", apontando naquele que o perseguia o mesmo mal que lhe tentavam imputar, e, paradoxalmente, o termo parece ser utilizado de forma mais precisa aqui que nos laudos médicos. Em virtude de seu não comparecimento, o juiz o interditou, declarando-o inapto para gerir sua pessoa e seus bens e nomeando para ele um tutor. A partir de então, Qorpo-Santo foi também privado do convívio familiar. Apesar de todos os laudos médicos conferindo-lhe sanidade mental, ele foi, desde então, tratado como louco pela gente de seu tempo e por muitos dos seus leitores vindouros.

Não é nosso interesse discutir a pertinência ou não do diagnóstico do ponto de vista psiquiátrico, discussão que aparece e reaparece em artigos de jornal e em livros escritos sobre essa enigmática figura. Em todo caso, Qorpo-Santo encarnou, para a sociedade da época, a personagem social do louco, um tipo pitoresco e caricatural que, segundo Foucault (1995, p. 352), é algo mais do que um mero perfil social, que uma silhueta de caricatura. Suas conversas, sua inquietação, esse vago delírio e, no fundo, essa angústia, foram vividos de maneira bastante comum e em existências reais cujos rastros ainda se podem perceber. [...] Eles existiram realmente, esses "fazedores de projetos de cérebro mole", constituindo ao redor da razão dos filósofos, ao redor desses projetos de reforma, dessas constituições e desses planos, um abafado acompanhamento de desatino; a racionalidade da Idade das Luzes encontrava neles uma espécie de espelho distorcido, uma espécie de inofensiva caricatura.

E Foucault nos chama a atenção para um movimento que ele denomina "indulgente", que permite que esses tipos sociais, representantes do desatino, se façam ver à luz do dia exatamente quando o desatino está profundamente ocultado no espaço do internamento.

Temos de contextualizar a situação para o caso brasileiro. Qorpo-Santo viveu em uma época em que os primeiros hospitais psiquiátricos estavam sendo criados e em uma província ainda distante das inovações modernas que chegavam primeiro na capital. Percebemos nas idas e vindas ao Rio de Janeiro e nas tentativas de interná-lo um embate entre um movimento visando ocultar e controlar o desatino e outro, mais indulgente, deixando-o um pouco à deriva.

De qualquer forma, parece surpreendente encontrarmos, no Brasil do século XIX, uma psiquiatria atenta aos malefícios da internação, um cuidado nos laudos realizados muitas vezes por dois ou três médicos. Percebemos um tratamento diferenciado para Qorpo-Santo por essa psiquiatria, provavelmente decorrente da posição social e cultural que ocupava e dos bens que possuía. Os hospitais psiquiátricos não tinham sido feitos para Qorpo-Santo. A prática asilar veio responder, com uma ação higiênica e política, aos perigos presentes em uma população pobre que se começava a perceber como desviante e que circulava livremente pelas ruas. Embora o comportamento e as ideias de Qorpo-Santo parecessem *anormais* para a época, não representavam um grau de perigo que justificasse sua internação.

Além disso, é provável que, se não tivesse sido representado por um advogado, a observação a qual se sujeitava na Casa de Saúde Doutor Eiras teria se eternizado, como ele mesmo previra. Não podemos deixar de comentar a insistência do citado juiz em interditá-lo à revelia dos laudos médicos, o que, por fim, efetivamente conseguiu. Isso, somado à visão que os contemporâneos tiveram dele, nos leva a pensar em uma ação da psiquiatria para muito além de seus domínios. Interditado, ele perdera bastante de seu poder de ação e interferência social. Vemos que o poder público e a comunidade utilizavam categorias da psiquiatria para estigmatizar e retirar direitos de alguém que a própria psiquiatria não havia recolhido em suas malhas.

Qorpo-Santo encarna um tipo psicossocial que torna perceptível as formações de território, os vetores de desterritorialização e os processos de reterritorialização de dado campo social em determinada época (Deleuze e Guattari, 2001). É desse ponto de vista que esse criador nos interessa: remetendo, sem se confundir, a um personagem conceitual que opera movimentos descrevendo uma silhueta na paisagem que visitamos e se constituindo como um intercessor, o qual nos permite pensar a vizinhança entre o tipo patologizado e aquele que cria um plano de composição para circunscrever o caos que o ronda.

Mesmo cercado de descrédito, o escritor se entregou, durante o período em que se batia contra a psiquiatria e a patologização de seu modo de existência, a uma atividade literária febril. Em 1877, conseguiu autorização para abrir a Tipografia Qorpo-Santo e imprimir suas obras, que não eram mais aceitas em outros jornais.

O resultado é uma produção caudalosa e desconexa, feita de versos, relatos, provérbios e pequenas peças teatrais, que apresentam uma vastíssima visão de mundo. A grande quantidade de material, somada à sua história, fizeram dele uma lenda conservada na tradição oral que se imortalizou na figura de homem excêntrico, quase ridículo, forjada pelos cronistas da época: um doido que havia escrito poesias de doido que ninguém leu.

Fraga chama a atenção para a aparente falta de preocupação com qualquer critério seletivo na organização da obra (in: Qorpo--Santo, 2001). Nela, poemas, reflexões sobre política, moral e ética jornalística, anúncios, bilhetes, confissões autobiográficas, comédias, projetos literários e interpretações dos Evangelhos estão justapostos ou se atravessam, sem que possamos adivinhar o que subsumiria a uma tal organização. Para Fraga, como para Marques (1993), o que estabeleceria a unidade

> do texto seria seu aspecto confessional, sua obra poderia ser lida como o diário de um escritor. Mas, é importante lembrar, esses foram interlocutores que Qorpo-Santo encontrou cem anos depois que produziu sua obra. Com seus contemporâneos não houve troca ou diálogo.
>
> Nesta pesquisa, o encontro com a obra original se deu após a leitura de alguns comentadores. Os escritos de Qorpo-Santo chegam novamente a seu destino, e criam mais um leitor. Diante da pilha de papéis de xerox envelhecidos e separados por invólucros plásticos, cada um contendo um dos livros da *Enciqlopèdia*, é difícil saber por onde começar.

No primeiro volume encontramos uma introdução com a história pessoal que reaparece no volume II — que já apresentamos — e, a seguir, cerca de cem páginas de poesias, algumas páginas de cartas endereçadas a diferentes destinatários (amigos, funcionários públicos, juízes etc.) e, por fim, textos esparsos, longos e sem títulos que ajudem o leitor a se organizar. Nesse volume, Qorpo-Santo apresenta, também, a proposta inicial de seu trabalho:

OBRAS
Quatro volumes – fazer eu hei de
Das varias produções minhas;
Terceiro – cartas requerimento;
Segundo – longos, curtos discursos;
O primeiro será – poezias;
Quarto – pessas theatraes, scenas!

Percorrendo as poesias, que são muitas, a atenção flutua ao acaso das escolhas e dos encontros. A primeira parece falar aos olhos de um desejado leitor curioso e interessado:

OLHOS
Oh! Que olhos grandes
Esta figura tem!
Se elles correspondem
Ou a imajem são
Dos da inteligencia,
Que profundíssima
A que possue será
— Cabeça tão pequena!!!
(Qorpo-Santo, 1877, livro I, p. 12)

Em contato com sua vertiginosa produção, distanciamo-nos pouco a pouco da imagem de uma existência solitária e empobrecida, marcada pelo sofrimento, para nos dirigirmos à visão de um homem em sua exploração de um mundo povoado de cores, sons, texturas, gestos, materialidade e significação.

Em **Objectos de co__ação** (o meio da palavra está ilegível), lê-se:

Fala-se com as flores,
Fala-se com os fructos,
Fala-se com as cores,
Fala-se com os brutos!

Fala-se com a tinta,
Fala-se com o papel,
Fala-se com pinta,
Fala-se com o pincel!
Fala-se com as vozes,
–
Fala-se com os jestos,
Fala-se com as nozes,
Fala-se com os restos!
–
Com tudo se fala
Ou se – badala;
De tudo se – diz,
Ou se – maldiz!
(Qorpo-Santo, 1877, livro I, p. 19)

O jogo com a expressão *"fala-se com"* faz o sentido saltar de "fala-se através de" (com as vozes, com os gestos, com o pincel) para "fala--se em direção a" (às flores, aos brutos); de interlocutor a meio, o sentido vai e volta, salta e brinca.

No livro VII, entre reflexões sobre temas variados, encontramos uma sequência de três poesias, de singeleza ímpar, dedicadas a uma amiga. Aqui vemos que os bons encontros se davam também com as pessoas:

TREZ POEZIAS
A' Exma. Sra. D.........
Pareceu-me Eu ter dêver
D'este livro oferecer
So para entretimento
Da que nutre sentimento
De justiça igual a o meu!
Portanto, Sra. – é teu!

ITEM
O Espada de Justiça
Oferece á huma aceada,
Mimoza e delicada,
Triumfo da Justiça!.....
Este livro de Qomedias

A' MESMA
Deparâmos-nos
Qazualmente!
Simpatizâmos-nos
Incontinente!
Estimâmos-nos
Auxiliàmos-nos
Qomunicamos-nos
Mui docemente!
Decentemente!
Verdadeiramente
(Qorpo-Santo, 1877, livro VII, p. 5)

Há algo de um devir-criança nesses versos. Como se ele tivesse encontrado um infantil da linguagem que os modernos buscariam sem trégua algum tempo depois. "Olhos de criança" com os quais Matisse (1991) queria olhar o mundo.

Em relação à sua dramaturgia, não podemos deixar de marcar a forma como Qorpo-Santo lida com os personagens: alguns mudam de nome durante o desenrolar das cenas sem qualquer motivo visível, outros desaparecem durante o enredo, como se a própria noção de personagem e sua continuidade linear estivessem sendo postas à prova. Para Fraga, não existe nessas peças qualquer preocupação de coerência psicológica na construção dos personagens, que estão sempre à beira de um colapso existencial, tentando se afirmar no território movediço de uma organização social incompreensível e injusta (Qorpo-Santo, 2001).

Na peça *Hoje sou um, amanhã outro*, Qorpo-Santo (1969, p. 124) explica essa sua "filosofia" por meio de um personagem:

> Que nossos corpos não são mais que os invólucros de espíritos, ora de uns ora de outros; que o que hoje é Rei como V. M. ontem não passava de um criado, ou vassalo meu, mesmo porque senti em meu corpo o vosso espírito e convenci-me, por êsse fato, ser então eu o verdadeiro Rei, e vós o meu Ministro! [...] Que pelas observações filosóficas, êste fato é tão verídico, que milhares de vêzes vemos uma criança falar como um general; e êste como uma criança.

Em um de seus poemas, *O que eu sou* (1877, Livro I, p. 68), Qorpo-Santo revela que sua própria consistência subjetiva está colocada em questão, em um movimento de devir que se atualiza na escrita:

O QUE EU SOU
Sou eu – homem!
Sou eu – bicho!
Sou eu – Leão!
Sou – tubarão!
–
Sou bispo!
Sou padre!
Sou frade!
Sou leão!
–
Sou eu barão!
Sou eu conde!
Sou fidalgo!
Sou eu Leão!
–
Sou visconde!
Sou eu marquez!

Sou eu duque!
Sou Joarez!
—
Sou principe!
Sou tãobem rei!
Sou monarca
— Da minha grei!
—
Sou imperio,
E imperador!
Sou imperatriz!
Princeza, se – diz!

Sobre seu processo de criação, Qorpo-Santo escreve bastante:

DIFICULDADE
Nada me – custa a escrever;
Mas a rever – verso ou proza,
— Fastidiosa couza me-é!
(Qorpo-Santo, 1877, livro I, p. 68)

PÁGINA
Está cheia – mais não cabe;
Portanto aqui –s'est'acabe.
A folha viro e se puder,
Mais inda heide escrever!
(Qorpo-Santo, 1877, livro I, p. 50)

ENGORDAR
Como heide eu engordar,
S'a penna não deixa parar,
Nem mesmo por hum momento,
— O meu pobre pensamento

Tãobem não me causa pezar,
— O facto de gordo não ser;
Muito mais fácil subo,
Por algum mui fino tubo!
(Qorpo-Santo, 1877, livro I, p. 53)

PRODUÇÕES
Bom ou mau – o que vedes ahi vai,
Do Campos Leão, ou d'alma sahe!
—
Ovelha; cabrito; tenho dito;
Feio, bonito – irá escripto!
—
Grande, pequeno; ervas ou feno;
Tenho dito; irá escripto!
—
Verso bemfeito; ruim, malfeito;
Tenho dito; irá escripto!
—
Pensares meus, eu tenho dito;
Sublime ou não irá escripto!
—
Verdades ou não, eu tenho dito;
O que descobri – irá escripto!
—
Produções minhas, eu tenho dito;
Goste-se ou não; irá escripto!
(Qorpo-Santo, 1877, livro I, p. 69)

RAPIDEZ
Corre a pena tão depressa
— No papel,
Que eu não sei se é puro fel,
Ou se mel

O que n'ell'escrevi, ou lancei!
 Eu lerei
Quando acabar; então verei
 Se falei
Com fel ou mel o q' eu narrei!

—

Não sei se foi fel,
Não sei se foi mel;
Mais sei que o papel
Vos diz – Raphael!

—

Não sei se foi fel,
Não sei se foi mel;
Mais sei q' o papel
Tãobem diz – Miguel!

—

Não sei se foi fel,
Não sei se foi mel;
Mais sei q'o papel
Assim diz – Abel!

—

Não sei se foi fel,
Não sei se foi mel;
Mais sei q' o papel
Leio diz – Raquel!

—

Não sei se foi fel,
Não sei se foi mel;
Mais sei q' o papel
Sacode a pel!

—

Não sei se foi fel,
Não sei se foi mel;
Mais sei q'o papel

Vejo diz – Rangel!
–
Assim tem o papel:
– Mel, Raphael, Miguel
– Abel, Raquel Rangel,
Mel, assim como – fel!
(Qorpo-Santo, 1877, livro I, p. 57)

Há musicalidade e ritmo nessas poesias, uma sonoridade de fala. Sente-se também uma sensação de urgência que acompanha a escrita de Qorpo-Santo. Como se fosse preciso escrever tudo logo, imprimir tudo antes que... Uma urgência que o impedia de revisar o trabalho, de refazê-lo, mesmo porque, como ele afirmava, gostava de escrever, mas não de rever o que escreveu.

Isso, somado à tentativa de aplicar sua reforma ortográfica à impressão dos trabalhos realizada em sua tipografia, resultou na grafia que encontramos em seus textos originais, que torna muitas vezes a leitura difícil. Qorpo-Santo pediu desculpas aos leitores, em várias ocasiões: "De palavras erros, e pontuação, Typográficos – trinta e trez – contei: Exforço mais que humano – sabei Para evital-os é certo – empreguei! Conto – todos porem – eu corrijirei (Com os que, leitor benigno deparardes, Peço-vos a mim – não inculpardes!) na Segunda – d'este livro – edição! Maio 1º 1877" (apud Marques, 1993, p. 63).

Ou:

Se leitor; por pateo, encontrares – patéo;
Por – aquenta, lerdes – aguenta;
Algum outro leve ou crasso erro
De palavra, ou pontuação;
— Desculpai; já outros d'outros livros
A – borrão qualificar – este m'obrigam!
(Qorpo-Santo, 1877, livro I, p. 102)

Mas ele sabe que os *erros* estavam lá por alguma razão:

Eu não sei quem foi do povo,
– Se arrojou a me – afirmar;
Suas obras – não tem erros!
Os que lhe – parecem ser seus,
– São satiras a leis do Imperio!
Os verdadeiros typographicos,
– Satiras são a executores!
Sua modestia pois – eu lòvo!
(Qorpo-Santo, 1877, livro I, p. 102)

Qorpo-Santo pedia também o auxílio do leitor para a correção de possíveis erros, principalmente daqueles que porventura viessem a encenar suas peças de teatro: "As pessoas que quiserem levar à cena qualquer das Minhas Comédias – podem; bem como fazerem quaisquer ligeiras alterações, corrigir alguns erros e algumas faltas, quer de composição, quer de impressão, que a mim por numerosos estorvos foi impossível" (2001, p. 10).

Faz, assim, que o leitor participe da construção da obra e, poderíamos até dizer, deixando-a aberta para a participação do leitor, procedimento extremamente contemporâneo. Realmente, o que mais surpreende nessa produção é ter sido escrita por volta de 1860, como se sua produção fosse aspirada pelo futuro.

Há também algo que grita no conteúdo desses versos: até que ponto é importante para Qorpo-Santo o ato da escrita: "Sublime ou não irá escripto!" O que interessa não é a suposta qualidade do trabalho, mas o fato mesmo de escrever; "mel e fel" estão presentes, e o que mais importa é a ajuda que a escrita pode oferecer para "manter-se numa altura digna". E, para além desse ato solidário da escrita e do valor inestimável que esta tem – por possibilitar a ele a manutenção de uma consistência –, há um ambiente povoado de destinatários a quem a obra é enviada.

Qorpo-Santo parece ansiar por interlocução. Escrever é extremamente importante, mas publicar também, buscar seu público, partilhar sua criação. Quais seriam os interlocutores de sua obra e que relação eles estabeleceriam com ela? Como essa enigmática obra, complexa e plural, foi sendo significada ao longo do tempo que nos separa de sua produção?

No momento em que foi produzida, a obra não teve praticamente nenhuma repercussão, o que podemos saber pelo descaso com que foram tratados os exemplares de sua *Ensiqlopèdia* publicados em sua tipografia. Nenhuma repercussão no meio literário e artístico, nem nos meios psiquiátricos. Naquele tempo, não havia ainda uma grade teórica que articulasse loucura e arte. Seus escritos e seu trabalho na tipografia não foram pensados pelos médicos pelos quais passou sob nenhuma ótica como atividade terapêutica: uma forma de torná-lo mais adequado e adaptado ao convívio social, uma forma de expressão de seus conflitos internos. Esses quadros de referência ainda não estavam na mesa.

Talvez só o próprio Qorpo-Santo tenha vislumbrado uma relação entre a produção de seus escritos, sua "enfermidade" e a produção de uma certa saúde, já que designava sua *Ensiqlopèdia* como uma "panaceia para todos os males" e escrevia:

> As minhas enfermidades trazem-me
> um tríplice melhoramento:
> mais saber, mais força, mais poder!
> (Qorpo-Santo, 2000, p. 319)

Mesmo que já houvesse uma ideia forte, trazida pelo Romantismo, de associar arte à interioridade e excentricidade e, por conseguinte, à loucura, esta última era vista em relação estreita com uma genialidade que levava o indivíduo para fora do espaço da normalidade. Uma diferença da média que se fazia por algo *a mais*, nunca *a menos*. Esse quadro não podia compreender a criação artística em relação à precariedade de certas existências. A loucura do *gênio* está mais próxima da exaltação, do êxtase, da coragem de se afirmar em sua autenticidade, do grande homem, talvez incompreendido por seu tempo, mas, ainda assim, um grande homem. Nunca um pequeno homem, figura quase cômica, muitas vezes ridicularizada.

No Romantismo as singularidades e os particularismos ganharam importância, mas tomados em sua grandeza – e é nesse sentido que a loucura se articula ao gênio criador. Algumas interpretações da obra de Qorpo-Santo – quando do seu "redescobrimento" a partir da década de 1960 – estão marcadas por essa matriz, ao tomá-lo como gênio incompreendido[7]. Essa interpretação vem afirmar a aura do artista excepcional. Mas não seria justamente a isso que a obra desse escritor se contrapõe. Sua riqueza maior não seria sua imensa simplicidade, sua proximidade com o mais cotidiano, o mais banal e que aponta na direção da dessacralização contemporânea do objeto artístico?

A trajetória da obra de Qorpo-Santo expressa de maneira singular de que forma os parâmetros da produção artística foram se deslocando ao longo do tempo em relação a essas obras produzidas em um certo limiar do campo artístico, mas em uma posição de exterioridade em relação a ele. A posteridade lhe dedicará ora um lugar de destaque na produção teatral brasileira, ora o colocará entre os *loucos geniais*. A leitura de sua obra transformou-se no decorrer de quase um século e meio, e a relação da recepção com essa obra nos ajudará a pensar as transformações que se deram neste campo: é toda uma relação entre arte e loucura, precariedade, inacabamento, que vai se configurando e se reconfigurando em cada um dos vários encontros que a obra promoveu. Por isso, voltaremos a Qorpo-Santo a cada vez que se evidenciar, em algum ponto dos estratos que buscaremos mapear, um registro de recepção de sua obra.

Enquanto viveu, Qorpo-Santo deu corpo à sua criação, que jorrava, ao que parece, de forma incessante e excessiva, premido pela sua "ingrata e nojenta imaginação" e buscando construir, por meio dela, certa consistência existencial. Como ele próprio afirmava,

S'esforço e arte
Ajudar me – póde

Socorrer me – venham,
E me – mantenham
Na altura digna?
(Qorpo-Santo, 2000, p. 216)

E, no esforço que empreendeu para editar sua obra, vemos o movimento de um homem que endereça ao futuro sua criação: "Que pensarão os vindouros do que penso, escrevo e faço?" Cercado de sarcasmo, descaso ou indiferença, Qorpo-Santo calculou um século para a legibilidade de seus textos e buscou, por meio de sua obra, seu público em um povo por vir.

NOTAS

1 • Foucault pensa que a segunda modalidade de controle, associada a um poder que produz, substitui paulatinamente a primeira, expressão de um poder que reprime, já que a última seria uma forma de poder tomada da realidade histórica de sociedades escravagistas ou de castas. Talvez tenhamos aí um gancho para pensar a forte presença, em nossa sociedade, da modalidade da exclusão.
2 • Esse caráter eugênico da psiquiatria brasileira ficará mais forte nas primeiras décadas do século XX. Em 1936, Pacheco e Silva, então diretor do Hospital do Juquery, saúda os "abnegados brasileiros que ainda se lembram dos seus compatriotas, preocupando-se com a seleção humana", por terem organizado o 1º Congresso Brasileiro de Eugenia. Entre os assuntos tratados no congresso, o psiquiatra ressalta o da escolha das raças a serem introduzidas no país e o do exame pré-nupcial (Pacheco e Silva, 1936, p. 67).
3 • Segundo Gledson (apud Assis, 1998), nesse período Machado passou por uma crise de saúde que o fez se ausentar por muito tempo do Rio de Janeiro. O autor se pergunta sobre as relações entre essa crise de saúde e a crise literária que o envolvia de maneira drástica no mesmo período.
4 • Outro nome para o cavaquinho, um instrumento musical popular.
5 • Expressões utilizadas por Mário Pedrosa e Nise da Silveira.
6 • Eudynir Fraga doou cópias dos originais de cinco dos nove volumes que compõem a Ensiqlopèdia de Qorpo Santo ao Instituto de Estudos Brasileiros da Universidade de São Paulo (USP). Segundo Fraga (apud Qorpo-Santo, 2001), chegaram até nós seis dos nove volumes da Ensiqlopèdia – os volumes I, II, IV, VII, VIII e IX; somente o primeiro foi publicado na Imprensa Literária de Porto Alegre; o restante foi impresso em sua tipografia. A pesquisadora Denise Espírito Santo descobriu recentemente mais um dos três desaparecidos e ainda tem esperanças de completar o total.
7 • Sobre isso, ver Aguiar, 1975.

2
A emergência das primeiras paisagens

> A emergência é portanto a entrada em cena das forças; é sua interrupção, o salto pelo qual elas passam dos bastidores para o teatro [...] a emergência designa um lugar de afrontamento [...] ela sempre se produz no interstício.
>
> MICHEL FOUCAULT
> (1980, p. 24)

A TRAMA MODERNA

Como vimos no primeiro capítulo, a sensibilidade ocidental vinha se alargando, voltando a atenção para tudo aquilo que, de alguma forma, contrariava a supremacia da norma culta europeia e a ideia clássica do progresso que ela pressupunha. Esse alargamento da sensibilidade fez que a prática artística se dirigisse para a exploração daquilo que lhe era exterior, visando à pesquisa de novas formas de fazer arte e buscando operar no limite da linguagem artística e do sistema da arte. Entre esses campos de exterioridade, a arte explorou sua vizinhança com a loucura, seja no processo de criação do artista seja no interesse por aquilo que alguns sujeitos, enredados nas malhas de instituições psiquiátricas, produziam.

Esse movimento não passaria despercebido para a psiquiatria, que começou a se interessar pelas manifestações artísticas dos doentes mentais. Os primeiros indícios desse interesse provocado pelo encontro dos psiquiatras com a produção espontânea que brotava nos asilos — e que não estava desvinculado do interesse dos artistas por essa mesma produção — datam do final do século XIX.

No entanto, o que artistas e clínicos viam eram coisas muito diferentes. Nos primeiros trabalhos publicados, os psiquiatras tomam o processo de criação e as obras produzidas como elementos na construção de um conhecimento sobre o funcionamento psíquico e seus estados patológicos, mostrando-se empenhados em servir-se dos desenhos como recurso complementar ao diagnóstico. Seu olhar examina as produções pelo valor sintomatológico, levando a uma análise psicopatológica das produções plásticas, com a consequente classificação das patologias segundo as formas produzidas.

Não se colocava em questão o possível efeito terapêutico de realizar desenhos ou pinturas, tampouco alguma reflexão sobre a configuração de uma linguagem que se desse na realização dessas atividades. A intenção era a formulação de um modelo por meio do qual fosse possível correlacionar e fixar certas características de estilo a diferentes formas patológicas. No desenho de psicóticos, por exemplo, estariam presentes repetições estereotipadas, tendências aos efeitos intensos, pedantismo, exatidão (Jaspers, *apud* Lafora, 1927).

Nesses primeiros estudos, foram apontados parentescos entre a produção de pacientes, a arte primitiva e o desenho de crianças, remetendo, assim, aqueles trabalhos a uma infância, individual ou da humanidade, o que configuraria um estado de regressão. Mas, em 1907, Réja chamou a atenção para outra proximidade, entre aquilo que se considerava a verdadeira criação artística e os desenhos de alguns doentes. Segundo Lafora (1927), Réja parece ter sido o primeiro autor a estudar a arte produzida nos manicômios de uma perspectiva mais estética do que médica.

Outro psiquiatra, Hans Prinzhorn, estudou e organizou, em 1919, toda a produção francesa e alemã publicada até então acerca da produção artística dos doentes mentais. Em 1922, publicou um livro que se tornou referência para os principais teóricos brasileiros que trabalhariam com o tema. Para Nise da Silveira (1992), há um salto fundamental nesse trabalho em relação ao que fora produzido até então, já que Prinzhorn valoriza as obras realizadas pelos doentes, afirmando que nelas está presente o poder criador comum a todos os indivíduos e que o psiquiatra recusou o fosso tradicional que separaria as formas de expressão do louco das formas de expressão dos normais. Na leitura dessas obras, a atenção era focalizada nos princípios formais de configuração, visando a compreensão da linguagem criada por cada artista. Segundo a psiquiatra brasileira, Prinzhorn tardou muito a provocar a curiosidade e o interesse de médicos e psicólogos[1], mas chamou a atenção de artistas como Max Ernst e Paul Klee.

Os estudos produzidos no campo psiquiátrico sobre as expressões artísticas dos doentes mentais encontraram a arte moderna, influenciando-a e alimentando-se do contato com ela. Esses estudos foram, também, atravessados por um pensamento clínico que estava sendo construído no início do século XX: a psicanálise. Esta, por sua vez, entrou em conexão intensa com as vanguardas artísticas do início do século.

Este capítulo se aproximará inicialmente da psicanálise e de sua concepção de arte, para que seja possível acompanhar as modulações que foram se dando nas formas de compreender as criações artísticas realizadas fora do universo institucional da arte, em proximidade com o espaço clínico. Em seguida, o leitor verá como os modernistas brasileiros fagocitaram e digeriram essas ideias, e o que produziram com relação à concepção de processo criador e sobre o lugar da subjetividade, da loucura e da exterioridade neste processo. Elegeram-se as experimentações estéticas do modernista Flávio de Carvalho para investigar como o interesse pelos estudos psicológicos e psicanalíticos e pelos estados alterados de consciência, a loucura e a infância, atravessaram o desenvolvimento dessas experimentações. Em seguida, o capítulo mostrará como a psiquiatria da época leu e teorizou sobre a arte e os artistas. Por fim, tratará de Osório César – um híbrido de psiquiatra e crítico de arte – e a experiência estético-clínica que desenvolveu no Hospital Psiquiátrico do Juqueri, em São Paulo.

OLHARES DA CLÍNICA SOBRE A ARTE: A PERSPECTIVA DE FREUD[2]

Em 1925, Freud afirmava que somente por meio da psicanálise a medicina se relacionaria com a estética, a mitologia e o folclore. E, se para nós a psicanálise não é o único elo entre os campos da arte e da clínica, pensamos que ela ocupa um lugar privilegiado nesse território que buscamos mapear.

A arte, no seu caminho de exploração da percepção e na tentativa de ampliar a experimentação sensível do homem sobre si mesmo, ajudou a forjar a ideia de inconsciente no interior de um processo histórico bastante complexo. Como afirma Argan (1992), o momento em que a psicanálise foi criada coincide com uma passagem delicada e importantíssima que se deu na história da cultura artística no final do século XIX e início do XX, quando o "espírito de verdade" se voltou para o desvendamento não mais do mundo externo, mas do interior da psicologia individual e coletiva.

Para inventar um pensamento clínico estruturado em torno da noção de inconsciente, Freud foi buscar no campo das artes ideias e modelos mais próximos da concepção de vida que a psicanálise criava. Para Renato Mezan (1990), a referência cultural se inscreve no processo de invenção da psicanálise como um de seus momentos essenciais, ao lado do discurso dos pacientes e da autoanálise de seu criador. Ao fazer ressoar e encontrar exemplos de suas intuições teóricas em obras literárias, o inventor da psicanálise buscava universalizar os conceitos e as teorias que formulava com base na singularidade de sua experiência pessoal e médica. Além disso, o pensamento psicanalítico foi profundamente marcado pela arte, na sua experimentação da linguagem, na sua propensão à criação de mundos.

Contudo, mesmo se propondo a construir uma teoria geral do psiquismo humano, o que implica também um pensamento sobre os processos sociais, e apesar de ter escrito grande quantidade de textos que tomam a estética como tema, Freud o fez sempre com extrema reserva, por vezes se desculpando por adentrar um campo que não era o seu e no qual não se sentia inteiramente à vontade. No texto "O estranho", afirmava que "só raramente um psicanalista se sente impelido a pesquisar o tema da estética, mesmo quando por estética se entende não simplesmente a teoria da beleza, mas a teoria das qualidades do sentir" (1990 [1919], p. 275), acrescentando que "o analista opera em outras camadas da vida mental". O mesmo cuidado está presente no início do texto "Escritores criativos e devaneios" (1990 [1907], p. 149), quando se colocou na categoria de "leigo" com "intensa curiosidade em saber de que fontes esse estranho ser, o escritor criativo, retira seu material", e confessou sua inveja em relação a esses "seres estranhos": "se ao menos pudéssemos descobrir em nós mesmos ou em nossos semelhantes uma atividade afim à criação literária!" Profundamente apaixonado pela literatura, Freud fez dessa linguagem a referência para seu pensamento sobre arte, considerando o poeta o artista por excelência. Para ele o poeta é um profundo conhecedor da alma humana; por isso, muitas vezes tenta construir uma relação de cumplicidade com ele.

O autor, por certo período, alimentou até mesmo o desejo de ser escritor. Seu interesse pela escrita, seu estilo exploratório, a presença da fantasia e da imaginação em seu processo de teorização acabaram por dar a seus textos uma qualidade estética reconhecida por muitos escritores, possibilitando-lhe mesclar ficção e teoria na construção da psicanálise. Lembremo-nos de que o único prêmio que recebeu em vida – o prêmio Goethe – relaciona-se, na mesma medida, com as suas descobertas científicas e as qualidades literárias de sua obra.

Todavia, Freud parecia nutrir certa ambivalência com relação a esses dotes de escritor, lamentando-os muitas vezes, como se a qualidade artística de seus textos os desvalorizasse no âmbito científico. Desde muito cedo tinha a consciência dessa qualidade da sua produção teórica e justificava-a, argumentando que o caráter literário de sua obra decorria do próprio objeto da investigação psicanalítica: "A mim causa singular impressão comprovar que minhas histórias clínicas carecem, por assim dizer, do severo selo da ciência, e que apresentam mais um caráter literário. Mas consolo-me pensando que este resultado depende inteiramente da natureza do objeto, e não de minhas preferências pessoais" (*apud* Mezan, 1990, p. 607).

Para Noemi Kon (1996), o caráter estético presente em sua obra possibilitou a Freud unir os dois fortes fios da cultura de seu tempo – o estético e o científico. Talvez por isso ele sentisse que sua pesquisa caminhava muito próxima daquela empreendida por alguns escritores, em especial Schnitzler, a quem escreve: "Sempre que me deixo absorver profundamente por suas belas criações, parece-me encontrar, sob a superfície poética, as mesmas suposições antecipadas, os interesses e conclusões que reconheço como meus próprios. [...] O senhor é um explorador das profundezas" (Freud *apud* Kon, 1996, p. 128).

Essa capacidade que Freud via nos grandes criadores, de desvendar os segredos da alma humana antes de qualquer esforço científico, fez que ele se debruçasse inúmeras vezes sobre obras de arte. No seu estudo sobre a *Gradiva*, de Jensen, Freud (1906, p. 18) tomava o escritor como aliado na controvérsia acerca dos sonhos e seus significados: "Os escritores criativos são aliados muito valiosos, pois costumam conhecer toda uma vasta gama de coisas entre o céu e a terra com as quais a nossa filosofia ainda não nos deixou sonhar. Estão bem adiante de nós".

Vemos que, além de aliados, os escritores estão mais adiantados na pesquisa da alma. "A descrição da mente humana é, na realidade, seu campo mais legítimo [do escritor verdadeiramente]; desde tempos imemoriais ele tem sido um precursor da ciência, portanto também da psicologia científica" (Freud, 1990 [1906], p. 50).

Além disso, outro caminho se abria com base nos estudos sobre arte: a tentativa de compreensão dos complexos processos e dinamismos presentes na criação artística e na fruição das obras. Além de ajudar a compreender a natureza dos sonhos e os mecanismos inconscientes, a investigação de obras "talvez permita-nos obter alguma compreensão interna, ainda que tênue, da natureza da criação literária" (Freud, 1990 [1906], p. 19). E qual será para Freud a natureza da criação? Apesar de o pensamento do autor sofrer transformações importantes ao longo de sua formulação, no que se refere às ideias em relação à arte há um núcleo de princípios básicos, praticamente intacto, que atravessa toda a obra, segundo Loureiro (1994).

Freud conhecia os limites de seu pensamento sobre arte; em 1913, no texto "O interesse da psicanálise do ponto de vista da ciência da estética", afirmou que a psicanálise esclarecia satisfatoriamente alguns problemas referentes às artes e aos artistas, embora a maioria dos problemas ligados à criação e à apreciação artísticas aguardasse novos estudos. Após colocar essa ressalva, o autor apresentou de forma sucinta os principais temas abordados pela psicanálise no campo da estética. Comecemos por essas notas.

A arte é apresentada como uma atividade entre outras, destinada a apaziguar desejos não gratificados, seja do artista, seja do público. Na base do movimento para criar, Freud encontrava as mesmas forças que podiam levar outras pessoas ao desenvolvimento de neuroses e que seriam também as que impulsionariam a sociedade a construir suas instituições. O método psicanalítico de interpretação de obras de arte partia dos elementos formais e temáticos presentes na obra e procurava desvendar os conteúdos latentes aos quais eles se referiam, buscando conexões com a história de vida do artista e suas impressões de infância.

Percebemos que está em pauta o modelo do sonho elaborado por Freud em seu trabalho de 1900, no qual os exemplos utilizados para exemplificar e ilustrar os mecanismos do sonho, como a condensação e o deslocamento, foram retirados, muitas vezes, de imagens ou procedimentos artísticos. A partir de *A interpretação dos sonhos*, uma série de estudos tomou como operador o trabalho do sonho para aplicá-lo em esferas da vida não ligadas diretamente à experiência onírica.

A obra de arte seria uma formação de compromisso, um produto psíquico que traria em sua forma final uma deformação do material inconsciente, fruto de um acordo entre o desejo reprimido e as instâncias da censura, de modo que o desejo é realizado, mas de forma disfarçada e não explícita, assim como no sonho e também no sintoma. Todos eles têm a mesma origem, as fantasias e os desejos infantis que se encontram reprimidos e que, por seu caráter de universalidade, permitem a fruição da obra por parte do público e sua decifração com base na experiência do espectador.

É nesse sentido que Freud empreendeu a investigação psicanalítica das obras de arte procurando "conhecer o material de lembranças e impressões no qual o autor baseou a obra, e os métodos e processos pelos quais converteu esse material em obra de arte" (Freud, 1990 [1907], p. 97). Foi o que fez em *Uma lembrança infantil de Leonardo da Vinci*. Nesse ensaio (1990 [1910]), o interesse do autor estava prioritariamente voltado para a compreensão das motivações subjetivas do pintor e as relações entre sua história, principalmente infantil, e uma de suas obras em particular. Freud se perguntava se existiria na obra de Leonardo algo que testemunhasse as fortes impressões da infância que sua memória conservou. O material de que dispunha para responder a tal pergunta era, segundo ele, fragmentário e incerto: os dados da história de

ARTE, CLÍNICA E LOUCURA • 73

vida do artista, os acontecimentos principais, a influência do meio, as formas de comportamento relatadas por seus contemporâneos.

O método empregado consistia em partir desse material e associá--lo aos conhecimentos psicanalíticos dos mecanismos psíquicos, o que permitiria desvendar as forças originais da mente do artista, seus desejos inconscientes, descobrindo-os expressos, mas deformados, na obra produzida.

Ao longo do texto Freud insistiu nos limites desse procedimento, decorrentes da escassez do material histórico e da enorme transformação pela qual deveriam passar os conteúdos inconscientes antes de se tornarem elementos de uma obra de arte. Por fim, os limites da própria psicanálise que não conseguiria explicar a capacidade de sublimação[3] do artista, seu talento e mesmo a natureza da função artística. O texto apresenta a construção de uma hipótese, e não afirmações assertivas. No entanto, apesar das ressalvas, Freud terminou por construir uma compreensão psicanalítica da subjetividade de Da Vinci, baseando-se no referido material fragmentário e na interpretação de uma de suas obras.

Já no estudo "O Moisés de Michelangelo", Freud partiu da própria experiência estética para analisar a obra e seu conteúdo latente. Mais uma vez, declarou-se leigo em matéria de arte e deixou clara sua limitação para explorar as artes visuais, afirmando que seu interesse estava sempre mais voltado para o conteúdo de uma obra que para suas qualidades formais. Mas confessou: "as obras de arte exercem sobre mim um poderoso efeito" (1990 [1914], p. 253). Esse estudo foi construído com base nesse efeito. O interesse volta-se aqui para a tentativa de compreender a poderosa emoção que as obras de arte provocam. Do efeito de *Moisés* sobre si mesmo, Freud passou a estudar o efeito da obra sobre outras pessoas, retomando críticas e textos escritos sobre essa escultura, verificando a existência de inúmeras leituras diferentes sobre uma mesma obra de arte. Por fim, debruçou-se sobre a obra, partindo de suas características principais para focalizar os detalhes aparentemente de menor importância, utilizando-se do método psicanalítico. Segundo Mezan (1990), o que sustenta esse método e torna possível a reconstrução do processo criativo com base na emoção sentida pelo espectador é a ideia de uma comunicação entre o inconsciente do artista e o do público.

Para João Frayze-Pereira, há entre os dois textos, aquele sobre Leonardo e este sobre o Moisés de Michelangelo, uma mudança de perspectiva importante. Enquanto a primeira análise comportava um tipo de pretensão que alimenta e encoraja aquilo que Paul Ricouer chamou de "má psicanálise da arte" – inspiradora de uma série de estudos que carregam as tintas na interpretação psicológica e, por vezes, psicopatológica do artista –, a segunda pôs em relevo a leitura da obra, que possui uma dimensão invisível cuja construção é suscitada pelo visível. "Nesta medida, abre-se uma leitura sem fim que, ao invés de reduzir o enigma proposto pela obra, multiplica-o ou aprofunda-o num sentido realmente abissal" (Frayze-Pereira, 1995, p. 101).

As duas leituras se justificam porque a obra de arte, como vimos, é tomada e trabalhada pela psicanálise como um sonho, ou mesmo como um sintoma. Para Freud (1990 [1913], p. 95) as neuroses possuem "pontos de concordância notáveis e de longo alcance com as grandes instituições sociais, a arte, a religião e a filosofia".

De fato, as relações entre obra de arte e sintoma acompanham, em paralelo, as relações que Freud foi tecendo entre o artista e o neurótico. Segundo Loureiro (1994), Freud aproximou frequentemente esses dois personagens dizendo que em ambos a capacidade imaginativa tem uma intensidade particular; mas, diferentemente do neurótico, o artista conseguiria transformar suas fantasias em obras. Vemos que, nessa concepção, a obra está no lugar do sintoma, substituindo-o. Mas há também em vários textos o aporte no qual Freud apresentou o artista como alguém com fortes tendências a desenvolver uma neurose, situação na qual a obra se confundiria com um sintoma do criador.

Se, no pensamento psicanalítico, o artista ocupa um espaço próximo ao do neurótico, ele estaria, também, perto da criança e do selvagem, por meio de uma série de analogias que Freud desenvolveu especialmente em "Totem e tabu". Nesse texto, o autor afirmou que a "onipotência do pensamento", característica do psiquismo infantil e também do primitivo, foi mantida em um único campo de nossa civilização: o da arte. "Somente na arte acontece ainda que um homem consumido por desejos efetue algo que se assemelhe à realização desses desejos e o que faça com um sentido lúdico produza efeitos emocionais como se fosse algo real" (Freud, 1990 [1913], p. 113). E ainda, "as criações projetadas dos homens primitivos assemelham-se às personificações construídas pelos escritores criativos" (1990 [1913], p. 87).

Essa proposição de uma relação de proximidade entre o artista, o primitivo, a criança e, especialmente, o neurótico, suscitou, por parte de artistas e críticos, os mais ferrenhos ataques ao pensamento freudiano sobre a arte. Por outro lado, vimos que Freud estava produzindo em um período em que a vizinhança entre arte e loucura atravessava vários campos culturais. Veremos mais adiante quanto os artistas modernos vão se esforçar por contaminar-se com loucos, crianças e povos exóticos.

Mas é justamente na distância que introduziu entre arte e loucura, e não em sua proximidade, que Freud divergiu do pensamento de seu tempo, divergência que também estaria presente na sua visão sobre a produção moderna em arte. Para o autor, se o artista está muitas vezes em uma perigosa vizinhança com a neurose pelo mundo de fantasias que habita, e se a arte apresenta as fantasias do artista, plenas de realização de desejo, o artista teria, porém, que ser capaz de transformar essas fantasias, deformá-las, maquiá-las, para que o produto final de seu processo implicasse uma elaboração do material inconsciente que permitisse ao espectador a experiência do prazer, e não da repulsa, no contato com a obra (Freud, 1990 [1925]). A produção só se tornaria obra de arte quando passasse por uma transformação que atenuasse essa realização de desejo, ocultando as particularidades e questões pessoais, e conformando-as às leis da beleza e do bom gosto.

Uma obra de arte não é, jamais, para Freud, a simples expressão direta do conteúdo inconsciente; ela é trabalho e deve comportar material inconsciente e tratamento pré-consciente na justa medida, o que implica forças organizadas, controle e técnica. Proporção que ele não encontra nem nas manifestações dos psicóticos nem, muitas vezes, nas obras dos artistas modernos.

Loureiro (1994) afirma que Freud, apesar de frequentemente citado e utilizado pelos artistas modernos, tinha uma atitude com relação à produção desses artistas que variava da total indiferença à incompreensão, chegando à aversão completa. Em carta enviada a André Breton, em resposta às suas constantes tentativas de construir um relacionamento com o inventor da psicanálise, Freud disse: "Ainda que eu receba as tantas demonstrações de apreço que o senhor e seus amigos têm para com minhas pesquisas, eu mesmo não estou em condições de esclarecer para mim mesmo o que é e o que deseja o Surrealismo. Talvez eu nada tenha feito para compreendê-lo, eu que estou tão afastado da arte" (*apud* Kon, 1996, p. 16)[4].

Em 1938 Freud, em carta a Stefan Zweig, contou que, após um encontro com Salvador Dalí, se propôs a reconsiderar suas posições em relação às vanguardas artísticas, já que até então se inclinava a "considerar os surrealistas, que aparentemente me escolheram para santo padroeiro, como loucos arrematados", mas insistiu na ideia de que, em um tratamento artístico de um conteúdo, qualquer que ele seja, "a proporção quantitativa de material insconsciente e de tratamento pré-consciente [deve permanecer] dentro de limites precisos" (*apud* Kon, 1996, p. 72).

Para o inventor da psicanálise, as obras dos "malucos" e muitas das produções modernas não desempenhariam a função social da arte de ser uma realização disfarçada de desejo, liberação de um prazer permitido e desinteressado, importantíssimo tanto para a manutenção do bom funcionamento mental individual, quanto para a manutenção da coesão social. Aparece aqui uma visão de arte como apaziguadora de conflitos, contexto no qual seria difícil pensar o caráter subversivo, provocador ou inquietante da arte.

Mais que isso. Em uma concepção de arte como solução de compromisso que tem em sua origem fantasias e desejos infantis com caráter de universalidade, torna-se difícil pensar a emergência de algo singularmente novo.

Mas, apesar da rejeição ou incompreensão da arte de seu tempo, o pensamento freudiano tem profundas afinidades com as proposições modernas, principalmente porque estas se debruçam sobre as mesmas questões que a psicanálise. A arte foi um dos terrenos sobre o qual a psicanálise mais rapidamente exerceu influência. Havia uma forte ressonância entre as ideias modernas da arte e o pensamento psicanalítico, ambos surgidos de um solo comum e constituídos em torno de uma concepção de subjetividade bastante próxima, no centro da qual está o inconsciente que se revelaria em palavras, em sonhos e em obras, por intermédio da linguagem.

O pensamento freudiano comporta inúmeras incongruências, como qualquer outro. Como nos ensinam Deleuze e Guattari (1995, p. 123):

> Não vemos nada de especial na coexistência, no seio de uma mesma doutrina teórica e prática, de elementos revolucionários, reformistas e reacionários. [...] Como se houvesse alguma grande doutrina que não fosse uma formação combinada, feita de peças e de fragmentos, de diversos códigos e fluxos misturados, de parciais e derivadas, que são precisamente a vida ou o seu devir. A psicanálise é teórica e praticamente feita de uma relação ambígua com aquilo que descobre e com as forças com que lida.

Nesse sentido, a aproximação que Freud fez entre psicopatologia e vida cotidiana, de um lado, e psicopatologia e produção artística, de outro, pode ser lida como uma forma de encontrar estados mórbidos em todas as expressões da existência, mas ganha uma potência muito maior quando tomada como afirmação de que a vida comporta desequilíbrios, tensões, conflitos e incongruências e que a "normalidade" ou o "funcionamento normal" são abstrações que não encontramos em um corpo vivente, nem mesmo nas produções mais elevadas do homem.

VISÕES DA ARTE SOBRE A CLÍNICA: MODERNISMO BRASILEIRO, O INTERESSE PELA EXTERIORIDADE E A PRESENÇA DA PSICANÁLISE

O modernismo brasileiro tomou das vanguardas europeias sua concepção de arte e sua lição estética essencial: a ruptura da linguagem como sistema, buscada por meio da deformação, da explicitação dos procedimentos e da inclusão do popular, do grotesco, do cotidiano e do fluxo da consciência na obra (Lafetá, 2000). Todos esses programas estéticos, como vimos, valorizavam aquilo que estava no exterior do território artístico e cultural da época. Os artistas modernos preconizavam que o verdadeiro impulso criador teria de ser buscado livre das amarras e repressões sociais, e para tanto recorriam frequentemente a um diálogo com expressões plásticas de crianças e loucos, ou com a arte primitiva, na busca da espontaneidade do ato criador e da emergência do novo na arte.

No bojo dessas influências europeias estava a presença da psicanálise, que entrou no Brasil pela porta da arte, repetindo talvez o mesmo fenômeno que se deu na França, onde, segundo Freud (1925), o interesse pela psicanálise começou entre os artistas e homens de letras. A primeira tradução de um texto freudiano apareceu no Brasil em uma revista do movimento modernista mineiro, *A Revista*, em 1925. E nas bibliotecas dos artistas modernos brasileiros era frequente encontrar obras de Freud, como também a de Charles Baudouin, *Psicanálise da arte*.

Na formação da Sociedade Brasileira de Psicanálise – primeira instituição psicanalítica do Brasil e da América Latina –, em 1927, participaram tanto médicos quanto artistas e intelectuais: os psiquiatras Franco da Rocha, Durval Marcondes e Osório César, e também Menotti del Picchia, Almeida Junior e Cândido Motta Filho (Sagawa, 1994). O meio cultural paulista estava fascinado pela psicanálise desde o aparecimento, em 1922, do texto "A doutrina pansexualista de Freud", de Franco da Rocha, publicado na *Revista do Brasil*, a principal revista literária da época.

Entre os artistas plásticos, Tarsila do Amaral, Ismael Neri e Cícero Dias desenvolveram uma poética povoada por imagens fantásticas, formas oníricas ou fragmentadas que trazem frequentes referências à psicanálise. Nos desenhos e pinturas de Ismael Neri, que morreu aos 34 anos de tuberculose, encontramos corpos despedaçados, a temática da morte e a inscrição de conceitos freudianos como complexo de Édipo, trauma do nascimento, trauma de castração.

Segundo Lafetá (2000), a pesquisa psicológica se associou às experimentações de ruptura da linguagem estabelecendo uma correspondência entre o desvelamento daquilo que está por trás da maneira de o homem se comportar, das sensações e paixões, e o desmascaramento da linguagem artificiosa e dos procedimentos artísticos.

Percebemos a presença marcante da psicanálise no modernismo brasileiro também nos escritos de Oswald de Andrade e Mário de Andrade, principalmente nos manifestos ou nos textos de caráter crítico nos quais os autores expõem seus procedimentos, suas concepções de arte e de processo de criação.

Nos trabalhos de Mário de Andrade o pensamento psicológico e psicanalítico está presente de forma inequívoca. Mais que isso, neles se manifestam com vigor as contradições de uma teorização estética baseada no "psicologismo" (Schwarz, 1981). Mário tinha também grande interesse pela medicina e, no final da década de 1930, proferiu uma conferência na Associação Paulista de medicina sobre a "Terapêutica musical", posteriormente incluída em *Publicações médicas* e no livro *Namoros com a medicina* (Andrade, 1980).

Segundo Lafetá (2000), além de ser um artista moderno paradigmático, engajado ativamente no processo de transformação da linguagem, Mário de Andrade era também um crítico e pensador tanto do seu próprio fazer como do modernismo em geral. Ávido leitor e tradutor da vanguarda europeia, empreendeu uma tarefa de renovação estética e desenvolveu uma pesquisa de linguagem que levava em conta três enfoques: o estético, o psicológico e o sociológico. Na sua pesquisa de uma expressão nova, voltou-se para o estudo da psicologia da criação.

Em seu "Prefácio interessantíssimo" à *Pauliceia desvairada*, de 1922, Mário buscou justificar sua poesia e os procedimentos que a compunham, recorrendo à discussão da natureza psicológica do lirismo que é, para Lafetá (2000), o ponto mais polêmico desse texto. Nele, Mário de Andrade indicou que o desvario o acompanhava de perto em seu processo criativo: "Escrevo sem pensar tudo que o meu inconsciente me grita" (1974 [1922], p. 13). Para ele, o impulso lírico que "nasce no subconsciente" e "clama dentro de nós como turba enfuriada" seria o componente essencial da poesia, assim como da arte. Esse lirismo, "vizinho da sublime loucura", envia, do inconsciente, "telegramas cifrados" que são traduzidos pela atividade consciente. Mário descreveu assim os mecanismos e o funcionamento dessa tradução que permite ao impulso lírico adentrar a consciência:

> Dom lirismo, ao desembarcar do Eldorado do Inconsciente no cáis da terra do Consciente, é inspeccionado pela visita médica, a Inteligência, que o alimpa dos macaquinhos e de toda e qualquer doença que possa espalhar confusão, obscuridade na terrinha progressista. Dom lirismo sofre mais uma visita alfandegária, descoberta por Freud, que a denominou Censura. Sou contrabandista! E contrário à lei da vacina obrigatória. Parece que sou todo instinto... Não é verdade. Há no meu livro, e não me desagrada, tendência pronunciadamente intelectualista. Que quer você? Consigo passar minhas sedas sem pagar direitos. Mas é psicologicamente impossível livrar-me das injecções e dos tónicos. (1974 [1922], p. 27)

Impressionante sintonia com as ideias freudianas, principalmente no que se refere ao equilíbrio entre lirismo e técnica, impulso inconsciente e atividade consciente, visto como necessário para se produzir uma obra. A sintonia está presente até mesmo nas metáforas utilizadas para descrever o processo mental. Em "O estranho", Freud citou o trecho de uma novela de E. T. A. Hoffmann, no qual o escritor descreveu a função da consciência à semelhança da imagem proposta por Mário de Andrade[5]:

E o que consegue você dela? Quero dizer, dessa particular função mental que chamamos consciência e que nada é senão a atividade confusa de um maldito coletor de impostos – fiscal de consumo – funcionário superior da alfândega, que instalou o seu infame gabinete no nosso andar de cima e que exclama, sempre que quaisquer produtos tentam sair: "Hi! Hi! As exportações estão proibidas [...] os produtos devem ficar aqui [...] aqui, neste país..." (Hoffmann *apud* Freud, 1919, p. 292)

No entanto, no texto de Mário de Andrade há uma oscilação na importância que é dada ao controle da produção inconsciente pela formalização técnica, como se o processo de criação fosse, em sua concepção, menos "neurótico" que aquele postulado pela psicanálise: "A gramática apareceu depois de organizadas as linguas. Acontece que meu inconsciente não sabe da existência de gramáticas, nem de linguas organizadas. E como Dom Lirismo é contrabandista..." (1974 [1922], p. 28).

Nesse texto Mário nos presenteia com uma imagem do acontecimento criativo, aproximando-o da experiência cotidiana comum a todos, que reproduzo aqui na íntegra:

Si você já teve por
acaso na vida um acontecimento forte,
imprevisto (já teve, naturalmente) recorde-se

> do tumulto desordenado das muitas ideias que
> nesse momento lhe tumultuaram no cérebro.
> Essas ideias, reduzidas ao mínimo telegráfico da
> palavra, não se continuavam, porque não
> faziam parte de frase alguma, não tinham
> resposta, solução, continuidade. Vibravam,
> ressoavam, amontoavam-se, sobrepunham-se.
> sem ligação, sem concordância aparente –
> embora nascidas do mesmo acontecimento –
> formavam, pela sucessão rapidíssima,
> verdadeira simultaneidade, verdadeiras
> harmonias acompanhando a melodia enérgica
> e larga do acontecimento. (1974 [1922], p. 25)

Vemos que a explicação psicológica do impulso lírico, motor da criação, vai dando lugar à apresentação dos procedimentos que estariam em jogo nesse processo criativo: simultaneidade, ritmo, harmonia, sobreposição e o abandono da gramática que abrirá espaço para uma linguagem mais elástica.

Dois anos depois, em 1924, em "A escrava que não é Isaura" (in: Andrade, M., 1960), a abordagem dos procedimentos estéticos se fez mais forte sem que tenha havido um abandono da análise psicológica. Mário de Andrade continuou dando ênfase ao caráter psicológico, chamando a poesia que buscava afirmar de "psicológica e subconsciente", na qual haveria uma "substituição da ordem intelectual pela ordem subconsciente". Mas o autor estava preocupado também com os "perigos formidáveis" que tal substituição implicaria e, de forma contundente, insistia:

> lirismo não é poesia. O poeta traduz em línguas conhecidas
> o eu profundo. [...] O poeta modernista usa mesmo o máximo
> de trabalho intelectual. [...] O poeta não fotografa o subcons-
> ciente. A inspiração é que é subconsciente, não a criação. (1960
> [1924], p. 243)

A ideia é a de uma fórmula tomada de Paulo Dermée, que em Mário aparece como: "lirismo puro + crítica + palavra = poesia". Nessa proposição tem fundamental importância a proporção dos ingredientes na receita: "o máximo de lirismo e o máximo de crítica para adquirir o máximo de expressão" (1960 [1924], p. 205-6). Enfatizando o componente crítico, a operação intelectual, o esforço de vontade da criação poética, Mário estava também distinguindo seu trabalho da "reprodução exacta do subconsciente", o que supostamente seria característico da criação dos loucos. E deixava claro: só quem não compreende a arte moderna pode compará-la com uma arte louca: "o espectador procura na obra de arte a natureza e como não a encontra, conclui: — Paranoia ou mistificação!" (1960 [1924], p. 238).

Se os críticos do modernismo usaram a proximidade entre a arte moderna e a produção dos loucos para desqualificar as vanguardas, Mário de Andrade parece ter comprado a ideia de que essa proximidade desqualificaria aquilo que fazia e tentou distinguir essas duas formas de expressão artística. A proximidade com a loucura não interessava aos modernistas.[6]

Uma pessoa desinstruida nas teorias modernistas horroriza-se ante a formidável desordem das nossas poesias.
— Não há ordem! Não há concatenação de ideias! Estão Loucos!
(Houve já quem tomasse a sério essa **acusação** de loucura e provasse inutilmente, meu Deus!, as diferenças fundamentais entre a literatura dos modernistas e a dos alienados. Foi caso único. Em geral nós nos rimos dessa acusação. [...] Mas oh bem-pensantes! é coisa evidente: NÃO SOMOS LOUCOS.)
(1960 [1924], p. 245)

Há aqui uma inversão de perspectiva. A proximidade com a loucura que alguns artistas de vanguarda tomaram como alimento para sua produção aparece como um perigo na batalha pela legitimação de um grupo de artistas brasileiros e seus trabalhos.

Nesse ensaio, o afastamento da loucura vem no bojo de um movimento no qual o psicologismo cedia maior espaço para a crítica e a análise dos procedimentos artísticos, passando a servir como instrumento para pensar os processos de ruptura da linguagem. É nesse sentido que Lafetá (2000) entende a correção de rumo no pensamento de Mário de Andrade sobre arte, a partir da década de 1930, quando o enfoque sociológico passou a ocupar um lugar fundamental. Essa foi a forma que o escritor encontrou para desindividualizar a arte e pensá-la de um ponto de vista mais coletivo. O afastamento de uma visão individualista de arte arrasta com ele o afastamento de uma suposta proximidade com a loucura. Nesse sentido, podemos pensar que para Mário de Andrade a loucura está associada a uma patologia individual, e não a uma forma de funcionamento que pudesse dialogar com a produção estética.

A ênfase no enfoque sociológico e a tentativa de pensar o individual a ele associado seria a tendência dos trabalhos de Mário de Andrade a partir do final da década de 1920, em especial nas críticas de arte. O aparecimento de "O Aleijadinho", em 1928, instaura, segundo Kossovitch (1990), um novo patamar na crítica nacional, estabelecendo bases sólidas para sua realização por meio da criação de um método que, ao articular a personalidade do artista a seu meio histórico social, constrói as bases para a interpretação formal e expressiva.

Mediante a criação de um tipo psicossocial, o mulato, do qual o Aleijadinho seria um representante, Mário buscou apreender as condições subjetivas da obra de arte, entendida como representação da vontade expressiva da sociedade. O barroco mineiro é, nessa perspectiva, "expressão da vontade criadora do mulato e corresponde às tendências mais profundas de um psiquismo novo, impondo-se como transmutação dos valores do barroco europeu, como a sua deformação sistemática" (Kossovitch, 1990, p. 85).

Mas se o mulato podia servir como categoria para pensar certa "nacionalidade brasileira nascente", ele era, por outro lado, signo de uma singularidade que, por seu caráter mestiço e sua posição desclassificada, não permitiria encaixá-lo em qualquer etnia ou grupo. Nem branco, nem preto, os mulatos apareciam "como mestiçagem: muito irregulares no físico e na psicologia. Cada mulato era um ser sozinho, não tinha referência étnica com o resto da mulatada" (Andrade, M., 1975 [1928], p. 21).

Foi com base nesse caráter de experiência única que Mário fez a abordagem da personalidade de Aleijadinho, buscando explorar a forma como aquela experiência particular se tornava presente na obra. Além disso, o escritor apontou, na evolução artística de Aleijadinho, uma ruptura ou diferenciação na obra, relacionando-a com o aparecimento da doença. A análise psicológica partiu da experiência individual do artista para estabelecer relações desta com a obra, e, nesse contexto, a patologia serviu para a construção dessa articulação (Kossovitch, 1990).

Depois doença chegou. [...] O gênio sofre fisicamente demais e se não decai propriamente, doença e velhice o perturbam. A obra de Congonhas, frequentemente genial, várias vezes sublime ainda, turtuveia. É irregular, mais atormentada, mais mística, berra num sofrimento raivoso de quem sabemos que não tinha paciência muita... (Andrade, M., 1975, p. 39)

Para Mário, o aparecimento da doença dividiu em duas fases nítidas a obra de Aleijadinho, cada uma delas associada a estilos estéticos diferentes. A primeira, sã, mais equilibrada, marcada por uma reinvenção do Renascimento e por uma deformação de caráter plástico; a outra, a da enfermidade, quando aparece um sentimento mais gótico e expressionista e uma deformação de caráter expressivo. O escritor associou a experiência de uma precariedade que marca a existência do artista e a invenção de procedimentos estéticos que pudessem dar conta dessa precariedade.

A doença parece ter sido responsável também, segundo Mário, pelo lugar social ambíguo que ocupou Aleijadinho: reconhecidamente aceito como artista de valor e reiteradamente esquecido nos documentos e livros de registro. "Talvez Antônio Francisco fosse mesmo desprezado por causa da dor..." (Andrade, M., 1975, p. 26). Além disso, muitas vezes o valor (ou desvalor) dado ao seu trabalho aparecia associado à sua condição física, mostrando a incompreensão da crítica da época para com sua arte.

O texto de Mário de Andrade, fundamental para o estabelecimento de uma crítica de arte brasileira, desenvolveu-se em movimento pendular. Deslocando-se de uma análise psicológica fina e sensível para uma análise formal e estilística rigorosa, que pressupõe a inserção da obra em seu universo cultural, buscava uma articulação entre uma e outra dessas análises. Mas essa articulação entre a esfera psicológica individual e o ambiente social e histórico parece ainda frágil e insuficiente.

Talvez tenha sido essa insuficiência que permitiu ao autor arriscar uma intuição absolutamente nova no interior dos referenciais com que vinha trabalhando. Pois se durante todo o texto Mário de Andrade buscou associar o percurso e a criação do artista à formação de uma consciência estética nacional, tomando sua "vontade de deformar" para forjar um procedimento que seria próprio da arte brasileira, e afirmando que sua obra "é a solução brasileira da colônia", no último parágrafo do texto a intuição do crítico lançou a obra e o artista em um espaço-tempo no qual se atravessam épocas históricas e geografias diversas.

> Mas abrasileirando a coisa lusa, lhe dando graça, delicadeza e dengue na arquitetura, por outro lado, mestiço, ele vagava no mundo. Ele reinventava o mundo. O Aleijadinho lembra tudo. Evoca os primitivos itálicos, bosqueja a Renascença, se afunda no gótico, quasi francês por vezes, muito germânico quasi sempre, espanhol no realismo mestiço. Uma enorme irregularidade vagamunda, que seria diletante mesmo, si não fosse a força de convicção impressa nas suas obras imortais. É um mestiço, mais que um nacional. Só é brasileiro porque, meu Deus! aconteceu no Brasil. E só é o Aleijadinho na rique-

za itinerante das suas idiossincrasias. E nisto em principal é que ele profetizava americanamente o Brasil... (Andrade, M., 1975 [1928], p. 46)

A análise psicológica ganhou aqui uma espessura e uma riqueza inesperadas na tentativa de dar conta do desafio de pensar a arte de forma coletiva sem perder a marca singular do artista. Mas, ao que parece, Mário de Andrade não tinha à sua disposição ferramentas conceituais que o ajudassem a enfrentar esse desafio. No desenvolvimento de seu pensamento foi se criando um impasse, impedindo a formulação de uma concepção de criação na qual singular e coletivo pudessem se compor.

Em *Carta ao pintor moço*, de 1942, Mário deixou clara a preponderância do enfoque sociológico em seu pensamento quando recriminou seu interlocutor por não estar cumprindo sua função de artista e preocupar-se "apenas" com os problemas estéticos, realizando uma arte desconectada do drama humano e social que estavam todos vivendo, referindo-se à Segunda Guerra Mundial. Para Mário a arte tinha de servir ao coletivo, mas o pintor em questão estaria ainda muito desnorteado em si mesmo, perseverando psicologicamente no egoísmo feliz de sua mocidade. Ao dialogar com esse pintor, o escritor explicitou sua concepção de arte:

A bem dizer, não existe uma "arte de combate". Mas si não existe uma "arte de combate", toda arte é essencialmente combativa por definição. Pois que ela nunca foi um exclusivo problema de beleza; a beleza não é sinão o elemento transpositor de que a arte se serve para funcionar dentro da vida humana coletiva. (1995 [1942], p. 12)

Nessa carta, a marca individual do artista e suas preocupações estéticas foram associadas a uma pequenez e a um egoísmo que deveriam sair de cena para dar lugar ao engajamento nas questões de seu tempo e sua cultura. Em uma arte verdadeiramente combativa, a estética e as questões subjetivas deveriam ser segundas em relação a uma preocupação mais nobre com as questões coletivas. Havia ainda uma polarização e dicotomia entre esses aspectos da arte, o que levou Mário a um impasse.

Para Schwarz (1981), a correção de rumo que Mário realizou, dando maior peso ao aspecto sociológico de suas análises, foi uma tentativa de sair de uma posição subjetivista e incluir nas reflexões sobre arte um componente social, para resolver o impasse colocado na polarização entre "ser lírico ou técnico, obedecer ao subconsciente ou à consciência, ser individualista ou político" (p. 18). Schwarz vislumbra uma saída para esse impasse, vivido como paradoxo irrespirável, em uma ideia de "técnica pessoal", que aparece nos últimos trabalhos do escritor. Essa ideia, ainda que não nomeada, já fora esboçada na crítica a Aleijadinho e diz respeito a uma maneira singular que o artista encontra de realizar seu assunto. "É pela expressão mais rigorosa de sua verdade pessoal que o indivíduo se universaliza; ao mergulhar em sua própria subjetividade o artista encontrará, ao fundo, o social. A técnica deixa de ser negação do lirismo para tornar-se condição de sua realização" (Schwarz, 1981, p. 21).

Schwarz diz que o apoio que encontra nos textos para essa formulação é mínimo e apenas indicativo, como a percepção de uma intuição que abriria um caminho ainda a ser desenvolvido. Mas Mário não parece ter se dado conta do alcance e das consequências dessa intuição. No final de seu texto "O movimento modernista", diz:

> Apesar das sinceras intenções boas que dirigiram a minha obra e a deformaram muito, na verdade, será que não terei passado apenas, me iludindo de existir? [...] É certo que eu me sentia responsabilizado pelas fraquezas e as desgraças dos homens. É certo que pretendi regar minha obra de orvalhos mais generosos, suja-la nas impurezas da dor, sair do limbo "ne triste ne lieta" da minha felicidade pessoal. [...] Julgava sinceramente cuidar mais da vida que de mim. Deformei, ninguém

não imagina quanto, a minha obra [...] Mas é que eu decidira impregnar tudo quanto fazia de um valor utilitário, um valor prático de vida, que fosse alguma coisa mais terrestre que ficção, prazer estético, a beleza divina. Mas eis que chego a êste paradoxo irrespirável: tendo deformado toda a minha obra por um anti-individualismo dirigido e voluntarioso, toda a minha obra não é mais que um hiperindividualismo implacável. E é melancólico chegar assim no crepúsculo, sem contar com a solidariedade de si mesmo. (1943, p. 254)

Talvez, para elaborar de forma mais consistente uma saída para seu impasse, faltasse ao escritor modernista um pensamento micropolítico que possibilitasse a articulação da estética com a ética e a compreensão política da experimentação artística. Mas para isso seria preciso pensar o inconsciente e a subjetividade para além ou aquém das amarras estreitas de um mundinho interior fechado e egoísta.

Talvez a intuição de outra concepção de subjetividade também apareça na obra de Mário de Andrade. Rosenfeld (1996) considera comovente acompanhar nela uma luta entre a busca por uma verdade subjetiva da obra – que revelasse, em sua transparência, a unidade e autoidentidade do autor – e uma consciência aguda, às vezes desesperada, da multiplicidade dos componentes heterogêneos que comporiam a "nossa paisagem profunda".

Mas na concepção de Mário de Andrade "a expressão poética é essencialmente individual" (Lafetá, 2000, p. 200), fruto de um inconsciente, também ele, individual, e para ultrapassar essa concepção a psicanálise não poderia lhe ajudar. Vimos que um dos limites do pensamento freudiano sobre a arte é a dificuldade que suas coordenadas colocam para pensar a emergência de algo inteiramente novo. Como alguma novidade poderia se introduzir em uma obra, se esta é um produto psíquico que traz em sua forma final uma deformação do material reprimido presente no inconsciente individual do artista? Nas palavras de Schwarz (1981, p. 17), "a poesia, por ser revelação de estados de subconsciência, fica limitada a eles. Perde o papel criador, pois o seu objetivo estaria no que a vida já gravou em nós, e não no universo por fazer".

Já em Oswald de Andrade encontramos certa reversão da psicanálise que abriu outros caminhos para pensarmos a criação artística. Esse autor também se interessava pelo desenvolvimento de campos de conhecimento exteriores ao universo artístico, em especial a psicologia. Em trabalho apresentado no I Congresso Paulista de Psicologia, Neurologia, Psiquiatria, Medicina Legal e Criminologia, em 1938, afirmou que sua presença no congresso se justificava por não conceber que um escritor pudesse produzir afastado do convívio dos cientistas e, por essa razão, procurava estudar a criação dos seus personagens à luz das conquistas da psicologia de seu tempo (Andrade, O., 1992 [1938]).

Freud está entre os autores pilhados e engolidos por Oswald nessa busca de articular arte e ciência. Nas palavras do escritor, em entrevista a Milton Carneiro, "a antropofagia que prego tem sólido fundamento científico: o 'pansexualismo' de Sigmund Freud" (Andrade, O., 1990 [1950], p. 183).

No "Manifesto antropófago" (Andrade, O., 1970 [1928]), o psicanalista de Viena foi citado três vezes, e seu texto "Totem e tabu", duas. Oswald encontrou o inventor da psicanálise não pelo interesse no lirismo ou na loucura, mas pela tematização do primitivo – de ordem psicológica, social, histórica ou formal. Em sintonia com as vanguardas de seu tempo, estava em busca das fontes e origens da arte. Mas o primitivismo que expressionistas, surrealistas e dadaístas buscavam no contato com outras etnias e culturas, como forma de provocar a emergência do inconsciente em seu processo criativo, Oswald reconhecia no amálgama de heranças de que era composta nossa cultura nativa, e que ele visava articular com a cultura intelectual para a produção de uma "poesia pau-brasil". Para nós, o fora estava dentro.

No contexto do "Manifesto antropófago", Freud aparece como aquele que "cadastrou" a realidade social "vestida" e opressora e que "identificou os maus catequistas". Há aqui, para Benedito Nunes (in: Andrade, O., 1970), uma "simbólica da repressão" que compreende a catequese como processo civilizatório, caracterizado pela censura e repressão da sexualidade indígena, do inconsciente primitivo e, de uma forma geral, da própria cultura de nossos antepassados. Mas, como "nunca fomos catequizados", aquilo que deveria ter sido recusado pela catequese Oswald re-encontrou por toda parte, em especial na antropofagia, "expressão mascarada de todos os individualismos, de todos os coletivismos. De todas as religiões. De todos os tratados de paz" (Andrade, O., 1970 [1928], p. 13).

É claro que a referência ao devoramento e à antropofagia, embora tivesse pontos de contato com as ideias contidas em "Totem e tabu", colocava de cabeça para baixo a ideia psicanalítica do "primitivo" que, na visão oswaldiana, não ocupava posição de anterioridade nem de menor desenvolvimento ante o homem moderno, mas, ao contrário, tinha o poder de exercer uma crítica desabusada sobre as imposturas do civilizado. Segundo ele, "a reabilitação do primitivo é uma tarefa que compete aos americanos. Todo mundo sabe o conceito deprimente de que se utilizaram os europeus para fins colonizadores" (Andrade, O., 1992 [1935], p. 231).

É "a transfiguração do Tabu em totem" (Andrade, O., 1970 [1928], p. 14) que, como na transvaloração de todos os valores, proposta por Nietzsche, re-encontrava a potência dionisíaca do selvagem. Nesse sentido, Oswald afirmava que a antropofagia só poderia ter ligações estratégicas com a psicanálise, pois para a construção de uma "psicologia antropofágica" seria preciso retificar Freud. "Cabe a nós antropófagos fazer a crítica da terminologia freudiana [...]. O maior dos absurdos é, por exemplo, chamar de inconsciente a parte mais iluminada pela consciência do homem: o sexo e o estômago. Eu chamo a isso de "consciente antropofágico". E mais, "que sentido teria num matriarcado o complexo de Édipo?" (Andrade, O., 1990 [1929], p. 51).

Desfazendo todas as hierarquias, a contribuição de Oswald nos ajuda a escapar de um evolucionismo que enxerga a infância, a loucura e as organizações sociais "primitivas" como estágios de menor desenvolvimento, de regressão, de incompletude ante ao completo que seria o branco, adulto, europeu, civilizado. Para ele, "A ideia de um progresso humano indefinido traria finalmente o quadro proposto pela Idade Média, no começo o pecado original. No fim o céu" (1990 [1929], p. 52).

Lembremos aqui a contribuição de Thévoz (1980) que afirma que a cultura ocidental, durante muito tempo, associou três formas de expressão – a das crianças, a dos primitivos e a dos loucos – que são absolutamente diferentes entre si. O que há em comum entre essas três formas de expressão, o que as associa e liga seria um único traço: o de terem sido colocadas no gueto das expressões de mentalidade "pré-lógicas" por etnólogos, psicólogos e psiquiatras. Entre eles, Freud, que enxergava na loucura uma situação psíquica análoga àquela da infância e de um estágio primitivo do desenvolvimento humano: um modo primitivo de pensar e uma fixação em uma fase narcisista.[7]

Mas, sobretudo, crianças, loucos e selvagens têm em comum o fato de não estarem inteiramente submetidos ao quadro de referência edípico, instituindo relações pré-edipianas, exoedipianas e paraedipianas, relações que a concepção de um Édipo generalizado busca forçar para o interior de um quadro teórico no qual elas ficam sempre em posição de *menos-valia*, por estarem referidas a um ideal de solução edipianizada (Deleuze e Guattari, 1995).

Ao escapar a essa forma de organizar e validar as expressões e as singularidades, Oswald de Andrade resiste ao Édipo e à colonização[8], ao mesmo tempo que nos dá elementos para pensar que o louco, o selvagem e a criança podem nos contaminar com estados de intensidade disparadores de outras formas de existência, mas não só e nem sempre eles. O escritor se diz "solidário com todos os movimentos de anticodificação" (1990 [1929], p. 54).

Com a ajuda de Oswald podemos sair de uma lógica da individualização e patologização regressiva dos processos para a de uma experimentação, que pode mesmo ser fruto de uma deficiência ou incapacidade transformada em "vantagem" para novas criações, como no caso do uso que o escritor faz do verso livre, consequência, segundo ele, de sua incapacidade em metrificar. É ele mesmo quem diz: "Nunca fui capaz de contar sílabas. A métrica era coisa a que minha inteligência não se adaptava, uma subordinação a que me recusava constantemente" (apud Britto, 1964, p. 30).

A ideia de um canibalismo cultural coloca em outro patamar a "influência" da psicanálise, que, como todas as outras influências estrangeiras, é assimilada criticamente, digerida e re-elaborada no contexto brasileiro por meio da antropofagia. Se Freud ajudou a diagnosticar uma sociedade opressora e civilizada, marcada por um mal-estar permanente, Oswald estava em busca de outra realidade, esta "sem complexos, sem loucura, sem prostituições e sem penitenciárias", na qual "a alegria é a prova dos nove". As referências a Freud e à psicanálise no *Manifesto* têm esse caráter: ao mesmo tempo afirmação da presença de um pensamento estrangeiro, seu devoramento, sua inversão, seu uso de forma livre, paródica e experimental.

EXPERIMENTAÇÕES ESTÉTICAS ATRAVESSADAS PELA CLÍNICA: FLÁVIO DE CARVALHO E A BUSCA DA ARTE NO SEU LIMITE

Entre os artistas modernos, Flávio de Carvalho foi dos que mais se deixou contaminar, incorporando às suas experimentações estéticas ideias advindas do campo clínico e interesse pelas formas da exterioridade. A ligação com a psicanálise, o inconsciente, a infância, os objetos e as práticas culturais negligenciadas pela tradição intelectual atravessou todo o seu projeto poético. Elementos como a morte, a loucura e a doença, presentes em suas criações, imprimiram nelas uma urgência existencial e um desejo de testar os limites e colocá-los em questão. Talvez por isso tenha sido chamado por Le Corbusier de "revolucionário romântico". Outros artistas, como José Resende, referiram-se a Flávio de Carvalho como um sopro tardio do romantismo em solo brasileiro, o que teria dificultado sua assimilação. Para Canogia (1999) aproximá-lo do romantismo não é necessariamente afastá-lo de sua época. Para ele, Flávio de Carvalho revelava uma lucidez em relação às questões modernas que lhe permitiu tecer reflexões sobre a arte de seu tempo e o lançou em experiências que anteviram certas práticas contemporâneas.

À pecha de romântico somaram-se outras: pintor maldito, surrealista tropical, antropófago ideal, performático precoce, expressionista dos trópicos etc., o que nos coloca mais uma vez diante de uma trajetória estética que não se deixa enclausurar em classificações fáceis. Trajetória esta que, se tinha linhas que evocavam o romantismo, tinha outras que a conectavam às experimentações mais radicais dos artistas neoconcretos, possuindo aberturas para o passado e o futuro simultaneamente.

Para Luiz Camilo Osorio (2000), as questões que Flávio de Carvalho se propõe são próprias ao seu tempo, mas são mais bem compreendidas quando tratadas da perspectiva do presente. Em sua época o artista foi um solitário, e sua obra, frequentemente marginalizada, antecipou o experimentalismo no universo artístico brasileiro, associando-o a uma atitude de antiarte. A ousadia e a interdisciplinaridade de suas experiências, somadas ao caráter concreto e público de suas intervenções – que se davam à margem das instituições e das práticas tradicionais –, fizeram de Flávio uma figura isolada no modernismo do país[9].

A interdisciplinaridade fazia sua obra atravessar campos tão vastos quanto os da antropologia, da biologia, da psicanálise, da etnografia, da arquitetura, da estética e do urbanismo. Apesar de sua formação como engenheiro e arquiteto, seu interesse pelas questões da psicologia era patente e estava relacionado com sua concepção de arte. Em 1937, afirmava: "nunca a arte esteve tão perto da psicologia como está hoje" (Carvalho, 1937).

Em 1929, formulou, em conjunto com Geraldo Ferraz, questões para uma entrevista com Le Corbusier, que estava no Brasil. Entre elas, perguntava como introduzir o valor psíquico na arquitetura. Para ele a arquitetura, como qualquer atividade artística e intelectual, deveria ter um valor psíquico, entendido como intenção de criar novas formas de viver e de pensar.

Mas além do trânsito por diferentes campos de conhecimento, uma das marcas mais significativas de sua produção foi a diversidade de áreas de atuação que abarcou. Foi pintor e desenhista, arquiteto e urbanista, animador cultural e crítico de arte, dramaturgo e coreógrafo e, por fim, desenvolveu atividades teóricas, escrevendo livros, textos para jornais, revistas e comunicações apresentadas em congressos dos mais variados assuntos.

Para muitos dos que sobre ele escreveram, apesar da multiplicidade de formas com que intervinha na realidade, sempre houve um fio condutor que ligou todas as suas invenções: a investigação psicológica, a pesquisa da *alma nua*, a busca de exteriorização de emoções primitivas que teriam sido reprimidas pelo processo civilizatório (Zanini, 1983; Leite, 1987; Mattar, 1999; Osorio, 2000). Para Chiarelli (1999) a poética de Flávio de Carvalho é uma investigação estética dos seus próprios limites e daqueles de sua época, em especial no que diz respeito à oposição entre civilização e barbárie, racionalidade e irracionalidade, vida e morte, deus e homem, arte e vida.

Outros, no entanto, tomaram essa multiplicidade por incoerência, "dispersão maluca, incapacidade de escolher" e uma preferência por borboletear que teriam impedido o desenvolvimento pleno de sua capacidade artística em um dos ramos ao qual se dedicou (Milliet, 1983 [1962]). Isso, aliado às suas atitudes pouco comuns, aos escândalos que muitas vezes provocava com suas intervenções, levaria alguns a dizer que "tinha algo de lunático" e um "espírito bastante infantil" (Sangirardi Jr., 1983).

Mas, se a aparente dispersão de sua produção dificultou, muitas vezes, a concretização de seus projetos, temos de levar em conta que sua principal contribuição como artista e intelectual talvez não esteja atrelada aos resultados concretos de sua obra, mas principalmente à energia, à inventividade e à potência criativa, liberadas por sua atuação plural. O que nos leva, necessariamente, a repensar a própria noção de obra.

Há uma forte dose de experimentação estética em suas produções, mesmo naquelas que se propuseram a um desenvolvimento mais teórico e conceitual; o uso que fez da psicanálise, da psicologia, da antropologia e da filosofia é profundamente experimental. Ao acompanhá-lo, assistimos ao pensamento trabalhar, utilizando-se para isso de todos os elementos disponíveis. É um pensamento "mal comportado" – como deveria ser, segundo ele, aquele dos arqueólogos e psicólogos –, mobilizado por ondas de "turbulência mental", a seu ver essenciais para qualquer criação (Carvalho, 1936).

Entre os autores que mais o contaminaram está Freud. Quando, em 1929, foi anunciada a "Bibliotequinha antropofágica" – que não teve nenhum volume publicado –, um dos volumes previstos, o número 4, era *Brasil/Freud*, que seria composto de ensaios e compilações de Flávio de Carvalho.

Na tentativa de integrar a criação artística às pesquisas psicológicas, Flávio realizou, em 1931, sua *Experiência n. 2*, na qual se propunha à precariedade de uma experimentaçao sem garantias. Estava observando uma procissão de Corpus Christi, quando lhe ocorreu a ideia de

> fazer uma experiência [buscando] desvendar a alma dos crentes por meio de um reagente qualquer que permitisse estudar a reação nas fisionomias, nos gestos, no passo, no olhar, sentir enfim o pulso do ambiente, *palpar psiquicamente a emoção tempestuosa da alma coletiva*, registrar o escoamento dessa emoção, provocar a revolta para *ver alguma coisa do inconsciente*. (Carvalho, 2001 [1931], p. 16, grifos meus)

Com esse intuito, postou-se ostensivamente diante da procissão com um boné na cabeça. Suas provocações e as reações da multidão foram em um crescendo até o desfecho: a fuga do artista perseguido pela multidão enfurecida que tentava linchá-lo. Acompanhado pela polícia, foi até a delegacia onde declarou "que há tempos se vem dedicando a estudos sobre a psicologia das multidões [...] Para melhor orientação de seus estudos, resolvera fazer uma experiência sobre a capacidade agressiva de uma massa religiosa" (*O Estado de S. Paulo*, 9 jun. 1931, in: Carvalho: 2001 [1931]).

Para Osorio (2000), ao realizar uma experimentação da subjetividade, problematizando as coordenadas que produzem nossos modos de vida, Flávio colocava à luz do dia uma espécie de micropolítica. Interessante pensar que, tendo se recusado ao engajamento nacionalista em voga em seu tempo, e apostando em uma radicalização da pesquisa estética, talvez Flávio tenha, melhor do que Mário de Andrade, articulado singular e coletivo ao embaralhar subjetividade e mundo em seu ideário poético. Talvez por isso, também, não tenha sentido necessidade de afastar sua arte e a si mesmo do mundo da loucura e das formas de produção dos loucos.

No mesmo ano em que realizou a *Experiência n. 2*, publicou um livro no qual tentou construir uma inteligibilidade para o acontecimento. Produziu, então, um relato minucioso do episódio, povoado de pequenas percepções extremamente interessantes — tanto dos movimentos sutis da multidão quanto das próprias sensações que vão se sucedendo ao longo da experiência —, o que lhe deu um colorido particularmente estético.

A certa altura interrompe o relato para apresentar ao leitor seu método. Ele diz que, visualizando sua aventura, parecia-lhe visualizar a parte de um mundo estranho em si mesmo e por isso se sente como um arqueólogo. Ao método arqueológico de pescar e classificar emoções, ele adicionou a análise psicológica, formando um conjunto único "observador-aventura e psicanalisado" (2001 [1931], p. 32). Flávio apontou também as deficiências do método utilizado, que exercia influências deformadoras sobre o acontecimento. Segundo ele, ao escrever, pescava emoções no passado, de forma que

> um grande número escapa ao meu método e as que são colecionadas formam um conjunto enigmático e desconexo, mas aparentemente inteiro. No entanto, as emoções perdidas, se fossem pescadas, não poderiam deixar de alterar o aspecto do conjunto. E quem sabe o número de emoções perdidas [...] A passagem dos peixes de um lado para o outro pode figurar o fluxo dos acontecimentos e o meu método de pescar indica a deficiência da minha percepção. [...] Tenho de descrever as minhas emoções como elas me ocorrem no momento em que escrevo, isto é, sujeitas à censura ou aprovação da minha psique no momento. [...] Os vazios não podem ser preenchidos e devem permanecer como vazios, mas o processo psicológico funcionará como uma espécie de gaze contínua sobre o panorama arqueológico. (Carvalho, 2001 [1931]), p. 33)

O método utilizado e descrito por Flávio de Carvalho se aproxima muito do método cartográfico, tal como proposto por Deleuze e Guattari. O cartógrafo-artista, decifrando os signos produzidos em si mesmo no contato com os acontecimentos do mundo, cria formas, sempre provisórias, baseado nessa decifração. É assim que surgem, acompanhando um relato literário, desenhos do próprio artista. A eles segue-se uma análise dos fatos ocorridos que apresenta íntimas conexões com as teorias freudianas. Flávio iniciou sua análise discorrendo sobre "o comportamento de uma procissão sob o domínio de um chefe invisível" ao qual a massa quer igualar-se – daí decorrendo o hábito de devorá-lo periodicamente. Em seguida passou a comparar a procissão a uma parada militar, e a aproximar a Igreja e o Exército, bem como a fé e o sentimento nacionalista e patriótico. Deus e pátria instituem o mesmo laço entre os indivíduos, pois "com facilidade ele [o indivíduo] molda a pátria e o deus à sua imagem e se prostra contrito em adoração a si mesmo. [...] Patriotas e irmãos em deus ou Cristo não devem ser molestados. Esta exibição de narcisismo é sempre levada a sério" (Carvalho, 2001 [1931]), p. 53).

Difícil não pensar em Freud e em seu texto "Psicologia das massas e análise do ego", publicado dez anos antes, em 1921. Em notas de rodapé, Flávio de Carvalho fez referência a esse texto e a "Totem e tabu", na edição espanhola. É claro que, como em Oswald, o uso de Freud se fez por meio de um procedimento antropofágico. Em nenhum momento Flávio fez uma apresentação das ideias freudianas; desenvolveu uma análise baseada em seu próprio pensamento e apenas apontou que conhecia Freud e reconhecia nele um escritor com quem suas ideias ressoavam. Assim, o artista não se sentia na obrigação de nenhuma fidelidade com o autor digerido.

Ao introduzir a noção de totemismo, Flávio colocava a religião dos selvagens como caracterizando um período de maior desenvolvimento quando comparada ao catolicismo, produzindo uma curiosa inversão. Para ele, o catolicismo caminha para a concretização totêmica. "Podemos assim, visualizar no futuro um cristianismo sem Cristo e sem deus, parecido com o totemismo dos selvagens" (Carvalho, 2001 [1931]), p. 57).

Ao longo da análise Flávio apresentou o lugar que ocupara diante da procissão como um obstáculo ao cumprimento do gozo narcísico. Dessa forma, criou-se, segundo ele, uma identidade entre ele e o velho deus, chefe da horda, amado e odiado por ser o detentor da sexualidade de todos: somente seu assassinato poderia saciar o desejo da multidão – ao matarem o pai se igualariam a ele.

No ano em que Flávio de Carvalho publicou esse trabalho, começava-se a traduzir Freud para o português, e seu livro não encontrou interlocutores. Sobre o destino reservado à *Experiência n. 2*, Leite (1987) observa que o livro não foi mencionado nos estudos de literatura da década de 1930, tampouco como produção do campo da psicologia, permanecendo como curiosidade inclassificável. Da mesma forma, a *Experiência n. 2* não foi tomada, na época, em seu caráter artístico, o que talvez só seja possível hoje, quando enxergamos vinculações diretas entre ela e as performances, e podemos lê-la como um composto no qual proposta experimental, corpo, texto e desenho se interpenetram. Estamos aqui diante de um híbrido que, por não se adequar a nenhum campo conhecido, finda por ser abandonado.

Por outro lado, talvez sua *Experiência n. 2* tenha contribuído para aproximá-lo de autores que no campo da psiquiatria estavam interessados em pensar as relações entre arte, loucura e psicanálise.

Em 1932, com Di Cavalcanti e Antônio Gomide, Flávio de Carvalho fundou o Clube dos Artistas Modernos, um centro de divulgação das pesquisas empreendidas pelos artistas e um local de reunião animado por ateliês. Dois anos após a publicação de *Experiência n. 2*, organizou nesse Clube o "Mês dos Loucos e das Crianças" – como ficou conhecido o evento de programação bastante intensa, que contou com uma série de conferências e debates com participação de artistas, médicos e intelectuais, entre eles Durval Marcondes e Osório César. Nesse evento foram expostas pela primeira vez obras de artistas internos do Hospital do Juqueri. Na época essa mostra não teria encontrado espaço em nenhuma outra instituição. Talvez como fruto desse evento e das discussões que ali surgiram, Carvalho publicou, em 1933, um artigo intitulado "Crianças artistas, doidos artistas".

Esse interesse pelas produções marginais ao campo da arte esteve também explicitado no sugestivo título de um artigo publicado no *Diário de S.Paulo*, "A única arte que presta é a arte anormal" (Carvalho, 1936). Para Carvalho, a arte é uma expressão das forças que plasmam e orientam o tempo em que ela é produzida; como o século XX é o século das grandes descobertas psicológicas, quando o homem começa a conhecer a si e aos motivos de seu comportamento, a arte não poderia passar incólume a essa revolução.

A psicologia penetra atrás da morbidez humana e vê alguma coisa do espantoso quadro traumático que movimenta o espetáculo do mundo consciente. Observa-se que o que o homem tem de mais interessante ou pertence aos domínios puros do pensamento, ou provém desse mundo mórbido escondido. A arte na sua forma limite (tomando o sentido matemático de limite) é a que mais necessita dessa morbidez da alma e dessa pureza do pensamento. (Carvalho, 1936)

Para ele, a arte que não atingisse esses domínios mal merecia esse nome; estaria mais próxima do que ele chamou de arte medíocre, aquela que é facilmente digerível e que agrada ao espírito médio, pois este seria narcisista e tenderia sempre a escolher uma imagem de si mesmo. Mas nem a feição mórbida, sonhadora e profunda da arte nem a pureza das manifestações da arte abstrata estariam ao alcance do temperamento médio e equilibrado. Há aqui a ideia de que o equilíbrio impediria o acesso a essas zonas de pureza ou impureza, na profundidade da alma ou nas alturas do pensamento. Esse culto ao mediano e ao bom senso foi, segundo Flávio, "uma manifestação psycho-neurótica da história", que se pôs, assim, em segurança, mas que já estava sendo superada.

Mais provocativo ainda, Flávio acrescentou que o problema estético de seu tempo pertencia em grande parte aos domínios da psicopatologia, já que o belo se tornara um "bicho feio e difícil de amansar". Por isso, entendia que a arte anormal (como ele a designava) era a única arte que contava. Esta conteria valores artísticos profundos e estaria atravessada pelo que o homem tem de demoníaco e sublime, de raro, burlesco ou filosófico, enfim, algo que teria a espessura da vida (Carvalho, 1936).

Os dois tipos de arte limite mencionados nesse artigo seriam novamente convocados em outro artigo, de 1937, no qual Flávio se propunha a desvendar o "Drama da arte contemporânea". Para ele, as manifestações plásticas do século XX apontavam para um novo modo de sentir as coisas que se desdobrava em duas tendências representativas das grandes aspirações do século: de um lado teríamos obras produzidas com base em uma sensibilidade psicológica ou emocional, nas quais o artista depararia com um mundo estranho e se extasiaria diante das "feridas ancestrais" deste mundo; de outro, uma forma de criar a partir de uma percepção cerebral que colocaria o artista em contato com forças e noções de equilíbrio, cor e forma, tornando-o um pensador da arte. As duas tendências parecem se opor. Como vimos, uma estaria mais ligada à profundidade, e outra, às alturas. Mas para o artista elas seriam ambas encarnações do pensamento estético iniciado no século XIX, porque fugiriam à busca de semelhança com o mundo exterior. Em um artigo de 1938, essas duas tendências seriam associadas respectivamente a Van Gogh e Cézanne, segundo ele, "pioneiros que, sem saber, inspiraram um século e ajudaram a criar uma civilização", pois, acrescentou, "o que é arte, afinal, senão um gráfico capaz de antecipar uma civilização" (Carvalho, 1938).

Fiel a essa concepção, Flávio de Carvalho se empenhou em forjar com sua vida e sua obra uma nova sensibilidade, uma outra civilização. Ao transformar seu corpo, sua existência, seu cotidiano em suportes de suas invenções e das tentativas de transformação da realidade ao seu redor, fez de sua vida e obra elementos de um mesmo experimento. Por isso, para compreender sua trajetória temos de tomar seu pensamento, seus atos, suas obras plásticas e seus textos como um todo integrado no qual a busca última é "saltar fora do círculo, abandonar o movimento recorrente e destruidor de sua alma, procurar o mecanismo de pensamento que não entrave o seu desejo de penetrar no desconhecido. Pesquisar sua alma nua, conhecer a si próprio" (Carvalho, 1930).

E para saltar fora talvez fosse preciso seguir as linhas de força que compõem seus desenhos, suas coreografias, seus cenários, seus movimentos. Como nos diz o artista, "as linhas de força existem, contrariam os conceitos de direção, contrariam o mundo pré-estabelecido e aceito e frequentemente são tachadas de diabólicas" (Carvalho, 1956).

OLHARES DA CLÍNICA SOBRE A ARTE: MACHADO DE ASSIS, UM CASO CLÍNICO

Ao organizar o "Mês dos Loucos e das Crianças" no Clube dos Artistas Modernos (CAM), Flávio de Carvalho convidou um grupo de médicos envolvidos com essa temática para participar. A partir desse evento podemos verificar quais eram as relações que estavam se estabelecendo entre medicina, psiquiatria, arte e psicanálise.

Pacheco e Silva, então diretor do Hospital do Juqueri, apresentou nesse evento a conferência "A arte e a psiquiatria através dos tempos". De início confessou sua ignorância diante da arte moderna, dizendo que expressões artísticas que fogem às diretrizes clássicas lhe causavam a mesma impressão que a observação de um caso teratológico. Aceitara o convite do CAM por considerar um dever responder quando solicitado a opinar sobre um assunto de interesse social.

Sendo assim, discorreu sobre vários pontos em que, segundo ele, arte e psiquiatria se aproximariam: o caráter instintivo da arte, o que poderia explicar o fato de certos "débeis mentais" terem vocação artística; a contribuição que as expressões artísticas dos alienados poderiam trazer aos estudos clínicos; a psiquiatria como campo fértil para os artistas, no estudo das expressões fisionômicas das emoções que poderia ser realizado com os "modelos escolhidos no manicômio". Por fim, apresentou vários autores que tratavam da relação entre gênio e loucura e concluiu afirmando: "existem 'gênios verdadeiros', que não são mórbidos, e 'gênios', por assim dizer, patológicos, que não passam de 'pseudo gênios'" (Pacheco e Silva, 1936, p. 137).

Alguns dos convidados do CAM introduziram a psicanálise nessas discussões, entre eles Durval Marcondes, que apresentou a palestra "Psicanálise dos desenhos dos psicopatas". Em 1928, esse autor havia desenvolvido um estudo sobre a utilização do instrumental psicanalítico na abordagem dos fenômenos estéticos. Marcondes foi o principal divulgador das ideias psicanalíticas no Brasil. Seu primeiro contato com a psicanálise aconteceu por meio de Franco da Rocha e sua aula inaugural do Curso de Psiquiatria da Faculdade de Medicina de São Paulo. Franco da Rocha, fundador do Hospital Psiquiátrico do Juqueri, foi o primeiro professor da Clínica Neuropsiquiátrica da Faculdade de Medicina de São Paulo; sua aula inaugural, "A doutrina pansexualista de Freud", realizada em 1919, arriscava uma incursão no campo freudiano, tratando da origem sexual dos fenômenos delirantes.

A partir do primeiro encontro com a psicanálise, Durval Marcondes não se afastou mais desse campo de conhecimento: formou-se de maneira autodidata, ministrou cursos, fundou a Sociedade Brasileira de Psicanálise. Além de sua inserção no meio médico e sua luta pela introdução da psicanálise nesse meio – sem muito sucesso –, era também poeta e possuía fortes relações com o grupo de escritores e artistas modernistas, tendo publicado em 1922 um poema na revista *Klaxon*.

Em 1926, Marcondes escreveu *O symbolismo esthetico na literatura: ensaio de uma orientação para a crítica literária, baseada nos conhecimentos fornecidos pela psycho-analyse*, tese apresentada ao concurso para provimento da cadeira de literatura, no Ginásio do Estado de São Paulo. O texto apresentou a psicanálise, esclarecendo que ela foi criada inicialmente como método terapêutico e posteriormente invadiu outros domínios de investigação intelectual; em seguida, deteve-se na contribuição que essa teoria trouxe para a estética literária. Tal contribuição estaria calcada, segundo ele, em uma concepção de pensamento simbólico por meio da qual podemos compreender a linguagem onírica e, por conseguinte, a linguagem das formas estéticas. "O estudo analytico do symbolismo esthetico tem o mesmo valor psychologico da interpretação onirica. Permite descer á profundeza da alma do artista e desvendar o mechanismo intimo da criação da obra de arte" (p. 12).

Como o sonho, a criação artística implicaria intensa atividade imaginativa, a mesma que seria peculiar à criança e ao homem de épocas remotas. Mas no adulto civilizado que sonha, na criança e no homem primitivo a função imaginativa guardaria os limites fisiológicos normais, que poderiam ser perdidos se o indivíduo mergulhasse em seu mundo imaginário e perdesse a capacidade de diferenciar o sonho da realidade, entrando no terreno patológico. Por isso, para Marcondes, o estado imaginativo característico da criação artística era um estado de equilíbrio instável entre saúde e doença. O que diferenciaria o gênio do louco seria a capacidade que o primeiro teria de retornar à realidade e exteriorizar em obras a experiência do mergulho naquele mundo imaginário.

Assim, segundo Marcondes, a criação artística seria um símbolo de uma realidade subjetiva inconsciente. Nesse sentido, caberia às críticas literária e de arte "analysar cuidadosamente a imagem esthetica e procurar o complexo inconsciente a que ella está ligada, desvendar as idéas latentes a que ella se prende na psyche do artista" (1926, p. 12). Para justificar esse procedimento crítico, o autor tomou como modelo o estudo empreendido por Freud sobre Leonardo da Vinci, iniciativa que, segundo ele, merecia ser conhecida e imitada e que demonstrava até onde poderia chegar um estudo crítico bem conduzido.

Para concluir, Marcondes afirmou que artista e crítico são também psicólogos, sendo que o segundo é um psicólogo consciente. Por isso deveria procurar na psicologia científica subsídios para a interpretação do simbolismo presente nas formas estéticas, o que orientaria o trabalho crítico para o caminho da verdadeira ciência. Assim, Durval Marcondes apresentou neste trabalho um método que serviria para a crítica de arte e para a compreensão do processo de criação dos artistas.

Outros psiquiatras brasileiros, no mesmo período, direcionaram seus estudos para as relações da criação artística com a patologia. Alguns desses estudos, com maior ou menor presença da psicanálise, foram dedicados ao escritor Machado de Assis[10] e sua obra. Tomaremos aqui três deles no intuito de surpreender um pensamento que interpretou fenômenos artísticos sob o ponto de vista da psicopatologia, operando e tomando como objeto um escritor consagrado, que, por sua vez, havia tematizado em sua obra a psiquiatria e a loucura.

Em um texto de 1921, o dr. Luiz Ribeiro do Valle demonstrou seu interesse pela observação clínica da qual eram capazes muitos escritores brasileiros. Para ele, "numa época em que as observações clínicas são rarissimas, sem nenhum método, baseadas em empirismo estrito, a litteratura apresenta typos, que pela intuição genial dos autores, foram scientificamente observados" (p. 6). Partindo dessa premissa, ele escreveu *Certos escriptores brasileiros psycho-pathologistas*, livro em que trata os personagens de alguns escritores pela perspectiva psiquiátrica, entre eles Coelho Netto, Renato Vianna e Monteiro Lobato. Nos personagens de Coelho Netto, por exemplo, encontra "uma galeria brilhante de anormaes" nos quais estariam encarnados certos quadros diagnósticos como a psicose, o sadismo, a psicastenia, a fobia, a obsessão, a amnésia, a epilepsia psíquica, a paranoia, o estado mental patológico dos tuberculosos. Já Monteiro Lobato teria tido o mérito de observar e relatar de forma feliz e inteligente, por meio do personagem Jeca Tatu, não só um estado mórbido caracterizado por uma "preguiça patológica", como também várias verminoses e doenças tropicais das quais esse "tipo" era portador (1921, p. 45).

Mas é no livro sobre Machado de Assis – *Psychologia morbida na obra de Machado de Assis* – que o psiquiatra aplicou sua metodologia de análise dos personagens como casos clínicos, ampliando-a em direção à interpretação do caráter mórbido do próprio escritor. Ele considerava que, por meio de seu gênio, Machado de Assis soubera descrever uma "legião de typos de encerebração doentia" trazendo para a psicologia uma inestimável contribuição. "Só uma intuição genial poderia apresentar uma creação como Rubião, porque alli não é o professor primario subitamente enriquecido por uma herança, mas paralysia geral, descrita magistralmente, capitulo de arte e de sciencia, que o não faria o mais abalisado de todos os psychiatras" (Ribeiro do Valle, 1918, p. 169). O estudo de sua obra se impunha, portanto, de modo irrecusável.

Ao longo do texto, o autor foi aos poucos deslocando sua análise para fazer "referencias à personalidade mental de Machado de Assis", justificando que a vida de um grande escritor é o melhor comentário e a melhor explicação para a sua obra. Apresentou-nos, então, o caráter mestiço do escritor, a consciência de uma "inferioridade de raça" que estaria presente nele, sua gagueira e seu "estado mental patologico de epileptico" (Ribeiro do Valle, 1918, p. 167-8).

Afirmando que não estava, em nenhuma hipótese, diminuindo a importância e a genialidade do literato, Ribeiro do Valle se declarou interessado em explorar as relações entre gênio e "nevropathia". Para tanto, Machado de Assis seria o melhor exemplo em terras brasileiras. Segue-se a apresentação de vários autores que se debruçaram sobre a questão e suas respectivas visões, com referências bastante próximas daquelas apresentadas por Pacheco e Silva no Clube dos Artistas Modernos, tendo chegado a conclusões também muito semelhantes: "Esta questão é muito complexa e todos estes autores vacillam num terreno ainda muito desconhecido, não podendo mesmo a sciencia no estado actual dar uma solução que seja satisfatoria" (Ribeiro do Valle, 1918, p. 179).

Em 1930, Americo Valerio aprofundou o estudo psicológico de Machado de Assis, afirmando que o escritor seria "o avô do freudismo em nossa pátria"[11], ideia que atravessa todo o livro *Machado de Assis e a psychanalyse*. Para esse psiquiatra, a capacidade e a sensibilidade do escritor para conhecer e descrever o funcionamento inconsciente e os estados patológicos dele decorrentes estaria fundamentada em sua "personalidade anormal" — fruto de seu "passado hereditario morbido", marcado pela herança alcóolica e sifilítica e pela ascendência negra — e na "latente psicose epiléptica" de que seria portador. Para Valerio, Machado de Assis "dissecou os instintos humanos pelo egoismo de encontrar nos outros as mesmas faltas, erros e táras de sua organização doentia" (1930, p. 70).

As obsessões e alucinações presentes no escritor seriam daí decalcadas para aparecer em seus personagens revelando o "senso psychologico freudiano" do escritor. Toda a sua obra seria, assim, "apenas, a expressão do proprio Machado de Assis" (Valério, 1930, p. 224). Chegamos novamente à aproximação entre gênio e loucura: "Machado de Assis era um desequilibrado, que raiava pelo genio" (p. 159).

Nesse estudo, Valerio fez uso superficial e confuso da psicanálise, por vezes quase cômico para um leitor atual, talvez pelo pouco conhecimento que se tinha desse pensamento no Brasil. No entanto, está presente um fascínio pelas ideias freudianas, talvez na mesma medida da admiração que devotava a Machado de Assis.

Há, além disso, em seu livro, uma ideia que encontramos também em Freud: aquela da proximidade entre o artista e a patologia, de um lado; e o artista e o clínico, de outro. Para o autor, Machado de Assis era um caso clínico, mas também psicólogo freudiano e artista: "um psychopata que metempsychou uma vida de torturas freudianas em uma vida immortal" (1930, p. 217).

Com sua descrição ficamos diante de um personagem situado em um ponto para o qual convergem sofrimentos advindos das mais diversas patologias, um conhecimento apurado e profundo desse sofrimento, que poderíamos chamar de clínico, e uma prática estética como forma de elaboração desse sofrimento e sua transformação em produto cultural. Encontramos, assim, a figura de um psicólogo que destrincha a alma humana de forma artística e por "necessidade de desabafar". São "seus impulsos cerebraes e as suas obsessões de consciencia, que originam ideias psychologicas" (Valério, 1930, p. 223) que ganham, por outro lado, valor estético. Portanto, seria também aquele que padeceria de tudo aquilo do que fala e que escreveria por necessidade e como forma de cura. Um clínico que aplicaria a si mesmo a terapia, que não seria outra coisa senão a própria criação artística.

Mas, se essa confluência de linhas parece ser um achado interessante no estudo de Americo Valerio, a forma como o estudo foi desenvolvido denota um uso extremamente violento do instrumental psicanalítico. Se, segundo o autor, a intenção não era desqualificar a "grandiosa obra" do "genial escritor", o efeito parece ser esse. Machado de Assis ficou reduzido a um ser atormentado por obsessões, patologias e hereditariedade maculada, cuja criação expressaria apenas essas patologias e sua tentativa de livrar-se dos tormentos que tais marcas lhe impingiam. De qualquer forma, observamos um deslocamento daquele personagem conceitual ao qual Qorpo-Santo remetia, na inclusão de mais uma linha: ao lado do *doente/criador* surge o *psicólogo*, aquele que é profundo conhecedor da alma humana. Nessa perspectiva, é só porque padece de tantos males que o escritor consegue produzir uma obra que fala, com tanta potência, da precariedade humana, mas ao produzir a obra ele instaura um processo de cura que é também um tratamento para a humanidade. Vimos como esse híbrido foi, na mesma época, proposto de forma diferente por Flávio de Carvalho, na nomeação de um "observador-aventura e psicanalisado" para designar uma função que articula, sem misturar, linhas que partem da experiência estética e da observação sobre ela e sobre si mesmo.

Por fim, gostaríamos de comentar o livro de Peregrino Jr., *Doença e constituição de Machado de Assis*, no qual o pensamento psicopatológico está mais bem estruturado, explicitando de forma inequívoca a redução do processo criador e a invalidação dos sujeitos criadores. Após apresentar o escritor como o grande nome da literatura nacional, "uma ilha solitária perdida no lago sem surpresas da literatura brasileira", o autor se propõe a documentar o diagnóstico constitucional que havia apresentado em ocasião anterior a Machado de Assis, classificando-o na "galeria dos gliscroides de Mme. Minkowska" e "procurando provar, com episódios de sua vida e elementos de sua obra, a realidade de seu temperamento epileptoide" (Peregrino Jr., 1938, p. 11). Foi com esse intuito que apresentou, inicialmente, a biografia do escritor, na qual destacou mais uma vez a "vergonha da origem", o "complexo de inferioridade", o "temperamento morbido", a "constituição pathologica", o "caracter epileptoide e schisoide" e o "substrato gliscroide da sua affectividade viscosa e concentrada". No retrato que Peregrino Jr. pintou de Machado de Assis, vemos em funcionamento os aspectos mais assustadores da psicopatologização dos comportamentos e das formas de existência. A capacidade de fazer amizades duradouras, de ser afetuoso e generoso com os amigos é interpretada como "afetividade adhesiva" característica dos epilépticos e signo da "necessidade subconsciente de amparo e proteção". Já o pequeno número de amigos indica o componente "esquizoide" de seu caráter, que contrabalança "as tendencias e os excessos da gliscroidia".

O autor relacionou também os supostos sintomas do escritor ao estilo e aos procedimentos literários que lhe são característicos. Da ambivalência de pensamento e sentimento, para Peregrino Jr. um traço de gliscroidia, a obra de Machado de Assis estaria cheia de exemplos típicos, principalmente no que foi chamado de "estylo de gago", que lhe seria característico. A "tendência explicativa" do escritor que "explicava tudo, os factos, as pessoas e as cousas, com uma preoccupação minuciosa e inútil de tudo deixar claro e definido", seria uma característica "epileptoide". Outra tendência presente em sua obra seria a "zoopsia", que se evidenciaria nas cenas constantes em que os animais participam e conversam. Essa tendência, segundo Peregrino Jr., seria comum nos alcoólatras e seus descendentes, o que autorizaria a suposição de que os pais do escritor eram alcoólatras.

A obsessão de Machado pelo problema da loucura e pela anormalidade seria prova de sua proximidade com elas. Sua preferência por certos temas e imagens sensuais, como os braços, os olhos e os cabelos das mulheres, seriam expressões de "certos complexos freudianos e certa tendencia fetichista". Haveria também na obra de Machado de Assis uma constância rítmica ternária que simbolizaria as três fases da crise epiléptica, expressão de "arithmomania" comum nos "psychastenicos".

Por fim, nas últimas obras de Machado de Assis poderíamos, segundo o psiquiatra, acompanhar o agravamento progressivo de sua doença: acentuar-se-iam o sadismo, o masoquismo, o narcisismo, o autismo, o autorreferimento e, principalmente, "um traço essencial da epileptoidia: [...] o amor ao accessorio, às minucias, aos pequenos detalhes de apparencia insignificante" (p. 157).

Peregrino Junior encontrou na obra de Machado de Assis, nas formas de sua escrita, nos procedimentos que lhe são peculiares, a confirmação do diagnóstico e da constituição mórbida que ele havia imputado ao escritor. Fez exatamente aquilo que é o objetivo dos psicopatólogos da expressão que pretendiam chegar ao diagnóstico das diferentes doenças mentais, utilizando as produções de seus pacientes e buscando variedades específicas de formas visuais, escritas, sonoras, para cada doença (Lafora, 1927).

O que mais impressiona nesses textos que fizeram de Machado de Assis um caso clínico é a afirmação inconteste dos três autores a respeito de sua admiração pelo escritor e de que não estariam colocando em questão seu valor. Mas o que tal tratamento faz é minar o valor de um criador e a potência de sua obra, reduzindo esta a um amontoado de sintomas dos quais não se poderia escapar. Desse ponto de vista, o escritor não teria escolha nem vontade, e os procedimentos, em lugar de formas encontradas no trabalho estético, seriam apenas sintomas por meio dos quais cada uma de suas patologias se faria presente na obra.

Esse tipo de pensamento ajudou a forjar uma distinção valorativa entre os procedimentos "conscientemente" escolhidos pelo artista e aqueles determinados por seu funcionamento psíquico patológico. Tal ideia é encontrada no pensamento freudiano sobre arte e foi utilizada para se fazer a defesa do campo da arte e fechar suas portas para outras produções realizadas em espaços exteriores a ele. Como se o inconsciente fosse a patologia. E mais: como se umas criações artísticas não fossem atravessadas pelas forças do inconsciente e outras não fossem composições e organizações dessas forças, mas apenas um decalque delas que encontraria uma forma – absolutamente igual àquela presente no inconsciente – na materialidade do papel, da argila, da tinta, sem que houvesse trabalho.

Apresentar esse tipo de análise psicopatológica sobre obra e escritor de qualidades inquestionáveis é também uma estratégia que utilizamos para deixar às claras sua violência, já que, quando realizado sobre trabalhos de sujeitos enredados nas malhas das instituições psiquiátricas, corre o risco de passar despercebido.

EXPERIÊNCIAS CLÍNICAS ATRAVESSADAS PELA ARTE: OSÓRIO CÉSAR E A EXPRESSÃO ARTÍSTICA NOS ALIENADOS

Para além desses trabalhos que tomaram obras de arte e artistas como objeto de um estudo no qual se procura, nos procedimentos e na linguagem, indícios de determinada patologia, a psicanálise teve pouca entrada na psiquiatria brasileira no período em que era frequente a presença da influência freudiana nas artes. Em um primeiro momento, os poucos médicos e psiquiatras que se interessavam pela psicanálise tinham uma aproximação apenas teórica, já que a formação de analista só se iniciou efetivamente no Brasil em 1937, com a chegada da primeira psicanalista didata, dra. Adelheid Koch (Sagawa, 1994).

Franco da Rocha, um dos introdutores das ideias psicanalíticas no Brasil, não as aplicou clinicamente. Na década de 1930, quando foi substituído na cadeira de neuropsiquiatria por Antonio Carlos Pacheco e Silva, que não era favorável à psicanálise, fecharam-se as portas para a entrada dessa disciplina na Faculdade de Medicina e no universo acadêmico brasileiro.

Nessa época, Freud já havia feito vários movimentos para incluir as psicoses nas hipóteses da teoria da libido, possibilitando que se pudesse investigar, por meio do estudo psicanalítico, sua etiologia clínica e seus mecanismos psíquicos. Mas a psiquiatria brasileira não foi permeável a esse pensamento, pelo menos não nos primeiros anos da psicanálise no Brasil.

Nas publicações da Liga de Hygiene Mental do Rio de Janeiro[12], ao longo da década de 1920, as referências à psicanálise eram incidentais. Elas ocorriam no contexto da prevenção das doenças mentais, quando o assunto era a educação infantil, a educação sexual, o preparo da mulher para o cuidado com as crianças e com a família. Nesses casos, revelava-se um conhecimento bastante superficial e deturpado das ideias psicanalíticas, que ficavam submetidas à perspectiva profilática e de controle de caráter eugênico, que era a da Liga[13].

Em São Paulo, a publicação *Memórias do Hospício do Juquery*, a respeito desse outro centro importante de desenvolvimento da psiquiatria brasileira, visava ser um corolário da psiquiatria científica, com artigos que discorriam sobre disfunções anatomoclínicas, lesões cerebrais e suas relações com os quadros diagnósticos. Segundo Pacheco e Silva (in: *Memórias do Hospício do Juquery*, n. 1, 1924), seu idealizador, a higiene mental que tanto preocupava os psiquiatras necessitava, para ser colocada em prática, do conhecimento das causas determinantes das psicoses, que só poderia ser obtido por meio de um estudo anatomopatológico minucioso.

Franco da Rocha foi, até 1923, diretor do Hospício do Juqueri. Em 1922, um ano antes de deixar seu cargo, insistiu com o governo do Estado de São Paulo sobre a importância da instalação do laboratório para o estudo da anatomia patológica e da patologia experimental, iniciativa que, segundo ele, faltava para completar aquele grande asilo que tinha sido construído obedecendo aos preceitos da moderna psiquiatria.

Durante a década de 1920, no período em que se dedicava aos avanços da psiquiatria científica, Franco da Rocha começou a se interessar pela psicanálise e a publicar textos referentes a essa área. Até então seus trabalhos estavam voltados para a organização do asilo que dirigia e para as questões da laborterapia, em especial o desenvolvimento de trabalhos de pacientes no setor agrícola. Percebemos que havia nessa época um grande fosso entre o interesse de Franco da Rocha pela psicanálise e seu ofício como psiquiatra e diretor de asilo. Fosso que não era só seu e que separava os caminhos da prática psiquiátrica dos caminhos das práticas artísticas no Brasil. Em 1922, enquanto se realizava a Semana de Arte Moderna, os psiquiatras cariocas fundavam a Liga Brasileira de Hygiene Mental e Franco da Rocha preparava-se para deixar o Juqueri por meio do envio do citado relatório ao governo do Estado, no qual previa um futuro glorioso para o hospício que dirigira. Ali, segundo ele, estudos paralelos na clínica e no laboratório de anatomopatologia transformariam a psiquiatria empírica em um ramo interessantíssimo da ciência positiva.

Nesse contexto, as contribuições de Osório César referentes à estética parecem estar fora de lugar. Se os psiquiatras eram capazes, como vimos, de fazer uma leitura patologizante de obras de artistas consagrados, o que dizer do tratamento dado por eles às produções de seus pacientes? Nesse sentido, a reflexão de Osório César abriu uma fenda inesperada na produção brasileira.

Ao ler o sumário de *Memórias do Juquery*, no qual foram publicados alguns de seus artigos, temos a impressão de que há algum erro na publicação. Vejam, como exemplo, o sumário do n. 2, de 1925:

    Contribuições para o estudo de cysticercóse cerebral na creança
    Vitiligo, syphilis e desordens mentais
    Contribuição para o estudo anatomo-pathologico da molestia ossea de Paget
    Sobre um caso de paraplegia pottica
    Uma caso de syndrome thalamica consequente á obliteração da carotida interna
    Tumor do lóbo frontal
    Contribuição para o estuco das aortites nos paralyticos geraes
    A arte primitiva nos alienados [grifo meu]

No fosso que separava arte e psicanálise de um lado e psiquiatria de outro, Osório César poderia ter facilmente se afundado. Além de se interessar por arte, ele era assistente de laboratório do Hospital do Juqueri e escrevia textos sobre a estética dos alienados; mas escrevia também outros artigos, como "Psamoma da dura--mater" ou "Contribuição para o estudo das glandulas de secreção interna na demencia precoce". Por algum motivo, ele conseguiu se equilibrar e construir pontes que, mesmo instáveis, pendendo ora para um, ora para outro dos territórios que interligava, possibilitavam passagens e conexões.

O paraibano Osório César era, além de médico, músico e crítico de arte, casado com Tarsila do Amaral e frequentador dos salões de modernistas paulistas. Seu interesse pela psicanálise estava voltado para a busca de uma fundamentação teórica que pudesse dar conta da pesquisa de uma estética dos "alienados", à qual se dedicava.

Esse médico chegou ao Hospital Psiquiátrico do Juqueri, no início dos anos 1920, para ocupar o cargo de assistente de laboratório e começou a ver aqui e ali — jogados e espalhados, em folhas de papel, nas paredes ou no chão — traçados, linhas, formas. Sobre um interno do hospital, cujo caso apresentou em artigo escrito em conjunto com Durval Marcondes, dizia que nunca falava e que se interessava unicamente em desenhar, utilizando para isso qualquer papel que lhe caísse nas mãos. Na falta de papel, desenhava em panos ou em outros objetos, como seu chapéu de palha. De outro, contava que construiu em uma das colônias do hospital uma habitação feita de varas de bambu e coberta de folhas secas, além de fazer desenhos decorativos, "não havendo papel que chegasse para suas manifestações artísticas" (César e Marcondes, 1927, p. 163).

Essas observações revelavam, segundo César (1925, p. 111), a "necessidade que certos doentes têm de realizar os seus sentimentos estheticos representados". César acreditava que para alguns alienados a manifestação artística era uma necessidade indispensável à vida de enclausuramento a que estavam submetidos, possibilitando que se refugiassem em um mundo de beleza. Além disso, "grande parte desses artistas possue verdadeira idolatria pelo que fazem e seus trabalhos são, do ponto de vista estético, de valor inestimável" (1929, p. 34). São trabalhos cujas formas apresentavam, por vezes, concepções harmoniosas e agradáveis; outras, construções grosseiras, incoerentes, disformes e falhas, revelando um feitio acentuadamente primitivo. Nos dois casos, segundo o crítico e psiquiatra, uma originalidade pungente conferia a essas produções valor do ponto de vista artístico.

Ao olhar para elas, Osório César não via expressões psicopatológicas da loucura, como seria próprio de seu *métier* de médico. Colocando de cabeça para baixo a lente que os psiquiatras usavam para ver as manifestações artísticas de seus pacientes ou de artistas consagrados, enxergava nos trabalhos dos internos do Juqueri a atuação de uma força configuradora de imagens que possuíam um inquietante parentesco com aquilo que os artistas modernos estavam produzindo. Seu olhar foi transformado pelo contato com as obras. Houve uma alteração no campo de visibilidade.

As práticas também foram transformadas: foi criada a "Escola Livre de Artes Plásticas do Juqueri", o que promoveu ainda outro deslocamento: pacientes passaram a ser *alunos de arte* e, posteriormente, expositores de trabalhos em museus dedicados à arte moderna. Já desde os primeiros textos, Osório César denominava os autores das obras que analisava de *artistas*. Talvez seja difícil conceber a dimensão e o pioneirismo dessa que pode parecer uma pequena mudança de nomenclatura. Maria Heloísa Ferraz (1998, p. 53) comenta que para o meio cultural brasileiro

> a terminologia deveria soar de maneira desafiante, pois estabelecia status de artista a quem a sociedade relegara ao abandono. As comunidades científica e artística poderiam eventualmente aceitar "a arte dos loucos", arte esta pensada como habilidade, maneira própria de expressar-se, mas nunca capacidade ou domínio humano, persistente, profissional; não

estavam ainda preparados para reconhecer nos loucos pessoas competentes, que vivenciavam a arte por intermédio da realização de suas obras.

Em 1929, Osório César publicou *A expressão artística nos alienados*, livro que seria um marco nos estudos referentes à relação entre arte e loucura no Brasil. Nele, o psiquiatra colocou em prática um projeto que o acompanhava desde sua entrada no Hospital do Juqueri: estudar a arte dos alienados, comparando-a com a dos primitivos, a das crianças e a de vanguarda. Para realizá-lo começou a organizar, arquivar e catalogar a produção que recolhia no manicômio e fez vir do exterior um grande número de publicações sobre o assunto, pois a literatura nesse campo era escassa no Brasil.

O livro se inicia pela apresentação de uma concepção de alienação mental como um obstáculo transitório ou permanente para a adaptação do indivíduo na sociedade na qual deve viver. Mas, se submetido a um regime moderado de trabalho, associado a um tratamento carinhoso dos médicos e enfermeiros, o doente seria capaz de um esforço útil e produtivo. Em seguida, é introduzida a discussão sobre a arte dos loucos, com a apresentação de várias correntes e autores do campo da psiquiatria que se dedicaram a essa questão. Então, César passa a explicitar seu enfoque:

> nossa admiração se extasia quando encontramos com qualquer das produções dos artistas insanos com os quais nos deparamos no manicômio. Nelas vemos estylizadas, segundo a psyche de cada um, concepções philosophicas, litterarias ou plásticas, de uma ideação as vezes surpreendente. (1929, p. 3)

O psiquiatra traçou, então, um quadro comparativo entre as produções encontradas no Juqueri, o desenvolvimento da arte – dos povos primitivos às experiências de vanguarda – e o desenvolvimento infantil. Nesse quadro, César classificou a produção dos internos em quatro diferentes grupos: no primeiro estariam os desenhos rudimentares de caráter simbólico característicos dos povos primitivos, das crianças de 4 a 9 anos e dos *idiotas* ou *imbecis*; no segundo, trabalhos que possuiriam semelhanças com a arte gótica, a japonesa e a dos negros centro-africanos, geralmente produzidos por *doentes paranoides*; no terceiro grupo encontraríamos a arte comum e acadêmica, normal, bem equilibrada e, por isso mesmo, sem grande interesse para o estudo que o autor desenvolvia; no quarto grupo estariam trabalhos que apresentassem proximidade com a arte de vanguarda, caracterizados por maneirismos estereotipados, confusos, sem coerência lógica, envoltos por um esquisito e obscuro simbolismo, geralmente realizados por doentes com *demência precoce*. O referencial psicanalítico contribuiria especialmente para o estudo desse último grupo de trabalhos, possibilitando, segundo o autor, uma perfeita decifração de símbolos desenhados inconscientemente.

Para César (1929, p. 27), a psicanálise trouxera uma interessante contribuição para o conhecimento do conteúdo psicológico, principalmente da demência precoce, revelando, por trás da aparente anarquia, um mundo afetivo que determinava o quadro sintomático.

> As manifestações artísticas que esses doentes esteriotypam correspondem exatamente aos symbolos freudianos, podendo ter para a interpretação o mesmo valor das manifestações oníricas. Elas nos revelam que as ideias sexuais estão dominando a vida affectiva do paciente, realçando do ponto de vista da formação dos sintomas a importância do passado amoroso.

Por isso, diz o autor, se deparássemos em um poema de um esquizofrênico com vocábulos deslocados ou sem sentido e os estudássemos à luz da psicanálise, poderíamos esclarecer em grande parte acontecimentos remotos de sua vida; o mesmo se daria com os desenhos.

Após essas considerações de caráter geral, César desenvolveu seu método de trabalho, que consistia em apresentar alguns *artistas do Juqueri*, transcrevendo sua história psiquiátrica — uma *anamnese médica* —, e analisar esteticamente suas obras. O método empregado por Osório César tinha linhas que o prendiam a um olhar estritamente psiquiátrico e outras que escapavam dessa grade de compreensão, revelando o lugar duplo que ocupava, de psiquiatra e crítico de arte, bem como a dificuldade de produzir uma leitura que comportasse e articulasse esses dois olhares.

Os capítulos de seu livro são organizados com base em noções nosográficas e diagnósticas: o capítulo III é dedicado à interpretação psicanalítica de desenhos de *dementes precoces*; o IV, às produções literárias de doentes *paraphrenicos*; o VI, às dos *paranoicos* e *loucos morais*; o VII discorre sobre as manifestações de arte nos *maníacos* e *melancólicos* e os desenhos e poesias nos casos de *paralysia geral*. A organização desses capítulos é similar: iniciam-se com a apresentação do conceito médico-psiquiátrico da enfermidade em questão, a seguir são discutidas as produções artísticas, literárias ou filosóficas comuns a esse tipo de enfermidade e, depois, apresentam-se um ou mais casos de internos do Juqueri com aquele diagnóstico, suas histórias clínicas e suas produções. No tratamento dado às produções dos internos, encontramos o diferencial das análises de César. É aí que aparece o crítico que, por vezes, conseguia se desvestir da linguagem psiquiátrica.

É o que acontece quando se refere aos trabalhos de um *escultor cubista*. Apresentado como preto e pobre, com estigmas de degeneração e delírio persecutório, esse interno nunca havia tido contato com noções de arte, mas modelava figuras em barro de uma originalidade palpitante e um realismo disforme, que, segundo César, "representavam um grito atávico de recordações do passado". Para o crítico, eram esculturas extravagantes de caráter cubista, nas quais palpitava a mentalidade primitiva sob uma forma plástica de beleza, o que lhes conferia uma expressão rítmica curiosa, ao mesmo tempo estranha e agradável.

Mas, após essa apreciação de caráter predominantemente estético, César recaiu novamente em uma leitura psiquiátrica de coloração psicanalítica, concluindo que as esculturas desse doente nada mais eram que "o resultado da explosão de crenças fetichistas de seus antepassados, somente agora despertas em razão de seu estado mental [somado ao] simbolismo sexual de recordações de práticas infantis" (1929, p. 44).

Essa ambiguidade no trato dos trabalhos dos internos do Juqueri se mantém ao longo do livro. Na conclusão, Osório César se diz inimigo das classificações em arte e afirma que, de certa forma, fora obrigado a forjar uma classificação da arte dos alienados, em vista do estudo comparativo entre esta e a do homem primitivo, das crianças e das vanguardas artísticas – que se propusera a realizar. Mas acrescentou que tal classificação proposta por ele deveria desaparecer. No final, afirmou sua intenção de que seu estudo concorresse para a compreensão de que

> o louco não é um indivíduo desprezível que mereça desinteresse da sociedade. [...] Dentro do seu mundo circundante e do seu "eu" interior, tem seu ponto de vista anormal. Fora d'ahi é um homem tão perfeito como qualquer outro. Veste-se, come, dorme, trabalha, discute suas ideias e produz, quando inspirado, obras de arte de valor inestimável. (1929, p. 159)

Essa conclusão nos dá a dimensão do que pensavam os interlocutores de Osório César em relação ao louco, já que parece ser preciso afirmar que se veste, come, dorme. O louco é, nesse contexto, um ser cujo pertencimento ao coletivo *humanidade* ainda é preciso verificar.

É importante ressaltar que os trabalhos tomados para análise nesse livro foram produzidos por iniciativa dos próprios internos, quase sem nenhum apoio institucional. Sabemos pouco sobre a existência de um setor ou oficina de pintura no Juqueri nessa época, e os suportes utilizados pelos artistas que encontramos nos relatos de Osório César – miolo de pão, chapéu de palha, muro do hospital – levam-nos a pensar em uma atividade pouco organizada/estimulada pela instituição. Ferraz (1998) acredita que em meados da década de 1920 não havia um espaço próprio para as atividades artísticas, embora vários internos já desenvolvessem trabalhos artísticos e houvesse setores voltados para o desenvolvimento do artesanato.

Ao longo da década de 1930, Osório César, que havia iniciado seu trabalho pela observação e catalogação do material produzido pelos internos, passou também a estimular ações expressivas quase sem apoio por parte da direção do hospital, somando às suas funções de médico a de orientador artístico, em caráter voluntário.

Em 1938 foi criada a "Instituição de Assistência Social a Psicopatas", que tinha como objetivo atender às necessidades materiais, humanas e jurídicas dos internos. Entre as ações privilegiadas por essa organização estava o desenvolvimento de atividades artísticas, o que possibilitou, em 1943, o aparecimento da Oficina de Pintura como parte das atividades de praxisterapia. Ferraz (1998) entende esse como o momento de primeira sistematização dos trabalhos com arte no Juqueri, vistos como modalidade profissional, mesmo que não houvesse ainda um ambiente adequado e as dificuldades para aquisição de materiais fossem grandes. Para fazer funcionar a oficina, eram utilizados sobras ou retalhos de papel ou pano, bem como os muros da instituição.

Em 1949 foi criada a Seção de Artes Plásticas, que se transformaria posteriormente na Escola Livre de Artes Plásticas do Juqueri, visando ao ensino de desenho, pintura, cerâmica e escultura aos internos do hospital que tivessem vocação artística. Os alunos da escola eram, em geral, internos que já trabalhavam informalmente com Osório César. Novos alunos eram admitidos por meio de uma seleção na qual se buscava avaliar, com testes, a vocação artística do interessado.

Nesse período, o médico Mário Yahn se juntou a Osório César; posteriormente foram convidados alguns artistas para atuar com os pacientes. O primeiro deles foi Maria Leontina da Costa.

A função do artista ou professor de arte seria a de cuidar dos trabalhos, organizar exposições e criar um ambiente de ateliê favorável à criação. Não se esperava do artista que dirigisse a atividade, já que a metodologia adotada era baseada na expressão individual e nas manifestações espontâneas, encorajando-se a criação livre e evitando-se interferências de qualquer ordem – seja na escolha da atividade, seja na temática a ser trabalhada, seja nos meios expressivos utilizados. Além disso, segundo Ferraz (1989), Osório tinha consciência da necessidade de que os alunos conhecessem materiais e técnicas, o que daria suporte ao processo de criação.

É interessante notar que Osório César encontrou na arte um instrumento para a reabilitação dos doentes. Ao criar uma Escola de Arte, colocou o acento de sua proposta não na oferta de um espaço para a expressão de conflitos internos, mas na abertura de oportunidades para se aprender um ofício por meio do qual os internos pudessem vir a se sustentar fora do asilo. Havia uma proposta de profissionalização na arte que, em certa medida, colocava-se na esteira da ergoterapia e em sintonia com o pensamento de Franco da Rocha. Mas tal proposta inseria nesse contexto uma diferença: enfatizava que a ideia de uma perspectiva de vida fora do asilo devia ser buscada em consonância com as riquezas que a loucura podia oferecer ao conjunto social, isto é, na potencialização de sua força, e não em sua disciplinarização pelo trabalho.

A preocupação com a inserção artística dos internos norteou também a iniciativa de expor os trabalhos realizados no Juqueri em espaços destinados à arte. No entanto, após a primeira exposição desses trabalhos no CAM, no "mês das crianças e dos loucos", no início dos anos 1930, quase vinte anos transcorreram até que uma nova exposição fosse possível, dessa vez no Museu de Arte de São Paulo, em 1948.[14] O espaço reservado à arte oficial colocava a produção dos asilos em outro patamar. Osório César esclarece que sua intenção com a exposição era "mostrar mais a parte social e a parte cultural do que a parte psiquiátrica propriamente dita dos alienados" (*apud* Ferraz, 1998, p. 64).

A influência de Osório César nos meios culturais da época foi grande, bem maior que a pouquíssima entrada que seus trabalhos tiveram nos círculos psiquiátricos. Seu livro *A expressão artística nos alienados* introduziu no meio cultural paulistano as primeiras noções sobre a arte dos loucos (Ferraz, 1998). Suas obras estão presentes na biblioteca de vários modernistas, entre eles Mário de Andrade.

Vemos assim que a psicanálise, além de ter entrado no Brasil pela porta da arte, entra no universo clínico, da psiquiatria em particular, por meio dessa mesma porta: de um lado, os trabalhos de aplicação da psicanálise ao campo da arte, trabalhos com forte coloração psiquiátrica e, na maioria das vezes, com consequente psicopatologização de obras e artistas; de outro, a pesquisa em torno da produção artística dos loucos e a presença das atividades artísticas nos asilos.

Percebemos, assim, que a psicanálise — e posteriormente a psicologia analítica, como veremos mais adiante — foi inicialmente introduzida no campo da clínica brasileira como ferramenta teórica para se pensar o processo de criação na arte e nos manicômios e a utilização de atividades artísticas nas práticas terapêuticas.

LOUCOS OU MODERNOS? UMA EXPOSIÇÃO DE ANITA MALFATTI E QORPO-SANTO IGNORADO

A ressonância entre a arte moderna e a dos loucos é o nó a partir do qual se entrelaçam arte, psiquiatria e psicanálise na modernidade, com desdobramentos muito diferentes. Aos olhos de Osório Cesar, a proximidade entre a produção moderna e aquela encontrada nos asilos desvelava um caminho possível de reabilitação social dos internos, bem como uma vertente fecunda para a experimentação artística.

Contudo, muitas vezes essa aproximação não produziu um novo olhar para a produção que vinha de dentro dos manicômios, mas, ao contrário, serviu para desqualificar aquela que estava sendo realizada fora. Os constantes trabalhos que tratavam as obras como sintomas e os artistas como doentes, bem como a estratégia utilizada pelos críticos do modernismo de desqualificar sua inovação por essa proximidade, despertaram a ira dos modernos, tornando imperiosa a necessidade de *construir* padrões que pudessem levar a uma diferenciação entre a produção dos salões e a dos asilos. A afirmação de que a produção moderna se parecia com a dos insanos seria tomada como acusação da qual os réus deveriam se defender. Lembremo-nos das palavras de Mário de Andrade: "Houve já quem tomasse a sério essa *acusação* de loucura..." (Andrade, 1960, p. 244, grifo meu).

A aproximação e a comparação com trabalhos de loucos como forma de depreciar obras artísticas são parte integrante de um acontecimento marcante para o modernismo brasileiro: a exposição de 1917, de Anita Malfatti, considerada a primeira exposição de arte moderna brasileira. Mário de Andrade (1943) nos contou que os primeiros modernistas se reuniram em São Paulo em torno da pintora Anita Malfatti, cujas obras produziram neles uma experiência de revelação e êxtase. Mas além do interesse despertado pelas obras de Anita, outro fator contribuiria para essa aglutinação em torno da pintora: a repercussão e as discussões em torno da célebre exposição, na qual Anita expôs ao público a aos olhos atentos dos críticos de arte quadros como *O homem amarelo* e *A boba*.

As reações foram as mais controversas, algumas exacerbadas. No centro das reações adversas à ousadia da pintora estava a crítica que Monteiro Lobato fez à exposição, que, segundo Mário de Andrade (1943, p. 236), "sacudiu uma população, modificou uma vida". O artigo de Monteiro Lobato apareceu pela primeira vez no Jornal *O Estado de S. Paulo*, intitulado "A propósito da Exposição Malfatti", e foi republicado em 1919 como "Paranoia ou mistificação".

Para Mário da Silva Brito (1964, p. 46), esse artigo "celebrizaria Anita Malfatti, mas a faria sofrer profundamente, traumatizando-a para o resto da vida". Nessa versão, que foi a adotada pelos modernistas, Lobato teria sido responsável pelo declínio da obra da artista e por seu retorno a uma maneira convencional de pintar. Anita não se recuperaria da violência do crítico. As cores, características de sua produção nova-iorquina, que em sua vibração faziam a alegria da obra, começaram a esmaecer após 1917. Abandonando as ousadias, a pintora retomou o desenho e voltou-se para os guias seguros da tradição acadêmica, o que provocou protestos por parte de Mário de Andrade. Sem conseguir enfrentar as pressões do meio, Malfatti encarnaria o papel de mártir involuntária do modernismo brasileiro, marcando também a dificuldade de ser moderna em sua terra (Moraes, 1978).

Já para Tadeu Chiarelli (1995) o progressivo distanciamento de Anita em relação às vanguardas e o retrocesso na sua poética inventiva não se deveram tanto a essa crítica, mas foram fruto de um processo próprio da artista que já havia se iniciado antes de 1917. Estariam relacionados com seu retorno a São Paulo, onde encontrou um clima nacionalista e tradicional, mas também a uma necessidade de recuperação da cultura visual de seu país. Para ele, esse movimento, conhecido como "retorno à ordem", esteve presente em vários artistas de vanguarda a partir da eclosão da Primeira Guerra Mundial. Os modernistas, no entanto, teriam utilizado o acontecimento de 1917 para criar em torno dele uma coesão de um grupo de artistas que, até então, produzia de forma esparsa e desarticulada, e também para construir uma história ideal do modernismo.

De qualquer forma, interessa ressaltar nesse episódio que a exposição ficou célebre pelas qualidades estéticas das obras apresentadas. Mas não só. O artigo de Monteiro Lobato teve papel fundamental na projeção que ela ganhou. E, o que é mais paradoxal, Lobato não estava, com sua crítica, julgando a pintora, mas a arte moderna. Julgando-a por sua proximidade com a loucura.

Acompanhemos o texto. Lobato (*apud* Brito, 1964) iniciou sua crítica fazendo uma distinção. Haveria duas espécies de artistas: uma veria normalmente as coisas e, com base nessa percepção, faria arte pura. Outra veria anormalmente, e suas obras seriam produto do cansaço e do sadismo. Produções assim, segundo Lobato, estariam presentes em todos os períodos decadentes da história e, embora parecessem precursoras de uma arte por vir, "nada é mais velho que a arte anormal ou teratológica: nasceu com a paranoia e com a mistificação". Então, Lobato tomou como aliados os psiquiatras, dizendo que estes já estudavam há muito tempo os desenhos que ornamentavam as paredes dos manicômios. O crítico não queria falar mal dos loucos nem de seus psiquiatras. Esses desenhos de manicômio seriam sinceros, produtos de cérebros transtornados por psicoses estranhas; mas, quando esse tipo de obra se pretende arte e é exposto publicamente, não há sinceridade, apenas mistificação. Em seguida, Lobato apresentou a concepção estética que fundamentava sua posição:

> Todas as artes são regidas por princípios imutáveis, leis fundamentais que não dependem do tempo nem da latitude. As medidas de proporção e equilíbrio, na forma ou na cor, decorrem do que chamamos sentir. [...] para que sintamos de maneira diversa, cúbica ou futurista, é forçoso ou que a harmonia do universo sofra completa alteração, ou que o nosso cérebro esteja em "panne" por virtude de alguma grave lesão. Enquanto a percepção sensorial se fizer normalmente, um artista diante de um gato não poderá "sentir" senão um gato. (*Apud* Brito, 1964, p. 47)

Só então Lobato comentou os trabalhos de Anita, dizendo que as considerações precedentes foram provocadas por essa exposição, mas, por trás dessas obras "torcidas para a má direção", se notavam as preciosas qualidades latentes e o talento vigoroso de uma artista que se deixou seduzir pelas teorias da chamada arte moderna, pondo seu talento a serviço de uma forma de caricatura.

Percebemos que a concepção de arte de Lobato não podia alcançar as aventuras da arte moderna em sua aposta nas experimentações singulares, em seu subjetivismo (às vezes exagerado), em sua ânsia de liberar-se dos cânones da arte tradicional.

Mas o que nos interessa particularmente aqui é o fato de o escritor ter utilizado categorias clínicas para criticar uma nova estética, buscando distinguir e classificar as percepções e expressões normais daquelas anormais. Ele não estava discutindo a linguagem artística, os traços, as cores, as formas, mas a percepção daquele que as produziu. Se arte era representação da realidade, a imagem só poderia refletir a percepção do artista, o que justificaria a discussão sobre a normalidade ou a anormalidade dessa percepção.

Outro criador, o nosso conhecido Qorpo-Santo, também foi utilizado pela crítica de arte brasileira como recurso para depreciar obras modernas por seu suposto caráter mórbido e louco. Em 1925, na primeira referência não contemporânea à produção de Qorpo-Santo que se conhece, um crítico que assinou seus artigos como "um passadista" o fez participar da polêmica que se instaurou no Brasil a partir da Semana de Arte Moderna de 1922. Em três artigos publicados em setembro daquele ano, Roque Callage comentou a conferência que Guilherme de Almeida fizera em Porto Alegre, afirmando seu repúdio às ideias modernistas. Para desacreditar e desqualificar os poetas modernos, o passadista reivindicou para Qorpo-Santo, em tom irônico, "a glória de ter sido o verdadeiro fundador da escola futurista no Brasil" (*apud* Aguiar, 1975, p. 29). Para fundamentar a afirmação, transcreveu versos de Qorpo-Santo e os comparou aos de Oswald de Andrade, Mário de Andrade e Guilherme de Almeida. Após assinalar a correspondência entre os poetas, vendo na produção de todos eles desordem, falta de lógica e confusão mental, Callage concluiu que o modernismo é fruto de uma "demência coletiva" e que seus poetas chegavam a ser mais malucos que Qorpo-Santo.

Em 1930, foi reproduzida no jornal *A Reacção*, da cidade de Bagé, uma entrevista de Múcio Teixeira dada originalmente a *O Globo* do Rio de Janeiro. Nessa entrevista, mais uma vez a obra do escritor gaúcho foi utilizada para desqualificar a poesia moderna, por meio da indicação de proximidades entre as duas produções. Múcio Teixeira lamentava que os poetas da nova geração seguissem os passos do maluco rio-grandense, eliminando de seus versos a poesia, a rima, a metrificação, a gramática, o bom senso e tudo mais (Aguiar, 1975, p. 30).

Para Denise Espírito Santo (2000), esse primeiro contato com essa obra *sui generis* é um indicativo das condições de sua recepção pela crítica brasileira, marcada pela desconfiança. Nos anos subsequentes, a obra seria esquecida e a atenção de pequenos círculos a Qorpo-Santo investiria em sua biografia.

Mas, se alguns críticos do modernismo conheciam a obra de Qorpo-Santo, os modernistas não se interessaram por pesquisar a produção do escritor gaúcho. O que é uma pena, quase uma ironia da história, pois não condiz com a própria proposta dos modernistas, já que o próprio Oswald de Andrade (1990 [1925], p. 22) chamava de Pau-Brasil "a tendência mais rigorosamente esboçada nos últimos anos em aproveitar os elementos desprezados da poesia nacional. Poesia de exportação, oposta ao espírito e à forma de importação". E Mário de Andrade (1975 [1928], p. 28), em sua crítica sobre Aleijadinho, parecia antever o tratamento que os modernos reservariam a Qorpo-Santo: "No fundo" – dizia ele – "a generalidade dos brasileiros não temos confiança no que é nosso, a não ser depois que estranhos nos autorizam ao samba, a Carlos Gomes e à baía de Guanabara". Como assinala Aguiar (1975, p. 32), "os poetas de 22, do Pau-Brasil, da Anta, do Verde-Amarelo, mesmo da Antropofagia [...] perderam a oportunidade de se fundamentar num precursor conterrâneo".

O mais surpreendente é que, se retomamos as poesias de Qorpo-Santo, descobrimos muitas ressonâncias com as propostas modernistas. Os passadistas tinham razão, mas seu argumento teria de ser colocado de cabeça para baixo. A partir da recuperação da obra de Qorpo-Santo no final dos anos 1960, a proximidade com os poetas do modernismo seria tomada como signo do descompasso entre o autor e seu tempo e da modernidade de sua obra.

Denise Espírito Santo (2000), no livro que organizou para apresentar ao leitor contemporâneo as poesias de Qorpo-Santo, afirma que alguns dos procedimentos por ele adotados anteciparam as experiências mais radicais dos poetas modernistas brasileiros, entre elas a escrita automática, o verso livre, as revelações do inconsciente e as combinações e colagens de fragmentos textuais heterogêneos.

De fato, o humor, a simplificação, a adoção de uma linguagem altamente coloquial e a incorporação de elementos do cotidiano na prosa e na poesia, característicos da obra de Qorpo--Santo, são grandes armas do modernismo nos seus primeiros tempos, quando a sátira e a paródia invadiram os manifestos, as revistas e os discursos narrativos e poéticos. Para exemplificar o uso desses recursos em Qorpo-Santo, vejamos o poeta brincando com as aranhas:

> Tão lindas as aranhas
> Tão belas, tão ternas
> Pois caem do teto
> E não quebram as pernas!
> (Qorpo-Santo, 2000, p. 34)

Outras características que foram fontes de pesquisa e investigação poética de autores como Oswald de Andrade e Mário de Andrade, como o desnudamento dos procedimentos e a atitude de autorreflexão contida na própria obra, também se fizeram presentes em Qorpo-Santo, como quando discute rima e metrificação dos versos:

> OBSERVAÇÃO 2ª
> Alguns versos convinha ter
> Igual número de sílabas;
> Muitíssimas vezes porém,
> Não pode isso acontecer!

Pois por causa d'harmonia,
Mais alguns que os outros tem:
Preferível é que assim seja;
Mais prazer dá; mais convém!
(Qorpo-Santo, 2000, p. 60)

RIMAS
Não é por falta
De rimas eu Ter,
Que versos fazer
Sem – elas – vêm-me!
Palavras não faltam
Para eu rimar
Todos que quero
Versos escritar!
(Qorpo-Santo, 2000, p. 68)

Como em Mário de Andrade, para Qorpo-Santo havia uma diferenciação entre escrita automática, inspiração e composição; pois, se sua escrita jorrava por uma compulsão de "tudo escrever", havia também a presença do trabalho de composição, o esforço concreto e a materialidade na construção de seus poemas, procedimentos para os quais ele próprio chamava a atenção:

Versos maquinalmente,
Alguns as penas farão;
Muitos de inspiração
Muitos mais – composição

Eu juro que sempre
Assim acontece;
Que o livro cresce
De todos os modos!
(Qorpo-Santo, 2000, p. 68)

Além disso, há momentos diferentes em que esses procedimentos atuam na criação, como vemos no poema a seguir:

O que a lima faz ao ferro,
O que a razão faz à medida,
Fará a pena a meus versos;
Calmo juízo – a meus escritos.
(Qorpo-Santo, 2000, p. 58)

Mesmo a reforma ortográfica proposta por Qorpo-Santo, se pensada no contexto de uma renovação e singularização da língua, ganha outra consistência. Até a experiência tipográfica empreendida pelo poeta novecentista poderia ser pensada como embrião do interesse pelo visual e das ousadias tipográficas presentes na diagramação das revistas modernas. Mário de Andrade não fugia do ridículo porque tinha companheiros ilustres; Qorpo-Santo, por sua vez, não os teve e sustentou sozinho sua "ingrata e nojenta imaginação".

Como vimos, a aproximação entre loucos e artistas foi tomada de diferentes perspectivas, seja para atacar artistas, seja para engrandecê-los. Ora a aproximação com uma estética marcada pelo inconsciente engrandecia as obras, ora seu parentesco com uma estética "mórbida e degenerada" as desqualificava. Por outro lado, as ressonâncias da arte produzida nos manicômios com a arte de vanguarda foram, algumas vezes, tomadas como forma de valorizar a primeira, que ganhava um estatuto na produção cultural. Nesse quadro, o papel dos clínicos foi, muitas vezes, o de construir parâmetros para distinguir e diferenciar a arte "psicopatológica" da produção de vanguarda. A querela então se instalou entre considerar como arte a produção encontrada nos asilos ou apenas como expressão de forças inconscientes sem maior valor estético e cultural.

Sem dúvida, o olhar psicopatológico insiste e está presente nessas discussões, querendo fazer ver aqui e ali uma desestruturação do ego, uma fragmentação da psique, uma fragilidade moral. Mas é certo também que, a partir do trabalho de Osório Cesar, se insinua uma alteração no campo de forças que se atualizará no final da década de 1940, na polêmica crítica em torno das obras produzidas no Museu de Imagens do Inconsciente, que será reinvestida e reatualizada na recuperação da obra de Qorpo-Santo, cem anos depois de sua produção.

A partir do final da década de 1940, as questões referentes à proximidade entre loucura e vanguarda artística ganharam novos contornos, que acirrariam as discussões em torno da validação ou não dos trabalhos produzidos no exterior do território artístico. Foram, então, introduzidas no cenário as obras produzidas no ateliê de pintura da Seção de Terapêutica Ocupacional, coordenada por Nise da Silveira no Hospital do Engenho de Dentro, no Rio de Janeiro. Entraram também em cena artistas e críticos de arte que, na radicalização da proposta moderna de articular arte e vida, se aproximaram do território clínico de modo diverso daquele dos artistas modernos. Sobre essa nova paisagem nos debruçaremos no próximo capítulo.

NOTAS

1 • Seu livro, *Bildnerei der Geisteskranken*, de 1922, só foi traduzido para o inglês em 1972; e para o francês, em 1984. Nunca foi traduzido para o português.
2 • Não temos a intenção de reconstituir uma teoria geral da arte no pensamento freudiano. No entanto, consideramos importante apresentar um rápido esboço das principais idéias de Freud com relação à arte. Para tanto, utilizaremos como guia, além dos textos freudianos dedicados ao tema, as discussões sobre o pensamento de Freud com relação à arte que encontramos em Mezan (1990), Frayze-Pereira (1995) e Kon (1996), mas principalmente no trabalho de Loureiro (1994), *Arte no pensamento de Freud: uma tentativa de sistematização da estética freudiana*, no qual há uma boa cartografia para transitar por esse universo. Para um aprofundamento da questão, sugiro ao leitor a consulta desses textos.
3 • A sublimação é "a capacidade [da pulsão sexual] de substituir seu objetivo imediato por outros desprovidos de caráter sexual e que possam ser mais altamente valorizados" (Freud, 1910, p. 72).
4 • Breton procurou transpor para a arte o mesmo fluxo de pensamento proposto ao analisando na sessão de análise. Os procedimentos de criação surrealistas como "automatismo psíquico", "escrita automática" e "método psicótico-crítico" têm evidentes paren-

tescos com a associação livre, o sonho, pilares da investigação do inconsciente. Na obra surrealista, fragmentos desconexos se juntam, criando um universo semelhante ao do sonho, na busca de uma expressão livre do controle da consciência.

5 • Não sabemos se Mário de Andrade conhecia esse texto, mas é possível que não, já que apenas três anos separam a primeira publicação na Alemanha de "O estranho" daquela de seu "Prefácio interessantíssimo".

6 • Essa questão será mais bem desenvolvida adiante, no item "Loucos ou modernos?"

7 • É interessante encontrar em uma nota de rodapé de "Totem e tabu" uma inquietação com essa generalização simplificadora: "Interpretamos mal os homens primitivos com tanta facilidade quanto o fazemos com as crianças e estamos sempre prontos a interpretar suas ações e sentimentos de acordo com nossas próprias constelações mentais" (Freud, 1913, p.128).

8 • "É tão verdade dizer que o colonizado resiste à edipianização como dizer que a edipianização procura fechar-se sobre ele. A edipianização é sempre um resultado da colonização" (Deleuze e Guattari, 1995, p. 174). Podemos fazer aqui um paralelo entre os pares *colonização–edipianização*, em Deleuze e Guattari, e *catequese–repressão*, em Oswald de Andrade.

9 • Flávio de Carvalho integrou-se ao grupo antropofágico em 1929 e, mesmo que se sentisse próximo de Oswald de Andrade, sempre recusou qualquer compromisso com a militância na arte engajada e a concepção nacionalista em voga no modernismo dos anos 1930, realizando uma obra à margem do grupo (Leite, 1983).

10 • Machado de Assis foi, nessa época, referido inúmeras vezes quando se tratava de fazer considerações a respeito da relação entre arte e loucura. No prefácio ao livro de Osório César, *A expressão artística dos alienados*, de 1929, Motta Filho o evoca para dizer que "soffria de ataques epilepticos e que vivia a despertar dentro de si o homem e o louco"; e acrescenta que em *O alienista*, com "uma ironia dolorosa e amarga, procura apagar a linha divisoria entre normalidade e loucura" (Motta Filho, in: César, 1929).

11 • Essa idéia reaparece em vários estudos sobre o escritor. Ver, por exemplo, Freitas (2001, p. 70): "Não se contentando com o simples fato fenomenológico, ele vai em busca das motivações inconscientes, [...], é um psicanalista. Machado tinha o pensamento psicanalítico, anterior à própria psicanálise." E: "os textos machadianos podem ser considerados como antecessores da obra freudiana" (p. 77). Ou Teixeira (1987), que intitula um dos capítulos do estudo que desenvolve sobre Machado de Assis de "Dois pormenores: antecipações freudianas".

12 • Ver *Archivos Brasileiros de Hygiene Mental*, revista oficial da Liga de Hygiene Mental do Rio de Janeiro. Período: de 1925 a 1930.

13 • Sobre o marcante caráter eugênico dos trabalhos desenvolvidos pela Liga, ver Costa (1980), para quem a eugenia foi o artefato conceitual que permitiu a dilatação das fronteiras da psiquiatria, até então restritas aos estabelecimentos psiquiátricos, para abranger o terreno social: os meios escolares, profissionais e familiares.

14 • É importante apontar que em 1947 havia acontecido, no Rio de Janeiro, a primeira exposição dos trabalhos dos artistas do Hospital do Engenho de Dentro. Esse era, portanto, um momento em que questões relativas à relação entre arte e loucura voltavam novamente à ordem do dia.

3
Inflexões rumo a novas configurações do território

> *A inflexão é o puro acontecimento da linha ou do ponto, o Virtual, a idealidade por excelência. Efetuar-se-á segundo eixos de coordenadas, mas, por enquanto, não está no mundo: ela é o próprio Mundo, ou melhor, seu começo, dizia Klee, "lugar de cosmogênese". [...] Um acontecimento que seria a espera de acontecimento?*
>
> GILLES DELEUZE

UMA EXPERIÊNCIA-DOBRADIÇA

A crítica de Lobato à exposição de Anita Malfatti e seus desdobramentos é expressão de uma forma particular que a articulação entre as linhas da arte e da clínica ganharam na modernidade, consequência de se tomar o trabalho artístico como expressão imediata do mundo interno daquele que o produziu, de sua percepção e de seus estados mentais.

Vinte anos mais tarde, em 1937, a face perversa e cruel dessa articulação ganhou na Europa a sua formalização mais bem-acabada, quando o nazismo organizou uma exposição sobre *arte degenerada*, contendo obras de artistas da vanguarda moderna do início do século XX, entre eles Paul Klee e Lasar Segal. As obras dessa exposição eram lidas como fruto de esquizofrenia e degradação moral. Em seu folheto de apresentação, lia-se: "Em torno de nós vê-se o monstruoso fruto da insanidade, imprudência, inépcia e completa degeneração. O que essa exposição oferece inspira horror e aversão em todos nós" (Ziegler, in: *O Brasil no século da arte*, 1999, p. 20). Sabemos que a intenção do nazismo não era somente eliminar produções que revelassem degeneração, insanidade, deformação, mas a própria presença desses atributos no seio da sociedade. Nesse contexto, a ressonância entre as obras dos artistas modernos e a produção encontrada nos manicômios serviu a uma política de extermínio de tudo que revelasse precariedade e que se colocasse como avesso do que seria o bem-acabado. Associar arte moderna e loucura era uma forma de despotencializar tanto uma quanto outra dessas manifestações.

Teixeira Coelho (2002) localizou nessa exposição organizada pelos nazistas o fim da questão arte e loucura; uma questão da modernidade que com ela findou, deixando de fazer sentido e de gerar estímulos, ao menos para a arte e a estética. Para o autor, a trama que uniu arte moderna, psicologia e loucura foi tecida pelas imagens que os psicólogos extraíram da arte moderna para iluminar a loucura e pelas leituras que os artistas fizeram dos estudos psicológicos para construir sua estética. Mas hoje essa trama já se desfez; sua legitimidade cultural já se distancia de nós.

> Arte & loucura não é mais uma questão cultural porque, alterando uma proposição de Michel Foucault, percebe-se hoje nitidamente que a loucura nunca poderá enunciar a verdade da arte, assim como nunca a arte terá como enunciar a verdade da loucura. (Coelho, 2002, p. 161)

Concordamos com essas considerações no que diz respeito à ideia de que um campo não diz a verdade do outro. Além disso, consideramos que a forma como as linhas da arte, da clínica e da loucura se articularam na modernidade talvez não faça mais sentido. Mas estariam encerradas as possíveis conexões entre esses campos? Ou será que houve uma transformação na relação entre os campos que, em vez de desfazer esse território, o teria encaminhado para novas configurações, produzindo uma mutação em sua paisagem? Se assim for, que nova paisagem começa a se desenhar no contemporâneo? Essas perguntas nos guiarão no percurso deste capítulo.

Para tentar respondê-las temos a intenção de acompanhar a experiência desenvolvida no Museu de Imagens do Inconsciente. Esta será então nossa *experiência-dobradiça*, na qual pudemos detectar uma inflexão no percurso que vínhamos acompanhando, por meio do modo como os diversos atores que se articularam a essa experiência a desdobraram.

Esperamos que as próximas páginas contribuam para demonstrar que o território no qual arte, clínica e loucura se atravessam não se esvaziou, mas sofreu mutações que produziram nele novas configurações, dobrando a paisagem.

EXPERIÊNCIAS CLÍNICAS ATRAVESSADAS PELA ARTE: NISE DA SILVEIRA, DO SETOR DE TERAPÊUTICA OCUPACIONAL AO MUSEU DE IMAGENS DO INCONSCIENTE

Deslocando-nos geograficamente e avançando cerca de duas décadas em relação aos primeiros encontros entre psiquiatria, psicanálise e modernismo, encontraremos no Rio de Janeiro um agenciamento entre artistas, clínicos e pacientes psiquiátricos, de coloração diferenciada daquela que visitamos em São Paulo nos anos 1920 e 1930.

A articulação arte-clínica ganhou novos contornos em uma aventura intelectual e sensível das mais belas e potentes desenvolvidas no Brasil: a aventura de um coletivo composto por atores de variadas procedências que fizeram dessa uma experiência ímpar na arte, na psiquiatria e na terapia ocupacional brasileiras.

Tal experiência foi disparada por Nise da Silveira, médica psiquiatra, movida pela força de sua indignação com o tratamento oferecido aos pacientes dos hospitais psiquiátricos. Para ela, o interesse pelas atividades artísticas era parte de uma preocupação com os rumos que a psiquiatria vinha tomando, e estava vinculado ao compromisso de criar procedimentos terapêuticos de caráter humanista para o tratamento da esquizofrenia.

Quando Nise da Silveira iniciou seu trabalho no Centro Psiquiátrico Nacional (CPN), hoje Centro Psiquiátrico Pedro II, no Rio de Janeiro, em 1946, a psiquiatria já havia escolhido e sedimentado sua linha de desenvolvimento. A polarização que ainda existia no Juqueri dos anos 1920 entre as práticas ergoterápicas e a psiquiatria científica havia se desfeito. A ergoterapia fora condenada ao limbo, e a prática clínica corrente baseava-se em eletrochoques, lobotomias e, posteriormente, em terapia química. Nise opôs-se frontalmente a tais procedimentos e colocou-se em um embate contra a psiquiatria de seu tempo, em uma época na qual a psiquiatria e sua instituição ainda não haviam sido colocadas em discussão. Optou por seguir o caminho da terapêutica ocupacional, considerado na época um método subalterno, destinado a "distrair" ou contribuir para a economia hospitalar. Até o fim da vida continuou lutando contra as práticas hegemônicas: o uso abusivo de neurolépticos, as internações sucessivas, enfim, tudo aquilo que caracteriza, como ela dizia, os "tristes lugares" que são os hospitais psiquiátricos.

No início dessa batalha, ela se exilou no Setor de Terapêutica Ocupacional e Reabilitação do CPN. Para ela, "o exercício de múltiplas atividades ocupacionais revelava que o mundo interno do psicótico encerra insuspeitadas riquezas e as conserva mesmo depois de longos anos de doença, contrariando conceitos estabelecidos" (Silveira, 1981, p. 11). Seu interesse era penetrar no mundo interno dos esquizofrênicos, aproximar-se deles, conhecer-lhes a dor e, ao mesmo tempo, melhorar as condições de vida dos internos do hospital. Dessa forma, passou a gerenciar um setor sem recursos e sem investimentos por parte da instituição. Mas ela se perguntava qual seria o lugar da terapêutica ocupacional em meio ao arsenal constituído pelos choques elétricos, pelo coma insulínico, pela psicocirurgia, pelos psicotrópicos que aprisionam o indivíduo numa camisa de força química? Um método que utilizava pintura, modelagem, música, trabalhos artesanais, seria logicamente julgado ingênuo e quase inócuo. (1992, p. 16)

Para sustentar esse método subalterno, Nise tinha de lhe dar fundamentação científica, transformando-o em um campo de pesquisa.

Assim, desde o início imprimiu ao trabalho uma orientação própria: sua preocupação era de natureza teórica e clínica na tentativa de construir uma terapêutica ocupacional cientificamente orientada.

Durante todo o tempo em que dirigiu o Setor de Terapêutica Ocupacional e Reabilitação (STOR), diferentes pesquisas foram desenvolvidas com o intuito, entre outros, de registrar os resultados obtidos com a utilização de atividades, comprovar a eficácia dessa forma de tratamento, investigar efeitos nocivos dos tratamentos psiquiátricos tradicionais, comprovar capacidades criativas e de aprendizado dos esquizofrênicos.

Em 1966, a psiquiatra publicou na *Revista Brasileira de Saúde Mental* um relatório intitulado "20 anos de terapêutica ocupacional em Engenho de Dentro", posteriormente transformado em livro com o título de *Terapêutica ocupacional: teoria e prática*. A discussão foi introduzida com uma pesquisa sobre os fundamentos da terapêutica ocupacional de acordo com vários autores e, em seguida, foram apresentados o histórico e os princípios básicos do trabalho realizado no Centro Psiquiátrico Pedro II.

A terapêutica ocupacional, entendida em um amplo sentido, tinha como objetivo encontrar atividades que permitissem àqueles que estão mergulhados no inconsciente a expressão de vivências não verbalizáveis. O interesse de Nise era encontrar o doente, estabelecer com ele algum tipo de relação, abrir-lhe espaço para que ele pudesse dizer sua verdade. Para isso era preciso partir do nível não-verbal.

Com a recuperação do STOR, foram desenvolvidos progressivamente dezessete núcleos de atividades: encadernação, marcenaria, trabalhos manuais, costura, música, dança, teatro etc. Nesses núcleos se procurava criar um clima de liberdade, sem coação, no qual, por meio das atividades, fosse possível estimular o fortalecimento do ego dos pacientes, a progressiva ampliação do relacionamento com o meio social e a descoberta de meios de expressão. Nise postulava que todas as atividades são expressivas quando se sabe observar como o indivíduo as executa. E acreditava, também, que "se houver um alto grau de crispação da consciência, muitas vezes só as mãos são capazes de fantasia" (Jung *apud* Silveira, 1981, p. 102).

O Centro Psiquiátrico possuía 1.500 pacientes hospitalizados, normalmente deixados no pátio do hospital. Os ateliês atraíam para seus diversos setores essas pessoas abandonadas a uma vida vazia e sem sentido. Era o início de uma luta para transformar o ambiente hospitalar. Nise afirmava que o hospital colaborava com a doença e atribuía à terapêutica ocupacional parte importante na mudança no ambiente hospitalar, desde que o objetivo das oficinas não fosse trazer benefícios à instituição.

Infelizmente, o número de internos que frequentava os núcleos de atividades era pequeno. Talvez pela não-aceitação das ocupações como agentes terapêuticos, os psiquiatras não indicavam a seus pacientes esse tratamento. Aqueles que vinham ao setor o faziam por iniciativa própria ou por serem convidados por algum monitor. Para Nise, o desinteresse por parte da psiquiatria foi responsável, também, pelo fechamento de várias oficinas. Apenas o ateliê de pintura e algumas oficinas de apoio anexas às atividades plásticas foram mantidas.

Segundo Almir Mavignier (2000), que trabalhou inicialmente em um setor administrativo do hospital, foi em uma exposição de trabalhos manuais do STOR que ele propôs a Nise da Silveira a organização de um ateliê de pintura para os internos. Como a ideia vinha ao *encontro* de um antigo projeto da doutora, Mavignier solicitou sua transferência para lá e juntos se puseram a trabalhar para implementá-la.

Quando o ateliê de pintura foi aberto, Nise relata que o objetivo era buscar um acesso ao mundo interno do psicótico, considerando que as pinturas fornecessem material a ser trabalhado em sessão psicoterápica, mas se surpreendeu ao constatar que o próprio ato de pintar poderia adquirir, por si mesmo, qualidades terapêuticas. Por meio da pintura, a médica observou a presença de uma pulsão configuradora de imagens e a manifestação de intensa exaltação da criatividade, sobrevivendo mesmo nos pacientes considerados mais graves. O resultado disso foi uma produção plástica em número abundante, em um contraste com a atividade reduzida de seus autores fora do ateliê.

Para compreender esse fenômeno, Nise recorreu à psicologia junguiana e sua concepção de símbolo como mecanismo psicológico que transforma energia psíquica.

> As imagens do inconsciente, objetivadas na pintura, tornavam-se passíveis de uma certa forma de trato, mesmo sem que houvesse nítida tomada de consciência de suas significações profundas. Lidando com elas, plasmando-as com suas próprias mãos, o doente as via agora menos apavorantes e até inofensivas. Ficavam despojadas de suas fortes e desintegrantes cargas energéticas. (Silveira, s/d, p. 32)

Nas pinturas que iam sendo produzidas, a presença de imagens de grande harmonia, construídas em torno de um centro e de figuras que se ligavam a mitos ancestrais chamou também a atenção da psiquiatra. Ela escreveu para Jung com o intuito de discutir os significados dessas imagens. Jung lhe respondeu que algumas delas eram mandalas: imagens que indicam uma tendência inconsciente a compensar o caos interior e buscar um ponto central na psique como tentativa de reconstruir a personalidade dividida. As mandalas serviam ao restabelecimento de uma ordem pré-existente, mas também ao propósito criador de dar forma e expressão a alguma coisa que ainda não existe, algo novo e único. Jung então a aconselhou a estudar mitologia, história da arte e antropologia para poder compreender aquilo que se revelava nessas imagens: o inconsciente coletivo e seu poder de autocura.

O método de leitura de imagens desenvolvido pelo museu, de base teórica junguiana, introduziu uma novidade na forma como até então a psiquiatria tinha tomado essas produções. Nise da Silveira afirmava que uma pintura nunca é o mero reflexo de sintomas e que "a produção plástica dos psicóticos ia muito além das representações distorcidas e veladas dos conteúdos pessoais reprimidos" (1981, p. 51). Nessa perspectiva, ao pintar, o indivíduo não somente expressa a si mesmo, mas cria algo novo, produz um símbolo, e esta produção tem efeitos de transformação tanto na realidade psíquica como na realidade compartilhada.

Por fim, desde o início Nise foi surpreendida pela qualidade de muitos desenhos, pinturas e modelagens. Essa qualidade fascinava e entusiasmava ainda mais Almir Mavignier, que havia se tornado um dos monitores do ateliê de pintura. Mavignier estava ali, segundo relato próprio, como pintor e não como psiquiatra, e interessava-se pelos artistas a descobrir. Sua presença contribuía também para dar ao ateliê um caráter de verdadeiro espaço de criação artística, contribuindo com conhecimentos técnicos e com sua sensibilidade estética.

Além disso, Mavignier teve um papel fundamental nos desdobramentos que o trabalho veio a ganhar, pois foi o primeiro elo entre a experiência no Engenho de Dentro e o grupo de artistas plásticos cariocas que havia se reunido em torno de Ivan Serpa e que, em 1953, apresentou-se em uma exposição sob o nome de Grupo Frente. Frequentemente trazia amigos que, como ele, estavam se iniciando nas artes plásticas, entre eles, Abraham Palatnik e também o próprio Ivan Serpa. Juntos montaram e ordenaram as primeiras séries de desenhos e pinturas. Foi ele também que convidou Mário Pedrosa a conhecer o trabalho do museu.

A quantidade e a qualidade dos trabalhos os levaram a organizar a primeira exposição dessas produções, em 1947, no Ministério da Educação no Rio de Janeiro. Mário Pedrosa – que visitou e escreveu sobre essa exposição – passou, a partir daí, a frequentar o ateliê de pintura. Em 1949, o crítico mostrou as obras a Leon Degand, então diretor do Museu de Arte Moderna de São Paulo, que ficou bastante impressionado com os trabalhos produzidos e propôs a realização de uma mostra no museu que dirigia.

Em torno dessas primeiras exposições teve lugar uma polêmica entre os críticos de arte, protagonizada por Mário Pedrosa e Quirino Campofiorito, na qual nos debruçaremos mais adiante. É importante salientar que os críticos de arte mostraram-se muito mais atentos ao fenômeno da produção plástica dos internos do Engenho de Dentro que os psiquiatras brasileiros, inicialmente os interlocutores que Nise buscava alcançar. Mais que isso, a doutora chamava a atenção para o fato de que a maioria dos psiquiatras se recusava a aceitar qualquer valor artístico desses trabalhos plásticos, insistindo na ideia de arte psicopatológica, procurando neles apenas sintomas e reflexo de ruína psíquica.

Nise manteve sempre certa discrição quanto a se posicionar sobre a qualidade estética dos trabalhos produzidos no ateliê, deixando essa tarefa para os críticos e se dedicando ao estudo científico dos problemas que essa produção levantava. No entanto, a possibilidade de que entre seus pacientes houvesse alguns com capacidades artísticas era vista por ela com naturalidade:

> Haverá doentes artistas e não artistas, assim como entre os indivíduos que se mantêm dentro das imprecisas fronteiras da normalidade só alguns possuem a força de criar formas dotadas do poder de suscitar emoções naqueles que as contemplam. (In: Gullar, 1996, p. 96)

Enquanto a experiência nos ateliês do Setor de Terapêutica Ocupacional foi se tornando conhecida nos meios artísticos, Nise da Silveira e sua equipe deparam com o problema cada vez mais complexo de ajudar os artistas revelados no Engenho de Dentro, propiciando-lhes um futuro menos trágico e, ao mesmo tempo, preservando suas obras. Assim, em 1952, foi criado o Museu de Imagens do Inconsciente, com o intuito de organizar e catalogar uma produção que aumentava a cada dia – o que permitiria o desenvolvimento de uma série de pesquisas em torno dessas imagens e também a constituição de um abrigo que se completaria em uma comunidade.

No curso do seu desenvolvimento, esse museu passou a ser considerado um museu de arte, embora seu surgimento estivesse ligado a um interesse científico e clínico pelas produções e seus produtores. Diferente de Osório César, o interesse de Nise da Silveira pela pintura era decorrente de sua investigação clínica e não de uma aproximação primeira com o campo da arte.

Mas, se Nise se manteve no campo da psiquiatria, não deixou de, durante todo o desenvolvimento de seu trabalho, buscar parcerias no campo das artes. Demonstrando excepcional capacidade de articulação entre campos de conhecimento, desde o início propôs que o museu se tornasse um centro de estudos aberto não só a psiquiatras, mas também a antropólogos, artistas, historiadores, psicólogos e críticos de arte. Em 1968, formou-se o Grupo de Estudos do Museu de Imagens do Inconsciente, constituído por profissionais de diversas áreas de atuação interessados pela atividade criadora.

Além da participação nos grupos de estudos, Nise convidava profissionais de outras áreas para participar do trabalho prático no ateliê, o que aponta para uma proposta de caráter interdisciplinar, colocando em questão a univocidade da fala e do saber médico sobre a loucura. Por meio dessas colaborações, os trabalhos ali realizados foram conectados ao mundo das artes, possibilitando que outros olhares tornassem visíveis traços e linguagens que escapavam ao olhar do especialista médico.

Podemos pensar que mesmo a ideia de criação de um museu vem da contaminação pelo campo da arte. Estávamos em um momento de fermentação estética que culminou com aquilo que Mário Pedrosa chamou de "a moda dos museus": o Museu de Arte de São Paulo (Masp) foi criado em 1947; o de Arte Moderna, 1948; o MAM, do Rio, em 1949; e a primeira Bienal foi realizada em 1951.

Além da criação do museu, as exposições dos trabalhos produzidos no Engenho de Dentro tornaram-se frequentes em reuniões e congressos de psiquiatria, e também em espaços dedicados a arte: no Museu de Arte de São Paulo (Masp) e em Paris, Zurique, Roma etc., sempre atraindo grande número de visitantes.

Se as exposições estiveram no início ligadas ao campo médico, as obras e seus artistas foram, aos poucos, desprendendo-se de sua origem e seu vínculo com a instituição psiquiátrica para fazer seu percurso no universo cultural – como podemos perceber ao ler os depoimentos dos visitantes da Exposição de Arte Incomum, na XVI Bienal de São Paulo, e ver de que forma aquelas obras passaram a afetar o público (Frayze-Pereira, 1995).

Essas exposições tinham o poder de interpelar seus visitantes, levando-os a se perguntar: Como loucos, relegados a uma vida restrita, internados em grandes asilos, podiam produzir trabalhos tão belos? Para Nise, havia uma resposta: porque o mundo psicótico possui insuspeitáveis riquezas. Porque, como sistema vivo, a psique tem um movimento próprio que se direciona para a cura e a saúde, movimento que é preciso acompanhar, no desenrolar de um processo terapêutico.

Nesse sentido, os trabalhos produzidos nos ateliês e suas exposições eram também armas de combate ao manicômio e ao tratamento psiquiátrico hegemônico, aliados na luta pela transformação cultural de certa concepção de loucura e de louco. Nas palavras de Nise, presentes no catálogo da exposição de 1949 no MAM:

> Seja a exposição agora apresentada uma mensagem de apelo, neste sentido, dirigida a todos os que aqui vieram e participaram intimamente do encantamento de formas e de obras criadas por seres humanos encerrados nos tristes lugares que são os hospitais para alienados. (In: Gullar, 1996, p. 98)

As exposições das obras do acervo do Museu se mostraram uma estratégia de agenciar essas produções, fazê-las entrar no circuito da produção cultural, transformando pacientes psiquiátricos em artistas que contribuíram para o manancial cultural da humanidade. Hoje o museu tem em torno de 350 mil obras, em uma apertada reserva técnica, e desempenha um papel importante na transformação cultural em direção a uma sociedade mais tolerante, que pode enriquecer com suas diferenças. Para Nélson Aguilar, o Museu de Imagens do Inconsciente é uma espécie de produto da arte moderna e é, dos institutos afins, o que tem o mais longevo e bem-sucedido acervo criado com base em um programa de terapia ocupacional.

O trabalho de Nise da Silveira, de grande sensibilidade e delicadeza, possibilitou estranhamentos e novas afetações, instaurando novos regimes de sensibilidade. Abriu espaço para manifestações e criações loucas e afirmou a importância de uma escuta atenta e interessada por essas produções. Assim a psiquiatra, mesmo trabalhando dentro do manicômio com elementos que lhe são próprios, introduziu outra lógica gerando conflito no espaço asilar e fora dele, criando novas possibilidades de vida.

Segundo Mário Pedrosa:

> A primeira coisa a constatar [nos artistas do Museu] – com mais ou menos talento, mais ou menos atacados na enfermidade – é que nenhum poderia ser o que são ou o que foram no isolamento. [...] Na solidão poderiam qualquer deles ter sido simplesmente destruído pela vida. A sociedade de Engenho de Dentro, com toda a precariedade de seus recursos, lhes deu âncora à vida. (1980, p. 11)

Essa experiência produziu também transformações importantes na relação que vinha se constituindo entre os campos da arte e da clínica na sua articulação com a loucura. Ao deslocar a ênfase da psicanálise (colorida por uma tonalidade psiquiátrica) para a terapia ocupacional (construída como resistência e oposição à hegemonia psiquiátrica), vemos que o foco principal muda da investigação psicopatológica das produções dos doentes para a construção de uma técnica de tratamento para pacientes internos em hospitais psiquiátricos públicos, e para a pesquisa em torno dessa técnica e seus efeitos.

Assim, a questão terapêutica ganha um lugar de relevância chegando mesmo a superar a importância da função diagnóstica. Nise entendia por terapêutica uma ação desenvolvida em um ambiente acolhedor que, diferenciando-se do ambiente hospitalar no qual está inserido, transformava-se em espaço significativo. O ateliê era preparado pelo monitor de forma a dar continência aos internos – suas dores, seus silêncios, seus ritmos, seu tempo – e, ao mesmo tempo, estimular os processos de criação. A psiquiatra acreditava que o processo terapêutico só poderia se desenvolver se, no ambiente em que vivesse, o paciente encontrasse o suporte do afeto. Nesse sentido, valorizava, como ela dizia, a pessoa humana do monitor, sua sensibilidade e intuição.

Estamos falando da criação de um dispositivo que possibilitou uma série de desdobramentos. Jung, ao visitar a exposição do Centro Psiquiátrico Nacional, em Zurique, em 1957, apontava para a diferença desses trabalhos em comparação com os de outras coleções de hospitais psiquiátricos, porque apresentavam harmonia de formas e de cores – o que, segundo ele, não era habitual na pintura dos esquizofrênicos –, e perguntava sobre o ambiente no qual esses doentes pintavam.

A presença constante de um monitor visava não à interferência nos trabalhos dos pacientes, mas à oferta de um *afeto catalisador* do processo terapêutico que estimulasse a criatividade. Nise da Silveira utilizou o conceito de *afeto* de Spinoza como um afeto que seria produzido por um bom encontro, e o associou à ideia de um disparador do processo de cura – tomando a ideia de catalisador da química, substância cuja presença acelera a velocidade das reações.

A história da chegada de Emygdio ao ateliê de pintura exemplifica bem o papel dessa sensibilidade do monitor na construção do dispositivo. Nas normas de funcionamento do STOR, os pacientes deveriam ser encaminhados por seus médicos; no entanto, um dos monitores desrespeitou essa norma e convidou Emygdio, internado no hospital há 23 anos, porque, segundo ele, vinha notando havia vários dias "no canto do olho" desse paciente o desejo de acompanhá-lo ao STOR.

Mas, mesmo considerando que as teorias valem menos que "o esforço impregnado de simpatia para penetrar no mundo interior do doente" (Silveira, s/d, p. 18), a formação do monitor foi sempre uma questão fundamental para Nise da Silveira, que organizou vários cursos para os monitores que trabalhavam nos ateliês. Essa formação, que deveria ser contínua, compreendia conhecimentos em várias áreas, da psiquiatria e psicologia à mitologia, arte e antropologia. O objetivo era que esses monitores pudessem compreender o processo psicótico, o processo de cura posto em marcha pela atividade artística, além de fazer conexões entre as imagens produzidas, a situação emocional do interno e produtos culturais de outras épocas e outros lugares, por meio do estudo de séries de imagens.

Todo esse empreendimento só foi possível porque houve uma transformação de fundo no entendimento em relação aos trabalhos produzidos pelos pacientes: esses trabalhos passaram a ser vistos não mais como sintoma – sinal de um *deficit* –, mas como símbolos, isto é, produção de algo novo. Nesse contexto, a exploração do inconsciente, o estudo teórico da psicologia, da mitologia, das produções culturais e a pesquisa estética são ferramentas para empreender a tarefa de tratar. O mote central do trabalho, como afirmou a psiquiatra, "é acompanhar o doente nessa viagem" (Silveira, in: *Encontro com pessoas notáveis nº 1*, 1992).

Para compreendermos melhor esses deslocamentos, vamos nos aproximar de dois agenciamentos com base nos quais o trabalho no Setor de Terapêutica Ocupacional do Engenho de Dentro foi produzido: a teoria junguiana naquilo que diz respeito às concepções de arte e de símbolo, na qual a leitura que Nise fez dos trabalhos de seus pacientes está baseada; os trabalhos e as proposições de artistas e críticos cariocas que estiveram atentos e dialogaram com o que estava sendo produzido dentro do hospital.

Uma diferença se insinua e merece ser mais bem investigada: a relação que foi se estabelecendo entre os artistas e as obras de fora e os artistas e as obras de dentro do Hospital Psiquiátrico parece ter se pautado mais nos procedimentos e nas qualidades estéticas que na ideia da expressão do inconsciente de uns e outros, mesmo que essa ideia estivesse presente de forma inequívoca no trabalho de Nise. Interessante paradoxo: Nise da Silveira nunca discutiu o valor artístico dos trabalhos produzidos nos ateliês por ela dirigidos, diferentemente de seu colega psiquiatra Osório Cesar, que era também crítico de arte. No entanto, o agenciamento que estabeleceu com artistas e críticos – a atmosfera cultural em que se desenvolveu sua aventura teórico-prática – possibilitou que alguns dos trabalhos realizados nos ateliês se desprendessem do rótulo de arte de loucos e que alguns artistas ali revelados entrassem para o rol dos grandes artistas brasileiros. Emygdio chegou até mesmo a representar o Brasil na Bienal de Veneza.

OLHARES DA CLÍNICA SOBRE A ARTE: AS CONCEPÇÕES DE ARTE PRESENTES NO PENSAMENTO DE JUNG

Gostaríamos de fazer um pequeno passeio pela psicologia analítica para poder compreender em que o agenciamento com essa teoria possibilitou um deslocamento de coordenadas em nosso território. É importante ressaltar que, ao se encontrar com esse corpo de conhecimento, Nise da Silveira já se dedicava à terapêutica ocupacional; seu interesse maior já havia se voltado para o ateliê de pintura e já propunha as atividades artísticas visando aos efeitos terapêuticos. O encontro com a teoria junguiana fortaleceu o que já estava sendo feito e forneceu subsídios para responder a questões que a prática nos ateliês colocava, tanto no que se refere às atividades artísticas, quanto ao trabalho clínico com psicóticos, ao qual Jung se dedicava. A psiquiatra, contudo, considerava as teorias como ferramentas e dizia que o mais importante é a mão que as maneja.

No livro *Terapêutica ocupacional: teoria e prática*, como vimos, a autora apresenta uma pesquisa sobre os fundamentos teóricos da terapêutica ocupacional com base em vários autores, tratando também de Freud e Jung. Para ela, a psicanálise situa o trabalho socialmente valorizado entre os melhores meios para promover a satisfação das exigências pulsionais por via da sublimação. Sendo assim,

> o psicanalista, partindo da suposição que as manifestações patológicas são tentativas deformadas para satisfazer necessidades instintivas [...] recitará ocupações que de algum modo possam vir a satisfazer essas necessidades motivadoras da doença, portanto atividades que se desenvolvam no mesmo sentido dos sintomas, com a diferença fundamental de realizarem-se através de comportamentos construtivos e aceitos socialmente. (s/d, p. 15)

Em um texto posterior, Nise da Silveira (1992) acrescentaria que, no que diz respeito ao tratamento de imagens, a teoria freudiana coloca-as em um plano secundário em relação à palavra. Sendo assim, o tratamento psicanalítico visaria encontrar o pensamento verbal, que estaria escondido ou disfarçado nas imagens, dando sempre mais importância ao conteúdo que à forma.

Ao contrário, a psicologia analítica daria grande importância às imagens. A autora afirmou que, embora não conhecesse estudos específicos sobre terapêutica ocupacional desenvolvidos com base nessa teoria, podia-se encontrar base sólida para pensá-la como psicoterapia de nível não-verbal. O método psicoterapêutico de Jung estava profundamente impregnado de atividades que seriam utilizadas com o objetivo de dar expressão ao que é inexprimível pela palavra para que pudesse ser integrado. As imagens eram privilegiadas por ser um meio de dar forma objetiva a experiências internas, despotencializando imagens inconscientes de sua força desintegradora. Nessa concepção, a imagem não careceria de interpretação porque, quando uma imagem se configurasse, a significação também se tornaria clara.

Para melhor compreender essas diferenças, nos aproximaremos da teoria junguiana. Obviamente nosso intuito não é apresentar essa complexa teoria, como também não o fizemos no caso da psicanálise, mas apenas apontar em linhas gerais a concepção de arte nela presente, particularmente os pontos em que essa concepção difere da freudiana.

O próprio Jung, em dois textos dedicados a esta questão – o primeiro de 1922 e o segundo de 1930 –, iniciou por apresentar sucintamente a visão freudiana de arte para então demarcar as questões em que se afastava da psicanálise. Para ele, a psicanálise tinha o mérito de haver demonstrado a presença eventual da psicologia pessoal do artista nas raízes e mesmo nas ramificações mais tênues de sua obra (Jung, 1930).

No entanto, para o autor, se a criação estava entrelaçada com a vida pessoal do artista, ela também se projetava para fora desse entrelaçamento, e aquilo que fazia dela uma obra de arte era o poder de se elevar acima dos aspectos pessoais. Desse ponto de vista, o método freudiano mostrava-se redutivo ao analisar uma obra de arte com base na história e nos recalques pessoais e, portanto, como uma neurose, ignorando uma realidade impessoal e até mesmo inumana ou sobre-humana que estaria presente na obra. Além disso, esse método frequentemente fazia a análise se desviar da obra de arte para se perder em um labirinto de pressupostos psíquicos e de explicações monótonas e repetitivas, transformando o artista em um caso clínico (Jung, 1922).

Jung chegou a comparar esse método com aquele da anatomia patológica, em uma passagem irônica e mordaz:

Esta dissecação é realmente muito interessante e talvez tenha o mesmo valor científico que a autópsia feita no cérebro de Nietzsche, pois só ela podia mostrar qual a forma atípica de paralisia que provocara sua morte. Teria isso algo a ver com Zaratustra? Não importam suas motivações ocultas e mais profundas; não é ele um mundo todo e único em si, que está além da insuficiência humana – demasiadamente humana – além das enxaquecas e das atrofias das células cerebrais? (1922, p. 58)

Jung insistia que era preciso distinguir a arte de um fenômeno patológico. Para ele os campos da arte e da psicologia só podiam explicar-se por si mesmos e não deviam ser reduzidos um ao outro, assim como nunca caberia à psicologia opinar sobre o valor estético de uma obra de arte.

No entanto, pensava que existia uma estreita conexão entre eles, e esta conexão estaria no estudo das obras e seus processos de criação ou no estudo das circunstâncias psicológicas do homem criador. Mas é fundamental atentar para o fato de que as duas tarefas são essencialmente diferentes. Um estudo da obra de arte não deveria se deter a investigar as vivências íntimas e pessoais do artista, ou os condicionamentos prévios a que está submetido como todas as pessoas, o que só levaria a conclusões terrivelmente monótonas. Isso porque, se a obra de arte e o artista estão ligados por uma profunda relação, eles não se explicam mutuamente. Uma obra não é um "mero sintoma" (Jung, 1930, p. 75).

O estudo psicológico do homem que faz uma obra não poderia, portanto, revelar o mistério da criação artística, mas apenas o aparelho psíquico de uma pessoa específica. Já o artista só poderia ser compreendido com base em sua arte e seu ato criador; nunca por meio das deficiências ou insuficiências de sua estrutura ou de seus conflitos pessoais. Para Jung, todo criador comporta uma dualidade; é uma síntese de qualidades paradoxais. Nele convivem uma personalidade humana e um processo criador, impessoal. O homem poderia ser pensado como produtor da obra. Já o artista estaria submetido à sua obra e seria produzido por um impulso que o levava ao devir. E aqui Jung produziu uma considerável inversão: não eram as características psicológicas da pessoa do artista que determinariam a obra, mas a obra que, sendo o destino do artista, determinaria sua psicologia.

A partir dessas considerações, Jung deslocou o estudo que se centrava no artista como pessoa para investigar a obra, seu processo de criação e o impulso criativo que a gerava, o qual, segundo ele, brotava do inconsciente. Então, a relação entre a obra de arte e o inconsciente não estaria nos conteúdos, manifestos ou latentes que ela apresentava (ou representava), mas no impulso criador do qual ele seria fruto.

Na perspectiva da análise dos processos da atividade criadora que fez surgir a obra, Jung afirmava que existiriam dois tipos de obra. O primeiro é o das que nascem da determinação do autor, visando a resultados específicos, que seriam frutos de uma intenção consciente e de um modo psicológico de criar. Teriam como tema os conteúdos que se movem nos limites da consciência humana e que nos são conhecidos, como as paixões, os sofrimentos do homem, suas realizações e seu destino. Para Jung, mesmo nesse tipo de obra, o autor só seria, aparentemente, livre para criar a partir de sua vontade: "ele acredita estar nadando mas na realidade está sendo levado por uma corrente invisível" (1922, p. 63). O segundo tipo é o das obras que claramente se imporiam ao autor, surpreendendo-o e vindo à luz prontas e completas. O autor ficaria como que tomado por uma torrente de imagens e pensamentos que não havia pensado anteriormente em criar e sente como se estivesse submetido à obra cujo tema ou conteúdo da elaboração artística nos é desconhecido.

Frequentemente encontramos depoimentos de artistas e escritores sobre seus processos de criação que revelam essa submissão do criador à obra. Bispo do Rosário, por exemplo, em conversa com uma mulher, encantada com sua obra e que lhe disse que fazer aquilo deveria ser uma glória, responde: "Não, não é glória, não. Eu faço isso obrigado. Senão não fazia nada disso. [...] recebo ordens e sou obrigado a fazer", e acrescentou que sua obra era sua missão na terra (*apud* Hidalgo, 1996, p. 142). Depoimentos desse tipo são proferidos também por artistas consagrados como Kandinsky ou Picasso, o que nos leva a considerar que o processo de criação artística envolve uma possibilidade de colocar o corpo e a vida à disposição do movimento criador e daquilo que se cria.

Para Kandinsky, o artista não deveria se considerar o senhor da situação, "mas alguém que está a serviço de um ideal particularmente elevado, o que lhe impõe deveres preciosos e sagrados" (1996, p. 128). Para Picasso, "a arte é mais forte do que eu. Obriga-me a fazer o que quer" (*apud* Righetti, 1970, p. 46).

Em um texto de 1930, Jung denomina essa forma de criação – na qual a obra se impõe ao autor – de modo visionário de criar. Uma forma que "rasga de alto a baixo a cortina na qual estão pintadas as imagens cósmicas, permitindo uma visão das profundezas incompreensíveis daquilo que ainda não se formou". E o autor se pergunta: "Trata-se de outros mundos?" (p. 79). As obras assim criadas nada evocam daquilo que nos é cotidiano, e frequentemente nos causam perturbadora impressão de estranheza, surpreendendo, desconsertando e até causando repugnância.

Entre um e outro tipo de obra existem numerosas combinações possíveis. Para Nise da Silveira (1984), o artista pode sentir-se ativo ou passivo em graus diferentes quanto ao modo como se realiza em si próprio o processo criador.

Jung afirmava que os materiais fornecidos pelos psicóticos possuíam muitas vezes conteúdos próximos daqueles encontrados em obras de arte visionárias, e alertava: com frequência somos tentados a explicar esse tipo de obra – realizada por psicóticos ou não – com base nas experiências pessoais do autor, tomando-as como sintoma de um suposto caos interno e de degeneração psíquica. "Desta tendência explicativa à suposição de que poderia tratar-se de uma criação mórbida e neurótica não vai um passo" (Jung, 1930, p. 80).

No estudo que Jung dedicou ao *Ulisses* de James Joyce, ele apontou que na leitura desse texto tudo parecia familiar demais ao psiquiatra: escritos intermináveis e fragmentados com divagações enlouquecidas. Mas afirmou:

> jamais me ocorreria classificar *Ulisses* como um produto esquizofrênico. Além do mais, nada se ganharia com isto, pois o que nós queremos saber é por que *Ulisses* exerce tamanha influência e não se o autor é esquizofrênico em grau ligeiro ou profundo. (1932, p. 101)

Seja qual for a condição psíquica do criador, para Jung uma obra de arte deveria ser vista como uma reorganização criativa daquelas mesmas condições das quais uma psicologia causalista gostaria de derivá-la. Ela traz justamente a possibilidade de libertação das estreitezas e dificuldades daquilo que é pessoal.

Nessa visão, artistas apresentariam uma proximidade com doentes ou com pessoas que ocupam lugares marginais na sociedade. Em primeiro lugar, para Jung, o ofício do artista exigiria dele, muitas vezes, o abandono daquilo que seria crucial para a felicidade do homem comum; aquilo que Jung chamava de seu lado humano seria muitas vezes sacrificado em benefício de seu lado criador. Mas aquilo que poderia parecer à primeira vista uma perda de saúde e de autonomia, poderia ser visto sob outra ótica como uma vantagem. Estaríamos aqui próximos do que Nietzsche chamou de *grande saúde*. Se o artista, muitas vezes, não está adequado ao que a tendência geral de uma época chama de bem, saúde ou felicidade e tem de caminhar por atalhos e desvios, sua relativa inadaptação permite-lhe permanecer afastado da estrada principal, seguir seus próprios anseios e encontrar aquilo que margeia esta estrada, à espera de poder participar da vida.

Para Jung (1922), a criação seria produto do inconsciente, mas o inconsciente concebido por ele não é apenas pessoal, marcado pelas vivências individuais. Há neste inconsciente uma esfera habitada por mitos de toda ordem, imagens primitivas, memórias ancestrais da humanidade, enfim, um inconsciente que é também coletivo. Jung explicou que a esfera coletiva do inconsciente não é, como o inconsciente pessoal, passível de tornar-se consciente, pois não é fruto de repressão ou esquecimento. Essa dimensão inconsciente nem sequer existiria de fato; seria uma possibilidade que nos foi legada desde tempos imemoriais na forma de imagens mnemônicas. Assim, na produção de uma obra participariam tanto a esfera pessoal do inconsciente quanto a coletiva. No entanto, se os mananciais que fluem do inconsciente pessoal para compor uma obra são predominantes, eles fazem dela um sintoma e não um símbolo.

Outro ponto importante a ressaltar na concepção junguiana de inconsciente é que, nessa perspectiva, o inconsciente é algo que produz e não apenas que armazena, conserva e expressa. Ele não é somente um simples depósito do passado, mas está cheio de ideias germinais; pensamentos inteiramente novos podem surgir dele. Mas, para Jung, o que o inconsciente produziria? Símbolos.

Jung opôs a noção de símbolo àquela de sinal. O sinal seria um indício, indicaria a presença — passada, presente ou futura — de algo ao qual estaria diretamente ligado. Assim, o sinal poderia ser também pensado como um sintoma, um signo diante do qual poderíamos inferir a presença de um estado patológico. Para Jung, os conteúdos da consciência que nos revelam algo a respeito do pano de fundo inconsciente fazem o papel de sinais ou sintomas, indicando os processos subliminares dos quais são expressão.

O símbolo, por sua vez, deveria ser compreendido como veículo para certa concepção. O homem cria um símbolo para se referir a algo para o que ainda não se encontrou uma forma melhor. Os símbolos são pontes lançadas ao invisível e, portanto, sempre um desafio à nossa reflexão e compreensão. Uma palavra ou imagem é simbólica quando faz referência a alguma coisa além do seu significado manifesto.

O que importa para nós nessas reflexões é a ideia de que, na concepção junguiana, uma produção plástica, uma criação de qualquer tipo, nunca é somente um sintoma – indicativo de algo que está encerrado no inconsciente; mas, como símbolo, é uma criação que comporta algo de novidade. Se o símbolo é expressão do inconsciente que o produz, é expressão não só dos conteúdos deste inconsciente, mas também, sobretudo, de sua produtividade. Além disso, esse novo elemento criado tem o poder de produzir efeitos naquele que cria, na sua relação com o mundo, e naquele que entra em contato com a obra. Esse efeito produzido é mais importante que a questão do sentido da obra, do que ela quer dizer. No texto dedicado a pensar o *Ulisses* de Joyce, Jung (1932, p. 116) afirmou:

> Oh! Ulisses, tu és um verdadeiro livro de devoção para o homem branco objetivamente crédulo, objetivamente amaldiçoado! Tu és um exercitium, uma ascese, um ritual cruel, um procedimento mágico [...]
> Tu nada dizes e nada revelas, ó Ulisses, mas produzes. Penélope não precisa mais tecer a túnica interminável, ela agora pode passear nos jardins da terra, pois seu esposo voltou para casa após todas as suas odisseias. Um mundo desapareceu e um novo se iniciou.

Ao criar mundos, os símbolos produzidos indicam um movimento no sentido da auto-organização e da autocura. E é por essa razão que tal concepção nos permite pensar as atividades artísticas como terapêuticas: sua realização não apenas revela um estado de coisas, mas transforma aquele que a realiza, levando-o a um novo estado.

Aqui encontramos uma inversão preciosa na perspectiva com a qual a clínica olha para a arte, instaurada pelo pensamento junguiano em seu agenciamento com a experiência do Engenho de Dentro. Começamos a nos aproximar de um ponto fundamental de nosso trabalho e da dobradiça que estamos tentando mapear: a arte deixa de ser a expressão de uma subjetividade particular para ser instrumento de produção de subjetividade.

Essa subjetividade produzida não é apenas a do artista, mas a de todos aqueles que entram em contato com a obra. Assim, Jung concluiu seu texto de 1922 dizendo que na criação artística não é o indivíduo, mas o povo que vibra. "Não se trata mais aí das alegrias e dores do indivíduo, mas da vida de toda a humanidade." É por isso que a biografia do artista "pode ser a de um filisteu, de um homem bom, de um neurótico, de um louco ou criminoso; interessante ou não, é secundária em relação ao que o poeta representa como ser criador" (1922, p. 93).

A expressão "imagens do inconsciente" só pode ser compreendida com base nessas considerações. Em geral, toma-se essa expressão de acordo com a ideia de que as imagens que os artistas do Museu de Imagens do Inconsciente criam são apenas reproduções daquelas que povoam seu inconsciente e que foram, magicamente, transportadas para a tela ou para o barro tal qual estavam na psique do artista. Mas, se assim pensarmos, estamos tomando essas imagens como sinais indicativos do que há no mundo interno do criador.

Não é esta a visão de Jung, muito menos a de Nise da Silveira. Para eles, as imagens são produções do inconsciente, símbolos criados para dar conta, organizar, dizer de uma realidade ou experiência que não é somente pessoal. São também parte de um processo de autocura e autoprodução, pois símbolos, além de serem produzidos, produzem efeitos, criam o próprio criador. Nesse sentido, o efeito clínico das atividades artísticas estaria na própria ação de construir as obras[1].

Há grande diferença entre falar sobre imagens durante uma sessão analítica e lutar durante horas com pincéis e tintas para dar forma a imagens fugidias. Cedo o indivíduo verifica que o ato de pintar o liberta de estados psíquicos de muito sofrimento. Dando forma às imagens internas, simultaneamente, ele se modela a si mesmo. (Silveira, 1981, p. 135)

Assim, as imagens criadas por Emygdio, Fernando Diniz ou Adelina não são retratos do inconsciente, mas produções deste, como de resto, qualquer símbolo criado pelo homem.

VISÕES DA ARTE SOBRE A CLÍNICA: MÁRIO PEDROSA E O "BOM ENCONTRO"[2] ENTRE A CRÍTICA DE ARTE E O MUSEU DE IMAGENS DO INCONSCIENTE

Além da articulação com o pensamento junguiano, outro encontro potencializou a experiência do Museu de Imagens do Inconsciente: aquele que se deu com artistas que colaboraram com os trabalhos dos ateliês e com críticos de arte que interferiram de modo crucial para a transformação da recepção do que ali se produzia. Enfocaremos neste item o diálogo com a crítica de arte, por meio de Mário Pedrosa, crítico que se dedicou a estudar e acompanhar tanto os artistas neoconcretos cariocas, como os artistas do Engenho de Dentro.

Pedrosa considerava indiscutível o valor artístico de muitas obras produzidas nos ateliês de terapêutica ocupacional e criou, para designar essas produções, o termo "arte virgem", diferenciando aquilo que estava adjetivando tanto da arte psicopatológica quanto da arte sem adjetivos. Da primeira, o crítico distinguia esta produção por não considerar questões patológicas das obras ou de seus autores, mas apenas as questões estéticas. Da segunda, por entender que os artistas que produziam no Engenho de Dentro não se interessavam por convenções estéticas e não estavam ligados a nenhuma escola. Criavam de modo livre e espontâneo. Em 1951, no texto "Forma e personalidade", Pedrosa associou o que chamava de arte virgem à arte bruta e definiu os produtores desse tipo de arte como "homens que não conseguem contemplar o mundo sem estremecer, comovidos".

De onde veio o interesse de Mário Pedrosa por essas produções? Talvez pudéssemos pensar que esse interesse surgiu de seu método crítico, cuja força, segundo Arantes (2000), estaria no seu modo de aproximação dos problemas da modernização artística brasileira, pensada sobre o fundo da desigualdade que marca a civilização capitalista no planeta. Seu ponto de vista era o da periferia, confrontando a norma metropolitana com seu desvio colonial. Seu interesse estava voltado para a diferença que a arte brasileira representava em relação à normalização ditada pelas culturas centrais.

Esse interesse pelo desvio, pela diferença, talvez tenha sido aquilo que o atraiu para aproximar-se da produção que se realizava no interior de um manicômio no Rio de Janeiro. Somava-se a isso seu engajamento político, a resistência que sempre exerceu diante dos constrangimentos que o capitalismo e seu mercado impõem à arte e às necessidades vitais humanas, seu interesse sempre renovado pela arte popular[3] e, por fim, sua convicção de que o que havia de mais genuíno e autêntico na arte moderna derivava de sua descoberta das formas artísticas primitivas, em geral mais livres e coletivas.

Mas é difícil dizer se essas características levaram Pedrosa ao Engenho de Dentro ou se foi justamente o encontro com Nise da Silveira, Raphael, Emygdio de Barros e Fernando Diniz que marcou profundamente sua trajetória e contribuiu para o desenvolvimento dessas marcas em seu pensamento. Segundo Arantes (1996), teria sido o interesse pelas expressões dos doentes mentais que o teria levado ao campo da psicologia da arte. Mais que isso. Em entrevista a Roberto Pontual em 1980, Pedrosa conta que a base de sua adesão a um projeto construtivo integral estaria naquilo que havia aprendido com a arte virgem: a ver nos movimentos artísticos mais avançados do século uma promessa de fusão entre o que a modernidade havia separado, a dimensão estética e a esfera ética, o experimento artístico e o vínculo social renovado.

Para Pedrosa (1970 [1995]), a iniciativa de Nise da Silveira de organizar para os internos de uma instituição psiquiátrica um Setor de Terapêutica Ocupacional com ênfase nas atividades artísticas e as exposições daí decorrentes, além de ter sido marcante no desenvolvimento de seu pensamento, teve enorme relevância cultural. Ele identificou essa iniciativa como um acontecimento dos mais importantes no campo artístico do Brasil antes da primeira Bienal. Acontecimento que interessa de perto às atividades de criação artística em geral e que foi responsável por romper com velhos preconceitos intelectualistas e concepções convencionais e acadêmicas quanto à natureza do fenômeno estético. Para o crítico, essa experiência foi componente importante do solo no qual germinou a arte contemporânea brasileira.

O encontro com o que chamou de arte virgem, ou mais especificamente com a experiência do Setor de Terapêutica Ocupacional do Centro Psiquiátrico Nacional, aconteceu prematuramente na carreira do crítico de arte. Em 1947, ele começara a se dedicar com regularidade à crítica de artes plásticas havia pouco tempo, quando proferiu uma conferência – "Arte, necessidade vital" – por ocasião do encerramento de uma exposição das produções realizadas no ateliê daquele setor, a primeira delas.

Para Otília Arantes (1996) esse é um dos textos mais sugestivos e originais de toda a produção crítica de Pedrosa, que, além de representar um marco no debate estético, enfatizou o caráter educativo e terapêutico da arte e apresentou uma síntese dos principais temas que ocupariam o crítico até o final de sua vida. Esse texto está, também, na origem de sua tese *Da natureza afetiva da forma na obra de arte*, redigida nos anos de 1948 e 1949, na qual a tentativa de compreender o caráter ao mesmo tempo afetivo e ordenado da forma e de resolver a dicotomia sujeito-objeto o levou ao encontro das teorias da Gestalt. Seu objetivo era conceber uma psicologia da obra de arte e não dos sujeitos envolvidos no fenômeno artístico, o que, segundo ele, o teria afastado da psicanálise.

Em "Arte, necessidade vital", Mário Pedrosa (1996 [1947a]) empreendeu uma viagem na tentativa de surpreender a arte em seus fundamentos vitais e psíquicos. Iniciou argumentando que a perplexidade e o estranhamento que cercavam uma exposição como aquela se devia a uma incompreensão do que fosse arte, fruto de um preconceito intelectualista que a tomava por uma atividade à parte, excepcional; o artista era visto como um ser envolto em um halo místico. O crítico dizia ainda mais: para estes, a Arte — que não perdeu a "maiúscula" — só interessa pelo seu resultado: a obra, objeto de consagração, fetiche da sociedade capitalista.

Pedrosa defenderia uma nova concepção de arte. Para justificá-la, ele faria um pequeno passeio pela história da arte para mostrar como, na sua origem, ela estava próxima das criações livres. E mais, que o contato dos artistas modernos com a arte dos povos ditos primitivos revelou novas organizações formais aos primeiros, exercendo um efeito revolucionário sobre sua sensibilidade, deixando a lição de que a arte não é produto somente de altas culturas intelectuais e científicas.

Concomitante a essa descoberta antropológica, a descoberta do inconsciente revelou a universalidade das manifestações de ordem poética e da atividade criadora e fez que o fenômeno artístico passasse a ser considerado, com vários pontos de concordância, por psicólogos e artistas.

Os artistas modernos assimilaram todas essas conquistas e descobertas relativas ao que Pedrosa chamou de expressão desinteressada e criaram com base nesses encontros. Foram, muitas vezes, identificados aos primitivos, aos loucos ou apontados como infantis; mas de tudo isso resultou, segundo o crítico, a elaboração de uma nova concepção da atividade artística que deixava de ser uma ocupação exclusiva de uma confraria especializada e se estendia a todos os seres humanos.

> A vontade de arte se manifesta em qualquer homem de nossa terra, independente do seu meridiano, seja ele papua ou cafuzo, brasileiro ou russo, letrado ou iletrado, equilibrado ou desequilibrado. (Pedrosa, 1996 [1947a], p. 46)

A arte seria, nessa perspectiva, "uma espécie de campo exterior de sensações", que toma o corpo com a decaída da atividade consciente, o que faz que se desprendam de nós partes que usualmente não tomaríamos como nossas, borrando os limites que a atividade da consciência não cessa de traçar entre eu e não-eu, sujeito e objeto. Para Pedrosa, não poderia haver manifestação criadora de qualquer ordem se aspirações íntimas, anomalias, estivessem embotadas por uma adaptação excessiva ao meio.

O crítico explicava, assim, o interesse da produção artística de crianças e adultos mentalmente enfermos: esses criadores teriam a razão mais liberta do controle consciente. Nessa perspectiva, os termos normalidade e anormalidade não teriam qualquer relevância no domínio das artes. O fenômeno criativo seria da mesma natureza em quem quer que seja: tratar-se-ia de dar forma a sensações e imagens do eu profundo. Muitas vezes intuições ditas geniais seriam inexplicáveis e estariam associadas a comportamentos psíquicos que discrepavam dos considerados normais, como em Van Gogh, Hoelderlin ou William Blake.

> Do ponto de vista dos sentidos e da imaginação, uma criança retardada ou um adolescente mentalmente enfermo é, em geral, bastante normal; é por isso que se tornam possíveis de sua parte manifestações e realizações artísticas autênticas. O apelo criador ou imaginativo deles não desaparece. Ao contrário, muitas vezes se pode intensificar, torna-se mais urgente e irreprimível do que no tipo normal, pois será então o único veículo seguro e em que confiam, de comunicação com o exterior, de comunicação real, isto é, de alma para alma. (Pedrosa, 1996 [1947a], p. 54)

A arte é entendida aqui não como exceção inatingível, mas como fenômeno verdadeiramente vital – criação que reproduz o milagre da vida – e que, portanto, deveria estar acessível para qualquer um. Não deveria haver barreiras para o mundo encantado das formas que é comum a todos os homens indistintamente; todos deveriam aprender a pintar, esculpir e desenhar como se aprende a ler e escrever. O efeito da realização dessas atividades poderia ser sentido até nos doentes mentais, "curando-os ou alentando-os, atraindo-os a vir de novo cá fora, no nosso mundo bruto e feio, com mensagens que por vezes são decifráveis e brilham, fulminantes, fugazes, como lampejos" (Pedrosa, 1996 [1947a], p. 56).

No entanto, nessa conferência, a arte apreciada ainda parecia dever algo à arte oficial. As obras expostas, apesar de possuírem evidente natureza artística, eram, segundo Pedrosa, "amostras embrionárias de arte", nas quais ainda predominava o aspecto de confidência subjetiva. Nelas faltaria uma vontade realizadora que imporia uma organização plástica, disciplinando as forças explosivas do caos interior.

Essa avaliação das obras do museu ganharia outra tonalidade ao longo das críticas que Pedrosa publicou no *Correio da Manhã*, em particular no debate que sustentou com o crítico Campofiorito sobre o valor artístico desses trabalhos, desencadeado pela exposição "9 artistas do Engenho de Dentro", realizada em 1949.

O debate dos críticos[4] em torno das obras do museu nos interessa porque vemos nele o avesso do episódio ocorrido em São Paulo, em torno da exposição de 1917 de Anita Mafaltti. Naquele episódio as produções de uma artista eram comparadas às dos loucos, o que as desqualificava. Aqui, são as produções dos loucos que são comparadas às dos artistas modernos, para o bem ou para o mal. Localizamos nesse debate o momento de ápice e de inflexão, no Brasil, da articulação arte, loucura e modernidade, tal como tratado por Coelho (2002), e que apresentamos no início deste capítulo.

Levando às últimas consequências o pensamento sobre as ressonâncias entre arte dos loucos e arte moderna, os críticos – e entre eles Mário Pedrosa exerceu um papel fundamental – esgotaram a questão, mas não só. Fizeram também que ela se dobrasse e se tornasse outra, reinventada sobre novas bases.

Acompanhando a produção crítica que surgiu em torno dessas exposições – em particular das duas primeiras, de 1947 e 1949 –

podemos observar quais foram as principais questões suscitadas pela ação de trazer a público esses trabalhos e a experiência da qual são frutos. Isto é, qual o efeito que provocaram na cultura e se foram de fato acontecimentos marcantes no universo artístico nacional, como supunha Pedrosa.

Havíamos visto que em 1947 iniciaram-se as exposições dos trabalhos realizados no Setor de Terapêutica Ocupacional do Centro Psiquiátrico Nacional. A intenção primeira de Nise da Silveira era colocar em debate a psiquiatria e a visão corrente da doença e do doente mental. Contudo, o efeito mais gritante dessas exposições não se deu no mundo psiquiátrico, que pouco lhes prestou atenção, mas no universo das artes. Os críticos Mark Berkovitz (*Brasil Herald*), Rubem Navarra (*Diário de Notícias*) e Mário Pedrosa (*Correio da Manhã*) escreveram comentários sobre as obras então expostas; foram escritos também artigos em *O Globo, Diário Carioca, A Notícia, A Noite* e *O Jornal* (Silveira, 1980; Gullar, 1996).

Mário Pedrosa escreveu no *Correio da Manhã*, no dia da abertura da exposição, elogiando a iniciativa de trazer a público os trabalhos produzidos em um centro psiquiátrico; chamou a atenção para as funções da arte e o aspecto educativo da atividade artística – tema ao qual se dedicou em uma série de pequenos artigos publicados durante 1947 nesse mesmo jornal – e apontou as qualidades estéticas dos trabalhos expostos (1947a).

No dia seguinte, apareceu mais um artigo em *O Jornal*, assinado por G. de A., corroborando o ponto de vista de Pedrosa. Outros artigos apresentavam uma posição favorável quanto ao tratamento pela terapêutica ocupacional e elogiavam a iniciativa científica de Nise da Silveira. Em alguns deles, os autores apontavam, surpresos, a manutenção de algumas capacidades nos indivíduos esquizofrênicos e enfermos mentais, além de discutir os conceitos de normalidade, loucura e os limites da insanidade.

Em quase todos, deparamos com observações acerca da proximidade entre esses trabalhos, a arte das crianças e dos povos primitivos e a arte moderna. Neste ponto apareciam as controvérsias:

muitos ressaltavam o caráter artístico dos trabalhos, mas outros o negavam em defesa da Arte (com maiúscula) e seus produtores, frequentemente com críticas à arte moderna (Dionísio, 2000). O que mais chama nossa atenção é que o elogio ao trabalho científico e terapêutico da doutora Nise vinha, quase sempre, acompanhado da negação de qualquer caráter artístico da exposição, como se os dois aspectos estivessem em uma relação de reciprocidade inversa: quanto mais forte um dos aspectos, menos importante o outro.

Algumas críticas chegaram a ser ofensivas às obras e aos seus autores, embora elogiassem a técnica terapêutica utilizada. Alguns dias depois da abertura da exposição, Mário Pedrosa fez publicar, visivelmente irritado, um texto visando desfazer mal-entendidos em torno dessa exposição e em defesa tanto do trabalho desenvolvido por Nise da Silveira, como da arte dos internos. Incomodado, o crítico afirmava:

> Tem havido jornais que trataram do caso apenas para fazer humorismo barato, que revela muito mais ignorância e grosseria do que espírito. [...] Diante dessas considerações comezinhas é de causar já não dizemos revolta, mas tristeza, ver em certos jornais, expressões como esta: "Exposição de Malucos". Não se trata de "exposição de malucos"; a finalidade de uma cientista de sensibilidade e do valor moral e profissional de Nise da Silveira não é de fazer exibição de extravagâncias de "doidos" e "malucos", nem de exaltar o valor artístico dessas obras (embora muitas delas tenham de fato um autêntico interesse artístico); mas de educar também o público, de levá-lo a compreender que esses jovens e esses homens que se encontram "asilados" existem também como nós. (Pedrosa, 1947b)

Vemos que o crítico tem clareza em relação às intenções da psiquiatra com as exposições. Adiante ele afirmou que a proximidade entre a arte moderna e os trabalhos expostos – que para ele estava na origem da arte de vanguarda que interessava – se prestava a piadas de mau gosto e servia de ingrediente para a desqualificação desse tipo de arte. E acrescentou que, se a linguagem simbólica do inconsciente devia ser decifrada pelo psiquiatra, isso não impedia que essas imagens fossem harmoniosas, sedutoras, dramáticas, vivas ou belas, constituindo em si verdadeiras obras de arte.

Os artigos seguintes passaram a tomar partido ficando de um ou outro lado da discussão. Quirino Campofiorito[5] entrou então em cena, encarnando uma das posições em conflito. Mesmo sem ter visitado a exposição, pois não estava no Rio de Janeiro na ocasião, pretendeu elogiar a iniciativa e as atividades desenvolvidas no Centro Psiquiátrico Nacional (CPN) do ponto de vista médico e científico, dizendo que em uma exposição como essa não se tratava de simplesmente apreciar o fenômeno artístico, pois a função das atividades expressivas nesse contexto é o extravasamento psicológico, já que o esquizofrênico não tem controle mental sobre suas realizações.

Terminou desqualificando as críticas e os críticos que trataram, segundo ele, de forma sensacionalista da "relação que realmente existe entre esses trabalhos apresentados pelo Centro Psiquiátrico Nacional e certas expressões de arte em nossos dias". Dizia que havia um exagero no tratamento dessas relações, fruto de ignorância em termos do que fosse a verdadeira arte.

Ao ser redigida de longe, sem que o crítico tivesse conhecido a exposição ou as obras, essa crítica ilustra bem uma determinada posição comum nessa polêmica: a de que não há interesse em conhecer e avaliar a qualidade de trabalhos realizados por loucos.

Com a exposição de 1949, "9 artistas do Engenho de Dentro", realizada no Museu de Arte Moderna de São Paulo, o debate crítico em torno das obras do Museu de Imagens do Inconsciente teve seu momento de maior presença nos meios culturais. Essa foi, entre as primeiras exposições, a que mais despertou atenção e interesse entre os críticos de arte, os artistas e o público em geral. É possível que tenha ganhado essa dimensão pelo local no qual foi realizada, o que colocava indubitavelmente a questão:

seriam obras de arte? Se não, por que estavam expostas em um museu de arte? O título escolhido para a exposição também era sugestivo, identificando os pintores ao bairro onde pintavam e não especificamente a um hospital psiquiátrico. Poderíamos pensar na configuração de uma oficina ou ateliê de trabalho no qual um grupo se encontrava, tal qual o Grupo Santa Helena, que ficou conhecido assim por se reunir no Edifício Santa Helena, no Largo da Sé, em São Paulo.

A mesma exposição foi apresentada, em seguida, no Salão Nobre da Câmara Municipal do Rio de Janeiro e motivou críticas exaltadas. Aqui o debate atingiu seu ápice, com provocações e respostas entre os críticos Mário Pedrosa e Quirino Campofiorito, dando oportunidade ao primeiro de desenvolver seu ponto de vista. Vejamos.

No dia da inauguração da exposição no MAM em São Paulo, Quirino Campofiorito escreveu no *Diário de São Paulo* esclarecendo do que se tratava a mostra e apresentando o trabalho realizado no CPN. Em 29 de novembro de 1949, ele noticia na sessão de artes plásticas de *O Jornal* a exposição na Câmara Municipal. Segundo o crítico, essa exposição deveria certamente despertar interesse e provocar a análise de certos problemas da arte, situando-os em seus devidos planos.

Para ele a exposição estabelecia um paralelo entre o indivíduo são e o enfermo deixando ao apreciador a tarefa de adivinhar as nuanças entre um e outro desses extremos em que se podia situar um artista e nos permitia conclusões excelentes sobre certas "obsessões de artistas para quem a arte é um simples pesquisar de originalidade e um pretexto para escândalos sociais" (Campofiorito, 1949a). Mas, para Campofiorito, a arte implicava necessariamente um esforço intelectual que lhe garantiria comunicação e mensagem social, fator que ele não via presente nas obras expostas.

A seguir, o autor passou a alertar para os perigos desse paralelo sugerido pela exposição, que podia levar o indivíduo são a desenvolver fraquezas e a se inutilizar para a vida social, tal qual um esquizofrênico. E apontou o pensamento freudiano como responsável por essas aproximações:

> Freud arrastou o artista para um terreno de exageros, perturbando-lhe inteiramente. [...] Enquanto as teorias de Freud não forem racionalmente organizadas e limpas de impurezas e exageros, enquanto não se lhes aparar o sadismo científico do autor, terão influência maléfica sobre quantos estão sempre a cata de justificativas para suas tristes fraquezas. [...] Os artistas são ainda as maiores vítimas dessa perigosa especulação científica. (Campofiorito, 1949a)

Em um artigo posterior, Campofiorito (1949b) esclareceu que sua crítica visava atingir o hábito de pensar que o esquizofrênico tem melhores possibilidades de criação artística que o homem normal; hábito que, segundo ele, estaria se generalizando além das medidas que lhe pareciam justas, de valorizar na arte as expressões que derivavam de impulsos instintivos não refreados, possível no louco por desequilíbrio mental.

Em 11 de dezembro, escrevendo em *O Jornal*, o crítico entrava de fato em uma polêmica ao referir-se ao tipo de acolhida que a exposição em questão estava recebendo e confrontava posições de outros críticos. Iniciou dizendo:

> Preferíamos que a exposição "9 artistas de Engenho de Dentro" despertasse mais curiosidade científica que artística [...] Penas brilhantes da crítica de arte, porém, não poupam tinta para elogiar os "formidáveis artistas do Engenho de Dentro", "vocações escondidas e ignoradas", "criadores de obras de uma perfeição e beleza absolutas". (Campofiorito, 1949c)

Frases assim se repetiam, segundo o autor, elogiando sem restrições a expressão artística dos trabalhos de um grupo de "infelizes débeis mentais" aos quais se permitia, em caráter terapêutico, usar a tinta e o papel. Continuou dizendo acreditar que os orientadores do Centro Psiquiátrico Nacional esperavam resultados terapêuticos e não artísticos se não teriam criado uma escola de arte em vez de uma casa de saúde. Terminou condenando a crítica que se fazia aos quadros por ofuscar os verdadeiros artistas, pois considerava fundamental que se mantivesse o ponto de vista de que "o artista deve ser um profissional digno, orgulhoso, convicto de seu *metier*" (Campofiorito, 1949c).

Mário Pedrosa respondeu em artigo publicado três dias depois no *Correio da Manhã*, "Os artistas de Engenho de Dentro", título com o qual já deixa clara sua posição. Afirmava que a exposição na Câmara Municipal vinha inquietando muita gente. E que para alguns essa inquietação ia até a hostilidade. "Nosso colega Quirino Campofiorito vem representando essa corrente hostil, feita de preconceitos caducos quanto aos privilégios da nobre corporação dos artistas profissionais, tidos como 'normais'" (Pedrosa, 1949a).

O crítico entendia que Leon Degand, e depois Lourival Machado, na diretoria do MAM, ao contrário, puderam apreciar as obras livres desses preconceitos. Tomaram a iniciativa da exposição por lhes parecer que os artistas do Engenho de Dentro, ainda desconhecidos do grande público, mereciam e precisavam ter a sua exposição, tal como quaisquer outros artistas que ao atingirem determinado nível em suas obras deviam ser trazidos à luz. Segundo ele, o MAM abriu suas portas para esses artistas interessado, única e exclusivamente, no valor artístico das peças vindas do Engenho de Dentro.

Tentando propor uma justificativa para a inquietação e o despreparo diante dessa exposição, Pedrosa cita Nise da Silveira para dizer que a ideia corrente de que os loucos eram seres embrutecidos levava à dificuldade de admitir que fossem capazes de realizar alguma coisa que pudesse ser relevante em domínios como o da arte, a mais alta atividade humana. Concluiu afirmando que o trabalho da psiquiatra visava demonstrar que se podia ser louco e ao mesmo tempo artista e que ele próprio considerava "Raphael um artista da sensibilidade de um Matisse ou de um Klee, e que o *Municipal* de Emygdio é uma tela que, pela força de expressão, o sopro criador, a atmosfera especial e o arranco de imaginação, não tem talvez segunda na pintura brasileira" (Pedrosa, 1949a).

No mesmo dia, em um artigo publicado em *O Jornal*, Campofiorito voltou a insistir na importância do caráter científico da exposição, segundo ele, esquecido, e a lamentar o crescimento demasiado da propaganda artística em torno do evento. Embora aceitasse que após longos anos de doença a inteligência e a sensibilidade pudessem conservar-se, não via razão para o exagero da crítica que superestimava o trabalho dos enfermos. Finalizou, para não deixar dúvidas sobre sua posição, dizendo:

> Observando desenhos e pinturas expostos logo se perceberá o estado de espírito que reveste a realização dos mesmos. Se alguns artistas sãos produzem coisas que a estes trabalhos se assemelham é preciso considerar que neste fato reside a debilidade dessas obras. O artista não é um trabalhador inconsciente, sem saber por que nem para que como um tolo, sem consciência da sociedade em que vive, nem tão pouco criatura capaz de conscientemente aceitar o ridículo entre seus semelhantes. […] Um cientista que não tivesse amigos artistas poderia dizer muita coisa útil para os jovens que ainda andam às voltas com a "ingenuidade" de Klee e Kandinsky. (Campofiorito, 1949d)

É interessante a forma como Campofiorito termina o texto. A amizade com artistas contamina o que deveria ser uma avaliação científica pura de determinado fenômeno. Deste ponto de vista, arte e ciência não deveriam se misturar. É por isso que para esse crítico o caráter terapêutico da realização de um trabalho plástico era usado como argumento para desmerecer um possível valor artístico, como se não fosse possível pensar essas duas esferas em atravessamento mútuo, o que, nos parece, Nise da Silveira e Mário Pedrosa conseguiam fazer.

Três dias depois, em 17 de dezembro, o crítico responde às observações feitas por Mário Pedrosa. Diz ele que o colega enfureceu-se com suas notas sobre a exposição dos enfermos, mas que não via sentido para essa reação já que, segundo ele, só estavam em desacordo em um ponto: no exagero com que a crítica de arte aprecia esses trabalhos. Acrescentou que o que tinha feito em seus artigos era apenas denunciar o perigo que representava "o menosprezo pela correta compostura do artista na sociedade e pela sua dignidade profissional, o que só pode levar a uma lamentável confusão e a uma prevenção da sociedade contra a arte" sem, no entanto, se opor a que se chamasse de artistas a esses expositores, embora achasse "ridículo" que as obras fossem consideradas geniais – classificação esta que, segundo ele, escapava ao bom senso. Insistiu ainda em um ponto no qual estava em concordância com Nise da Silveira: estranhava que a iniciativa do Centro Psiquiátrico Nacional e a exposição que promovia fossem esquecidas pelos cientistas, que deveriam ser os grandes interessados no assunto, enquanto entusiasmava desmesuradamente a curiosidade artística (1949e).

Mantendo o diálogo em tom de discussão, Mário Pedrosa fez publicar no dia seguinte no *Correio da Manhã* um artigo em resposta às observações de Campofiorito. Disse considerar um avanço que Campofiorito admitisse que se chamasse doentes mentais de artistas, o que ajudava a combater "um imensurável preconceito reacionário que quer impor a todos as mesmas mesquinhas medidas de normalidade inspiradas no mais grosseiro utilitarismo e no mais estéril racionalismo sem atender sequer às circunstâncias do meio, da tradição, cultura, herança e sensibilidade dos indivíduos" (1949b).

Campofiorito escreveu mais dois artigos nos dias 22 e 27 de dezembro. No primeiro reconhecia sua posição isolada diante do evento promovido pelo CPN. "Parece-nos que somos os únicos a fazer restrição aos trabalhos apresentados na exposição '9 artistas do Engenho de Dentro'." E esclareceu mais uma vez:

A nossa opinião é a de que são medíocres demonstrações artísticas e trazem a fraqueza de obras casuais, improvisações inconscientes, deficientes todas dessas condições de inteligência e razão que devem marcar a criação artística. [...] De excepcional aí só existe o resultado obtido com o tratamento terapêutico. (Campofiorito, 1949f)

Finalizava argumentando, em resposta a Mário Pedrosa, que não pretendia ridicularizar ninguém, mas apenas exercer seu direito de crítica. No segundo artigo discutiu a curadoria da exposição dizendo que, apesar de os organizadores dessa exposição afirmarem que os trabalhos expostos foram escolhidos com absoluto critério artístico, entendia que tinha havido aí um critério particular: o desejo de enaltecer um desvio artístico-estético ao gosto de uma parte da crítica modernista. Na visão do crítico os trabalhos expostos tinham tanto interesse artístico quanto outros realizados por outros enfermos que, por um critério particular, foram considerados não artísticos — todos provenientes de ocupação terapêutica — e deveriam ser apreciados de acordo com a mediocridade que demonstravam. Disse repudiar o infantilismo e a irresponsabilidade intelectual. A inteligência e sensibilidade de padrão infantil, segundo ele, "só na criança podemos suportar, porque contamos com a sua evolução inevitável". Finalizou afirmando que muito se avançara nas experiências da arte moderna e que se exigia então do artista também "condições de inteligência e raciocínio condizentes com o grau de civilização de seus semelhantes" (1949g).

Neste ponto, Mário Pedrosa pareceu abandonar a polêmica; não voltaria a responder diretamente a Campofiorito. Em março de 1950 escreveu um artigo de página inteira na seção de artes plásticas do *Correio da Manhã*, no qual desenvolveu uma leitura da poética dos artistas Rafael, Carlos, Emygdio e Kleber. Finalizava afirmando que a arte desses pintores nos oferecia uma "representação visionária[6] do mundo, tão viva e profunda em todo primitivo, em toda criança, em todo artista, em todo ser sensível como estes que além de artistas são alienados." Eram transfigurações do mundo, milagre da arte que estava presente também nesses criadores virgens (1950).

Em 1951 voltou ao assunto no texto "Forma e personalidade", no qual introduziu o item "Forma no doente e no são". Ali se referiu à exposição de 1949, realizada na Câmara dos Vereadores, na qual, segundo ele, dificilmente se poderia dizer que as produções expostas eram de doentes mentais. Isso porque o que se encontrava lá, manifestações provenientes de almas conturbadas, encontrava-se em toda obra de arte. Na sequência citou Prinzhorn para quem se devia, de uma vez por todas, considerar esses trabalhos como elementos de criação e tomá-los exclusivamente no plano da forma, única escala de valores válida para o exame crítico das produções artísticas. Para esse autor, se havia alguma coisa que caracterizasse as obras feitas por doentes mentais, não seria desordem ou desequilíbrio, mas algo como uma legalidade formal que não buscava unidade exterior de sentido.

Assim, para que se pudesse verdadeiramente apreciar as obras dos alienados, seria preciso que o apreciador se despojasse dos preconceitos correntes contra os doentes mentais e que superasse em si mesmo a preocupação com as influências psíquicas e com os complexos, isto é, "tudo que não seja intrínseco à obra de arte e possa externar-se de outras maneiras, através de sonhos, alucinações, gestos etc." (Pedrosa, 1996 [1951], p. 183). Isso porque, para Mário Pedrosa, uma criação artística era algo autoconsistente e que não estava em lugar de outra coisa, nem precisava ser associada a algo para ganhar sentido.

Por fim, acrescentou que a qualidade de apreciação dos valores estéticos integrava o ato de criar, também no ateliê de pintura do CPN, como teve ocasião de observar, ao presenciar os artistas do Engenho de Dentro trabalhando.

Vemos que, em relação ao texto de 1947, "Arte, necessidade vital", a visão de Mário Pedrosa havia se modificado. Lembremos que, nessa conferência, ele chamava os trabalhos dos internos de "amostras embrionárias de arte", aos quais faltaria a vontade realizadora que poderia lhes impor uma organização plástica e disciplinar, as forças explosivas das quais seriam frutos.

No texto de 1951, a arte dos internos do Engenho de Dentro nada mais ficava a dever a dos artistas consagrados. Ela tinha, isso sim, características diferentes decorrentes do contexto em que fora produzida, e essas características muitas vezes podiam ser um ganho do ponto de vista artístico, como no caso da liberdade em relação às convenções acadêmicas e a pouca importância que era dada, por esses artistas, às receitas de escolas, ou ainda da legalidade formal da qual fala Prinzhorn.

É fato que a exposição de 1947 foi realizada apenas um ano após a criação do Setor de Terapêutica Ocupacional. Dois anos depois se esperaria que os pintores tivessem desenvolvido e aprimorado suas poéticas e que os trabalhos ganhassem maior qualidade. Mas talvez tenha sido a insistência de Campofiorito em marcar nesses trabalhos a falta da interferência da inteligência ou da razão como força configuradora que lhes daria qualidades estéticas, que ajudou Pedrosa a depurar e radicalizar sua posição.

Por trás da discussão do caráter artístico dessas obras encontramos a defesa de uma crítica de arte liberta das restrições da arte instituída e a afirmação do direito de qualquer um de contribuir com sua expressão para o universo cultural e artístico de uma sociedade. Mário Pedrosa exerceu, aqui, uma crítica de arte marcada por uma ética de afirmação da diferença, na qual a questão em torno do valor artístico das produções plásticas de psicóticos dava lugar a uma avaliação estética que não tomava como parâmetro o estado clínico do criador. Mesmo que por muito tempo ainda voltemos a escutar que nas expressões plásticas de psicóticos não há trabalho formador e a presenciar a atribuição do caráter terapêutico de um determinado projeto artístico como desqualificação de uma possível qualidade estética, essas questões não mais interessavam a Pedrosa.

E ele teve, por essa época, o aval de outro crítico de arte: Osório César. Em 1954, por ocasião da Exposição dos Artistas Plásticos do Hospital de Juqueri no Museu de Arte de São Paulo, César reafirmava sua posição de combate à noção de arte psicopatológica, que a partir dos anos 1950 veio a se consolidar como uma linha privilegiada, no campo da psiquiatria, de leitura das obras dos chamados doentes mentais. A posição do psiquiatra-crítico nessa questão era claramente oposta, pois via na arte um esforço de enfrentamento da doença e não uma manifestação desta, e foi nesse sentido que pediu ao público que visse a exposição do Masp com "outros olhos", afirmando:

> Na expressão artística do doente, descortinamos um mundo calmo, ingênuo, rico de colorido, do qual a doença não participa como degenerescência. É, pois, uma clamorosa injustiça classificá-la como tal. O panorama artístico do doente mental tem a mesma amplidão, a mesma beleza, daquele do homem chamado normal. (César *apud* Ferraz, 1998, p. 89)

Como havia insistido Nise da Silveira, em conexão com o pensamento de Jung, a arte poderia surgir de artistas doentes ou de artistas sãos. Doença mental ou "estados do ser diferentes do nosso", como preferia a psiquiatra, não são condição, tampouco impedimento para uma produção criativa e de qualidade estética. Sua intenção de problematizar com as exposições os limites da saúde e da doença, da sanidade e da loucura, havia sido atingida. Nas palavras de Ferreira Gullar:

> Não tenho dúvida alguma em afirmar que a obra de Emygdio é uma das mais preciosas expressões da pintura brasileira, em todas as épocas. [...] Não pretendo com isso dizer que o valor artístico é a única justificativa do método terapêutico de Nise da Silveira. Entendo, pelo contrário, que o alto valor estético da obra de Emygdio, dado como um doente crônico,

com a mente deteriorada, revela um equívoco da psiquiatria tradicional ao mostrar que, sob a camada de incongruência e incomunicabilidade, pode estar um ser humano capaz de expressar visões inusitadas do mundo e revelar-lhe sua beleza. (1996, p. 15)

Não podemos esquecer que as visões inusitadas do mundo que Emygdio criou eram produto de seu encontro com um dispositivo que acolhia essas visões e as potencializava. Nesse dispositivo, o olhar e a presença – ao mesmo tempo afetiva, estética e técnica de um artista – eram fundamentais. Mavignier é aqui uma figura exemplar. Conta a lenda que ele encontrou, por acaso, um desenho de Emygdio, que considerou belíssimo, e perguntou a este se não gostaria de pintar e desenhar. Foi ele também que, mantendo-se ao lado de Raphael, possibilitou o florescimento de seu desenho. Nise da Silveira denominava esta presença interessada, como vimos, de afeto catalisador (Silveira, 1981).

Na perspectiva que estamos acompanhando aqui, o efeito de produção subjetiva que o fazer artístico poderia ter não desmereceria o produto ou resultado material desse fazer. Para Pedrosa, desde o texto de 1947, "Arte, necessidade vital", o resultado concreto, isto é a obra, não era tudo, nem mesmo o mais importante no fenômeno artístico, e a qualidade estética dos trabalhos não era inversamente proporcional aos efeitos clínicos que poderia engendrar, o que abria espaço para se pensar os produtos imateriais que daí decorriam. E não esqueçamos que na arte contemporânea esses dois produtos, o material e o imaterial, aparecerão cada vez mais indissociados.

Em um texto do mesmo ano, sobre a educação pela arte, Pedrosa insistiu que "o objetivo principal de uma ocupação artística persistente e sistemática não está na produção de obras-primas. [...] O que sai das mãos ou da cabeça do incipiente artista ou artesão não é o que importa. O que importa é o que ganha, com tais atividades, a sua personalidade" (1996 [1947b], p. 62).

Para o crítico, qualquer pessoa que se dedicasse a essas ocupações — que possibilitavam um contato mais delicado e sutil com o mundo, as coisas e os outros seres — terminava por enriquecer-se e transformar-se.

> EXPERIMENTAÇÕES ESTÉTICAS ATRAVESSADAS PELA CLÍNICA: ABRAHAM PALATNIK E FERNANDO DINIZ, ARTISTAS E ENGENHOS DE DENTRO E DE FORA

Acompanhando o pensamento de Mário Pedrosa, observamos que a experiência do Engenho de Dentro atravessou a arte brasileira, marcando, de alguma forma, os caminhos que se abriram a partir dos anos 1950. Este atravessamento se deu a partir do próprio crítico que, além de seu interesse pelas produções do Museu de Imagens do Inconsciente, teve um papel fundamental na introdução das discussões em torno da arte abstrata no Brasil e seus desdobramentos concreto e neoconcreto.

Para Ferreira Gullar (1999) as ideias concretistas adotadas no Brasil — herdeiras de uma tradição construtiva que, a partir do cubismo, desdobrou-se nos trabalhos de Mondrian e Malevitch e nas experiências da Bauhaus e da Escola de Ulm — sofreram no Rio de Janeiro uma inflexão que se deve, em parte, à presença de Mário Pedrosa como seu principal defensor, com suas indagações originais acerca do fenômeno estético que valorizavam, além da arte geométrica construtiva, as manifestações artísticas de crianças e doentes mentais.

Mas, além de Pedrosa, Almir Mavignier e Abraham Palatnik, que estão entre os primeiros artistas brasileiros a desenvolver uma poética articulada às propostas concretas, tiveram ligação estreita com a experiência do museu. É como se a intrincada trama que fez Nise da Silveira, Mário Pedrosa, Fernando Diniz, Ferreira Gullar, Almir Mavignier, Raphael de Barros, Abraham Palatnik e tantos outros se encontrarem tivesse feito, também, cruzarem-se duas vertentes da arte moderna: uma, de caráter racional, pautada pela busca de objetividade e de autonomia na arte – como linguagem e prática – que, contrapondo-se a qualquer traço de romantismo e pretendendo eliminar da obra as confissões individualistas, propunha outro lugar social para a arte, "um lugar ao sol, do lado das realizações práticas; e não mais à sombra, perto do sonho e do inconsciente" (Brito, 1999, p. 34); outra, parente do expressionismo de vários matizes e da proposta surrealista de buscar no fundo do inconsciente a potência criadora, contaminada em maior ou menor grau por doses de romantismo.

Brito (1999) vê concretismo de um lado e surrealismo e dadaísmo de outro, como respostas opostas à mesma crise que instaurou a arte moderna, quando da falência dos valores do século XIX. Para ele, dadaísmo e surrealismo eram o outro das tendências construtivas. E se os primeiros deixavam à mostra alguns vínculos que os ligavam às concepções expressionistas, e delas ao romantismo, as tendências construtivas não podiam esconder seu aprisionamento a uma racionalidade típica do século XIX.

Mesmo que uma das características mais festejadas dos pintores do Engenho de Dentro fosse sua liberdade diante das escolas de arte, não podemos negar que sua produção estava inserida no contexto de uma proposta terapêutica pautada na ideia de força curativa da expressão plástica, com fortes ligações seja com o expressionismo, seja com o surrealismo, pelo menos nas concepções de arte presentes nesses movimentos. O próprio Dubuffet, criador da Companhia de Arte Bruta, tinha ligações com surrealistas e dadaístas. A busca de obras e artistas brutos ou virgens está em direta conexão com o desejo dadaísta de escapar ao cerco da racionalidade ocidental, combater a ordem social e explodir a arte, colocando em xeque sua linguagem, sua função e mesmo seu estatuto. Nesse contexto, o heterogêneo, o selvagem, o gratuito e o irracional tinham a função de indicar uma posição crítica global perante o sistema (Brito, 1999).

No Rio de Janeiro, alguns artistas e teóricos do Grupo Frente — formado no início dos anos 1950, e do qual sairiam muitos dos futuros neoconcretos — tiveram ligações mais ou menos profundas com a experiência desenvolvida no Hospital do Engenho de Dentro, não só nas décadas de 1940 e 1950. Lygia Pape, por exemplo, frequentou, no final dos anos 1970, as reuniões promovidas semanalmente por Nise da Silveira e afirmou: "Adelina Gomes, Fernando Diniz, Raphael traziam uma lição nova de sabedoria sobre a utilização das cores" (*apud* Cancino, 1999).

Trabalhando no contexto da tradição construtiva, o neoconcretismo propôs uma tomada de posição crítica ante os excessos mecanicistas da arte concreta, reinterpretou os desenvolvimentos construtivos, valorizando exatamente o que era considerado desvio da norma concretista. Os artistas neoconcretos partiram para uma aventura inusitada, afirmando uma estética inventiva, impregnada do cotidiano brasileiro, que misturou informações dos centros hegemônicos produtores de arte com a cultura local, situando-se muitos deles — como Oiticica e Lygia Clark — no cruzamento das duas grandes linhas que se confrontaram na modernidade e às quais já nos referimos: a construtiva e a duchampiana (Favaretto, 2000).

Além disso, recolocaram para a arte a questão da expressão, admitindo componentes irracionais no trabalho artístico e privilegiando o momento da concepção do trabalho em detrimento do resultado final e de sua inserção social. Dessa forma, propuseram sob novas bases a relação ente arte e subjetividade, com a reinvenção do conceito de expressão que passa a se referir à expressão de algo que não preexiste à sua expressão (Gullar, 1999). Para Brito (1999, p. 76), a vigência do conceito de expressão "significou a manutenção de um espaço experimental aberto contra o reducionismo racionalista. A partir desse conceito é que o neoconcretismo pode se estabelecer nos limites das tendências construtivas".

O neoconcretismo ensinou que para se libertar da herança romântica, que impregna ainda hoje muito do nosso pensamento e do que se faz em arte, não é preciso abandonar o conceito de expressão, mas talvez seja preciso recolocar o problema da subjetividade. Se recorrermos a Guattari (1992), podemos pensar que se trataria de tomar a subjetividade não como espaço individual, fechado sobre si mesmo, caracterizada por um mundo interior que se opõe à realidade externa, mas como conjunto de relações que se criam entre o indivíduo e os vetores de subjetivação que ele encontra, individuais e coletivos, humanos e inumanos. Nesse sentido, a obra de arte não expressa o mundo mental de um sujeito, mas é expressão de uma experiência de invenção de mundos e de si.

Diante dessas reflexões não podemos deixar de lembrar a experiência desenvolvida em Engenho de Dentro. É claro que não procuramos apontar relações de causa e efeito, nem avaliar a magnitude da influência dessa experiência no contexto da arte brasileira. Nossa intenção é mapear linhas que se atravessam. E se o neoconcretismo levou ao ápice e à ruptura o projeto construtivo, como propôs Brito (1999), a produção dos artistas do Engenho de Dentro levou também ao limite a ideia de arte como expressão de um mundo interior dado, e acabou por arrebatá-la.

Nesse sentido, acompanharemos a trajetória de dois artistas que passaram, em lugares e de formas diferentes, pelo ateliê de pintura do Centro Psiquiátrico Nacional. Abraham Palatnik que, vindo de fora, teve sua pesquisa estética e sua produção em arte profundamente transformadas pelo contato com os artistas do Engenho de Dentro. Fernando Diniz, lá internado, teve a vida profundamente transformada pela participação no ateliê de pintura e as possibilidades estéticas enriquecidas pelo contato com artistas e críticos que circulavam pelo campo da arte instituída.

• PALATNIK E SUAS MÁQUINAS

Na trajetória do artista Abraham Palatnik, vemos o atravessamento pela experiência desenvolvida no Museu de Imagens do Inconsciente desdobrar-se na abertura de uma vereda inusitada no campo da arte.

Nascido em Natal, no Rio Grande do Norte, Palatnik foi cedo para a Palestina com a família. Lá frequentou durante quatro anos um ateliê livre de arte, onde teve aulas de desenho e pintura e, ao mesmo tempo, formou-se em mecânica, especializando-se em motores de combustão. Ao voltar ao Brasil, era um exímio desenhista e manejava com segurança tintas e pincéis. Pintava paisagens, naturezas-mortas, retratos e autorretratos, dedicando-se ao desenvolvimento de uma arte de conotações narrativas, pautada na sensibilidade. Mas sua trajetória sofreria uma forte ruptura que a abriria para novas direções, antecipando o desenvolvimento da vertente construtiva no Brasil. Para Frederico Morais (1999), foram dois os fatos decisivos que marcaram sua trajetória artística e produziram uma transformação radical em seu trabalho: o encontro com Mário Pedrosa e a descoberta do trabalho desenvolvido no Setor de Terapêutica Ocupacional do Centro Psiquiátrico Nacional, no qual deparou com um profundo e rico universo criativo.

É o próprio artista quem nos conta de sua perplexidade diante do que presenciou quando visitou pela primeira vez o ateliê de pintura, em 1948, por intermédio de Almir Mavignier. Para Palatnik o contato com o que estava sendo produzido no interior de um hospital psiquiátrico teve um importante e surpreendente desdobramento; um impacto que demoliria suas convicções em relação à arte.

> Embora tivesse apenas 20 anos de idade, considerava-me um artista consciente, coerente e seguro daquilo que fazia. Diante dos trabalhos de Emygdio de Barros, Raphael Domingues, Carlos Pertuis, Fernando Diniz, Isaac Liberato e outros, entretanto, [...] comecei a comparar e questionar profundamente aquelas minhas convicções à luz da criatividade espontânea desses artistas. A confiança no meu aprendizado e atuação estava desmoronando. A coerência estava com Diniz, com Carlos, com Emygdio; a poesia, com Raphael, com Isaac. Fundiam-se imagem e linguagem. (Palatnik, 2000, p. 246)

Um acontecimento irrompeu causando uma dolorosa sensação de queda no vazio. Os contornos de sua subjetividade pareciam se desfazer. Palatnik afirmou: "Meu mundo interno desmoronou" (*apud* Hirszman, 2002). Ele saiu desse encontro com a certeza de que não tinha mais o que fazer no campo da arte. Segundo Marcio Doctors (2002), foi como se aqueles artistas tivessem dito tudo, feito tudo, e nada mais restasse na arte a ser inventado.

O que era esse "tudo" que estava sendo feito no Engenho de Dentro? O que estava se esgotando com o trabalho realizado por esses artistas? Parece-nos que o que a experiência no CPN levou até as últimas consequências, até o limite em que algo se torna outra coisa, foi a ideia mesma de uma arte que é a expressão de uma subjetividade dada.

Claro que este é o ponto de partida da experiência e da proposta de Nise da Silveira; mas, como temos apontado, os vários personagens reais e conceituais com os quais foi agenciando essa experiência abrem-na para outro lugar. Veremos, quando acompanharmos a trajetória de um dos pintores do Engenho de Dentro, que a pintura produzida lá também ultrapassou essa concepção e criou algo novo. Mas o que nos interessa na trajetória de Palatnik é que o artista deparou com o fato de que se seguisse a linhagem de uma pintura psicológica ou subjetiva jamais seria capaz de produzir algo tão contundente e verdadeiro como o que via ser realizado ali. É por isso que, para Doctors (2002), este momento, para além de uma crise pessoal, revelou questões fundamentais da arte do século XX: a crise da representação e o lugar da subjetividade na produção estética.

O encontro com a experiência clínicoestética do Engenho de Dentro levou Palatnik ao limiar de seu mapa de sentido, que dava à arte um lugar no mundo, já incorporado. Suas coordenadas não o podiam ajudar na exploração de um território novo e desconhecido que estava para além daquele mapa. Após um período de imobilismo, e com a ajuda de Mário Pedrosa — para quem uma arte que pudesse interessar teria de abandonar radicalmente a função de representar, mesmo que se tratasse da representação de um mundo interno –, o artista pode se dar conta de que, para dar lugar à sua diferença naquilo que criava, não necessitava pautar sua arte em uma subjetividade psicológica que buscava expressar-se por meio da pintura, da escultura ou do desenho. Em suas palavras: "Percebi então que não era tão vazio assim. Vi que em vez de representar podia fazer trabalhos que realmente representassem a si mesmos" (*apud* Hirszman, 2002).

Foi, então, ao encontro de um caminho próprio e inovador, pondo em marcha um processo de singularização no qual reinventava a arte, reinventando-se a partir dela. Nesse processo, lançou-se a novas pesquisas em torno da forma, sua natureza afetiva, pré-verbal e não-narrativa, tentando criar ordem a partir do caos que o havia invadido e se instalado na sua relação com a arte. Para tanto, tomou os elementos irredutíveis da pintura: forma e cor e, investindo no caráter de luz da cor, desenvolveu várias experiências no campo da luz, explorando suas qualidades de fluidez, irradiação, dinamismo, refração, buscando resultados estéticos fora das técnicas e dos padrões consagrados (Palatnik, 2000). Criou o "cinecromático"[7], uma máquina que pinta a tela com a luz por meio de movimentos suaves de cores que se aproximam e se afastam, criando formas mutantes que se desfazem e voltam a se compor. Tornou-se, assim, um dos pioneiros da exploração da luz como meio plástico de expressão e dos efeitos do espaço-tempo sobre a nossa sensibilidade (Pedrosa, 1981 [1951]).[8]

Palatnik explicou, em entrevista a Rubem Braga (1953), que as cores luminosas não se misturavam nem se sujavam como as de pigmento, mas se fundiam, criando sensações inusitadas. Além disso, o ritmo da movimentação das cores fazia que o tempo passasse a ser um elemento essencial dessa "pintura", invadindo o espaço da tela e aproximando a experiência estética da experiência da duração. Por detrás da tela dessa máquina de pintar, onde ocorria a projeção, encontrava-se um emaranhado de fios, cerca de seiscentos metros, que alimentavam 101 pequenos focos de luz e faziam mover-se, em velocidades desiguais, alguns cilindros, além de lentes e prismas para refração das cores. Um verdadeiro labirinto tecnológico.

Para Doctors (2002), a invenção do cinecromático foi a resposta que Palatnik encontrou para sua crise criativa; mas, além disso, ela nos remete à pergunta que o originou: qual o papel da subjetividade na obra de arte? Subjetividade, maquinações e tempo estavam ali postos em questão e em relação, na construção de uma máquina que produzia sensações. Já não havia mais a busca de uma densidade psicológica, causa da obra, pela qual ele se explicaria. A obra foi uma resposta singular para as inquietações e desestabilizações que sofria um corpo em seu contato com o mundo, uma maneira de dar forma ao mal-estar gerado por uma sensação que não cabia nas coordenadas de sentido a partir das quais estava organizada uma subjetividade. Assim, ao construir a resposta, simultaneamente eram criadas novas coordenadas, e a própria subjetividade do criador plasmava-se em nova forma. A questão a partir da qual essa obra foi produzida a atravessa e é marca de sua radicalidade e de sua singularidade.

A partir da guinada com a criação do cinecromático, Palatnik se manteve no processo palpitante da invenção, desenvolvendo pesquisas com novos suportes e materiais, no campo das artes plásticas, do *design* e mesmo da indústria. Em 1952, desenhou uma máquina de descascar coco de babaçu sem ferir a amêndoa; em 1968, projetou dispositivos para a produção de farinha de peixe.

No final da década de 1950 desenvolveu alguns trabalhos nos quais explorou as possibilidades estéticas dos campos magnéticos, em alguns casos incluindo a participação do espectador. Construiu várias séries do que ele chamou de "relevos progressivos" com diversos materiais. Os primeiros deles foram produzidos a partir de uma pesquisa plástica nos veios da madeira, explorando tonalidades e desenhos — padrões visuais que foram naturalmente gravados ali — e criando com eles composições que buscavam enfatizar a ideia de progressão e ritmo ou criar simetrias que se aproximam de uma alusão à figuração (Morais, 1999).

Na década de 1960, o artista criou os "objetos cinéticos", nos quais motores e eletroímãs movimentavam lenta e silenciosamente hastes metálicas que sustentavam discos e placas de madeira pintadas de diversas cores. Esses objetos colocavam à mostra o mecanismo interno do cinecromático. Aqui o interior virava exterior; o dentro se tornava fora, configurando composições de formas em uma estrutura dinâmica na qual a mecânica do movimento se fazia visível e ganhava qualidades estéticas. Estaríamos próximos aos móbiles de Calder, sobre quem Palatnik afirmou: "Acho o exemplo de Calder muito importante [...]. Além da beleza de sua arte, ela tem a importância tremenda de mostrar que o campo das possibilidades artísticas é infinito" (*apud* Braga, 1953).

Para Frederico Morais (1999, p. 16), tanto nos móbiles de Calder como nos objetos de Palatnik "há aquela pureza das coisas primevas, das coisas que estão nascendo, gênese permanente". Mas o movimento dos "objetos cinéticos", diferentemente daquele dos móbiles, é produzido por uma força imanente ao próprio dispositivo, como se se tratasse de uma máquina "autopoiética"[9], mas que implicava uma complementaridade com o homem que a fabricou e a fez funcionar e uma relação de alteridade com outras máquinas pelo caráter de sua produção. Estamos diante de uma máquina produtora de sensações e não de produtos para o mercado, uma máquina estética que remaneja as fronteiras que criamos entre o visível e o invisível e assume a função de pura repetição intensiva, que Guattari chama de *função de ritornelo*. Para esse autor, a máquina estética "pode se tornar uma alavanca essencial da ressingularização subjetiva e gerar outros modos de sentir o mundo, uma nova face das coisas, e mesmo um rumo diferente dos acontecimentos" (1992, p. 122).

Isso porque uma máquina está sempre acoplada a outras máquinas; a máquina estética se acopla a máquinas desejantes produtoras e fruidoras de arte. Se há aqui alguma relação entre o objeto artístico e a subjetividade, é com a produção de uma subjetividade de caráter artificial e criacionista, para a qual concorrem componentes os mais heterogêneos no interior do que Guattari (1992) chama de processos "maquínicos": processos não-humanos, sobre-humanos em um sentido nietzschiano.

• FERNANDO DINIZ NO UNIVERSO DA COR

Do outro lado do muro que Palatnik atravessou para ter uma revelação estava um homem silencioso entre uma infinidade de internos, que pintava em um ateliê de pintura de um setor de terapia ocupacional. Fernando Diniz é, segundo Pedrosa (1980), o mais jovem e o mais humilde dos grandes artistas que surgiram naquela que Doctors (2000) chamou de "Renascença das artes plásticas brasileira", e é um de seus principais representantes.

Nascido na Bahia, de origem negra[10], veio cedo para o Rio de Janeiro com sua mãe costureira e a acompanhava quando ela ia trabalhar em casas de famílias da elite. Dessa época conta que, como não tinha brinquedo, sonhava com brinquedos interplanetários; "o poder de sonhar com o que quiser, menos sonhar com o que é da terra" (Diniz, s/d, p. 2).

Os críticos que escreveram sobre Fernando comentaram sobre sua inteligência e seu interesse pelo conhecimento. Na infância foi ótimo aluno, gostava muito de estudar e planejava cursar uma faculdade, formar-se engenheiro. Mais tarde diria: "houve um tempo em que quis ser engenheiro [...], mas engenharia não gostaria de estudar. O livro de engenharia é um monte de pedras, pedras e pedras. A caldeira é de tijolos sobre tijolos, tudo igual. Aí tira o mistério do mundo" (Diniz, s/d, p. 2). A construção que Fernando empreenderia, mesmo que fosse de casas, estradas, territórios, seria com outros procedimentos e outros materiais que pudessem afirmar o mistério do mundo. Assim, como disse certa vez, "por milagre, [passou] a gostar da escultura e da pintura" (Diniz, s/d, p. 2).

Manteve seu interesse pelo aprendizado durante toda a vida, mesmo não tendo tido a oportunidade de terminar os estudos.

Esse interesse reapareceria em vários de seus trabalhos. Doctors (2000, p. 169) afirmou que Fernando era um eterno aprendiz.

Sua ânsia de conhecimento levou-o a considerar o hospital como uma universidade e, apesar de sua longa reclusão, é impressionante a quantidade de informações que acumulou. Sua paixão pelos livros o fez constantemente atualizado com os conhecimentos e as descobertas científicas [...] revelando-se um pesquisador incansável.

Fernando foi preso em 1944 e levado ao manicômio judiciário por estar tomando banho de mar sem roupa, na praia de Copacabana. Em 1949, aos 31 anos, foi transferido para o Centro Psiquiátrico Nacional, onde passou a frequentar o STOR daquela instituição. Lá conviveu com Mavignier e Pedrosa, com os quais visitava exposições de pintura que estivessem ocorrendo na cidade. Segundo Pedrosa, demonstrou sempre amor à pintura e afirmava que não havia nada mais bonito.

Essa informação de que os pintores do Engenho de Dentro frequentavam exposições na cidade acompanhados de artistas e críticos de arte é importante para termos em mente que esses artistas, apesar de "virgens", como o queria Pedrosa, não estavam produzindo isolados do mundo, com base em emanações interiores. Produziam em um dispositivo, em conexão com artistas, críticos, linguagens de arte que lhes eram contemporâneas. Entendemos que a presença no ateliê de pintura de artistas vindos de fora do hospital era um elemento importante desse dispositivo; os encontros que ali se deram foram, seguramente, significativos no desenvolvimento da poética de cada um dos artistas, internos ou não. É de imaginar que nas visitas a exposições e no contato cotidiano no ateliê, trocassem impressões sobre o que viam, falassem do que gostavam ou não, e as sensações provocadas por cada um desses encontros foram encarnadas e se fizeram presentes no ato de pintar e nos produtos deste ato. E o que é mais importante, saber-se reconhecido como pintor por um crítico como Mário Pedrosa certamente re-significava a prática dos trabalhos no ateliê.

Em *Imagens do inconsciente*, Nise da Silveira discutiu as relações entre o espaço pictórico e o vivido, acompanhando pinturas de Fernando Diniz e em diálogo constante com artistas e pensadores das artes, entre eles, Hebert Read, Paul Klee, Kandinsky, Lèger e Roberto Pontual. Ela tomou da fenomenologia a noção de espaço vivido para mostrar a inseparabilidade entre o espaço e o corpo, e sua relação com a condição psicótica, pois, segundo Merleau-Ponty, "o que garante o homem sadio contra o delírio ou a alucinação não é sua crítica, é a estruturação de seu espaço. [...] O que leva à alucinação é o estreitamento do espaço vivido, o enraizamento das coisas no nosso corpo, a vertiginosa proximidade do objeto" (*apud* Silveira, 1981, p. 33).

Para a psiquiatra, a organização espacial que surgia nos trabalhos plásticos dos pacientes revelava diferentes vivências do espaço. A indiscriminação e interpenetração de espaço interno e externo, que muitas vezes se fazia presente na experiência psicótica, seriam expressas neles por uma tonalidade de experiência íntima dada à representação do espaço exterior – muitas vezes, do próprio espaço do ateliê que, segundo Nise, estava afetivamente investido.

A psiquiatra não ignorava que para o artista havia muitos espaços possíveis e citou Paul Klee, para quem "a relatividade visual tornou-se uma evidência e já se concorda em ver nas coisas reais apenas um aspecto particular da totalidade do universo onde existem inumeráveis verdades latentes" (*apud* Silveira, 1981, p. 41). Mas ela advertia: se o artista parte para a pesquisa de novas dimensões do espaço, ele leva consigo, quase sempre, a passagem de volta para o espaço cotidiano compartilhado; já para o psicótico a volta será muito mais difícil, e a passagem conseguida a duras penas.

Para exemplificar essa aventura por espaços desconhecidos e a árdua volta para casa, Nise nos apresentou Fernando Diniz e algumas de suas obras. Somos assim informados do estado de Fernando nos primeiros tempos no ateliê e de como se estabeleceu sua relação com a pintura. A psiquiatra nos mostrou um homem em luta para vencer o caos e alcançar as formas primeiras. Contou que, ao ser internado, ele estava prisioneiro do "espaço escuro"[11]; andava na rua com a impressão de que os edifícios se inclinavam sobre ele como para esmagá-lo. Para ela, "o tumulto de emoções que sacudiu a psique de Fernando desestruturou as demarcações da área espacial construída pelo ego consciente. Tomado de vertigem ele busca o espaço cotidiano, tenta recuperar a realidade. Será uma luta difícil e lenta" (1981, p. 42).

O ego de Fernando, aquele operador pragmático (Rolnik, 2001), que lhe permitiria se situar e funcionar neste mundo e se mover por suas paisagens, havia entrado em colapso. Fernando havia perdido sua consistência subjetiva. Ao ser convidado a integrar o ateliê de pintura, a dimensão estética de sua subjetividade seria mobilizada; uma dimensão que, criando mapas de sentido para a experiência vertiginosa de queda no caos, lhe auxiliaria na recomposição de uma relação cotidiana com o mundo[12]. Nise da Silveira via o trabalho plástico empreendido por Fernando como uma luta sem trégua para organizar o espaço cotidiano e organizar-se dentro dele, reconstruindo seu operador pragmático; ele utilizaria a pintura como arma para sair da condição opressora da falta de espaços vazios que o sufocava. Nessa luta, Fernando tomava o tema da casa que, para Mário Pedrosa (1980), era a sua casa de sonho construída tendo como base as vivências infantis em tantas casas que não eram suas. A recordação da infância foi atualizada por uma construção de caráter poético que a re-inventou, inserindo-a em novas composições.

Nas primeiras pinturas, objetos da casa apareciam muito próximos, sobrepostos uns aos outros como se presentificassem, no espaço pictural, o ritmo das recordações que atropelavam o pintor. São imagens convulsionadas, de grande intensidade, próximas da abstração. "É um verdadeiro exercício de figuras geométricas, regulares ou não, cubos, prismas, cilindros, como se se tratasse de algum aluno a lembrar-se das lições de Cézanne" (Pedrosa, 1980,

p. 44). O olhar de Fernando buscava nas coisas a geometria do mundo. Ele nos dizia: "Tudo no mundo é redondo, ou se não, quadrado. Na natureza as frutas são redondas. O homem fazendo é quadrado" (Diniz, s/d, p. 8).

Aos poucos, Fernando passou a delinear os primeiros enquadramentos e a organizar um inventário de objetos que são como que retirados do caos que caracterizava os primeiros trabalhos. Dividindo a tela em pequenos espaços, cada um ocupado por um objeto, isolava-os do fluxo, estabilizando-os em um espaço circunscrito. Depois, esses objetos ganharam um chão, o assoalho presente em vários trabalhos e sobre o qual os objetos da casa podiam agora ocupar o seu lugar. Na perspectiva de Nise da Silveira, este foi o momento de recuperação do espaço cotidiano, acompanhado de uma reorganização do ego. Pedrosa (1980, p. 36) via nessas pinturas a expressão de

> uma palheta brilhante em que se sobressaem vastas poltronas em verde, no centro da sala ou pelos cantos, cortinas vermelhas no alto, ao fundo ou de lado, pianos atravessados, mesas em ângulo agudo, com as naturezas-mortas mais exuberantes da pintura brasileira, paredes escarlates, em ângulo aberto com outra, jarros em curvas esplêndidas, no centro de espaços fechados, tábuas em diagonal como soalhos que entram em profundeza, candelabros de cristal pendentes do alto.

Talvez, mais do que um registro das casas conhecidas na infância, o trabalho árduo com tintas e pincéis fosse o esforço para se organizar em relação ao mundo e abrir espaçamentos, vazios, por onde o ar pudesse penetrar e ele, Fernando, pudesse circular. Esforço, enfim, por constituir um território existencial. Poderíamos pensar que aí se deu uma atividade de recomposição de territórios existenciais, que desembocou em um processo criativo. Deste processo fez parte a construção de formas concêntricas com as quais Fernando encheu uma quantidade enorme de papéis. São, para

Nise da Silveira, mandalas, expressão de que a força autocurativa do inconsciente estava sendo mobilizada. Para Pedrosa configuram verdadeiras engrenagens que, vindas do caos, buscavam uma ordem intuída.

Vemos que a pintura de Fernando não é somente um lugar onde se reflete seu mundo interior, mas um lugar no qual ele criava um mundo para habitar, um "em casa" que lhe possibilitava experimentar a turbulência de suas viagens sem que se desfizesse sua consistência subjetiva, ou pelo menos não se desfizesse com muita frequência, nem com muita violência.

A arte ganhou aqui o sentido de invenção de possibilidades de vida, território privilegiado de uma individuação sempre a ser conquistada. O ateliê de pintura foi para Fernando o espaço vital dentro de um espaço de mortificação, que é o hospital psiquiátrico. E esse espaço estava povoado de tintas, telas e pincéis, mas não só. Havia ali gente com quem podia se encontrar, por quem podia ser afetado. Neste ateliê se deu a constituição de complexos de subjetivação – indivíduo-grupo-trocas-matérias de expressão – criando múltiplas possibilidades aos artistas "de recompor uma corporeidade existencial, de sair de seus impasses repetitivos e, de alguma forma se ressingularizar" (Guattari, 1992, p. 17).

De qualquer forma, Fernando habitaria sempre um espaço singular. Foi ele quem afirmou: "Mudei para o mundo das imagens. Mudou a alma para outra coisa. As imagens tomam a alma da gente" (Diniz, 2000, p. 182).

Pedrosa (1996 [1951]) diria que sua sensibilidade não era tanto visual, mas tátil, o que se expressaria na forma como Fernando utilizava a cor em sua pintura: elas não seriam propriamente dos objetos, mas dos planos que os delimitavam e estavam sempre arraigadas à estrutura abstrata das coisas que se dispunham ao redor dele e ao seu alcance e que incessantemente o requisitavam.

Em sua obra encontramos tanto trabalhos figurativos quanto abstratos, com estruturas de composição que vão das mais simples às mais complexas, constituindo "um caleidoscópio de imagens ora sucessivas, ora superpostas, dinâmicas e coloridas. Do espaço para o tempo, do inorgânico para o orgânico, do geométrico para o figurativo, Fernando vai tecendo seu universo" (Doctors, 2000, p. 169).

Para Pedrosa (1980), ele era o mais abstrato dos pintores do Engenho de Dentro e, quando havia alguma figura em sua obra, era sempre uma composição de inspiração cubista. Mas talvez a concepção de Deleuze (1981) de figural possa nos ajudar, mais do que a distinção entre figurativo e abstrato, a compreender os trabalhos de Fernando Diniz. Para o filósofo, há duas maneiras de ultrapassar a figuração e conjurar o caráter figurativo, ilustrativo, narrativo da pintura: a primeira, na direção da forma pura, por abstração; a segunda, na direção do puro figural. A forma abstrata se dirige ao cérebro; já a figura – no seu caráter figural – é a forma sensível relacionada com a sensação, que está indissociavelmente voltada para sujeito e objeto em um só tempo. A sensação é produzida por um mergulho no mundo no qual não há distinção entre o eu e o mundo. Quando se trabalha a partir da sensação, o que é pintado é o corpo enquanto vivido como sentindo tal sensação.

A pintura de Fernando, mais que expressão de uma subjetividade individual, se mostra poderosa por ser produzida a partir de sensações que se fazem no corpo do pintor no seu encontro com o mundo. Mário Pedrosa contou-nos que Fernando tinha uma conexão profunda com o mundo que o cercava, amava as coisas em volta dele e talvez fosse esta a razão de ter sido ele um pintor sem temática transcendente. A partir de uma experiência singular que o provocava, interrogava, pedia deciframento, ele criava signos que possuíam uma poderosa força de sustentação interna, obras que se mantinham de pé (Deleuze e Guattari, 2001).

O corpo de Fernando devia estar constantemente sendo atravessado por essa vivência do mundo indissociado de si. Battaille (1977) chamava de poética essa relação de participação do sujeito no objeto e associava-o ao místico de Cassirer, ao primitivo de Lévi-Bruhl, ao pueril de Piaget, diferenciando-o, por outro lado, do mundo prosaico da atividade no qual os objetos são claramente exteriores ao sujeito. O paradoxo vital de Fernando era que ele devia re-encontrar este mundo prosaico ou cotidiano, e ele o fez pela via da decifração da experiência poética. Tendo dado forma e expressão a essa vivência de estar misturado com o mundo, por meio de figuras ou de formas abstratas, Fernando fala à sensibilidade contemporânea.

É por isso que, como analisa muito bem Doctors (2002), a obra de Fernando Diniz continua nos interessando, porque na sua expressão, mesmo quando utiliza elementos da figuração, não há intermediação. O que temos aí é "uma captura pontual de uma totalidade que é desencadeada pela forma final e não o resultado de uma imagem construída por uma subjetividade. Essa pulsão de síntese dá uma autonomia à imagem perante as estruturas narrativas, conservando o campo afetivo da forma" (Doctors, 2002, p. 8).

Suas figuras surgem de um espaço pictórico de abstração e voltam a mergulhar nele, como se fossem testemunho da extração de formas a partir de uma matéria caótica. Em algum ponto desse percurso, Fernando encontrou a tela como espaço metafórico e a pintura como espaço de representação de mundo interno. Mas o pintor não se deteria aí. Fernando faria de sua arte — além de expressão de um processo de autoprodução colocado em marcha pela própria pintura — pesquisa, exploração, invenção, lugar vital de agenciamentos produtores de bons encontros.

Além de trabalhar diariamente no ateliê de pintura, Fernando catava papéis que encontrava no hospital para utilizá-los como suporte daquilo que chamou de *Reciclados*. Na década de 1980 recolhia lençóis do lixo do hospital, que costurava e pintava com múltiplas camadas de tinta, criando seus *Tapetes digitais*, trabalhos de rica composição geométrica forte e ritmada. Sobre esses trabalhos, ele relata:

> Tinha um monte de roupa usada, era para jogar fora. Estava começando a pegar fogo [...], eu consegui apanhar um lençol que já estava quente mas ainda não tinha queimado.

O outro estava jogado no chão cheio de terras e de folhas – eu limpei ele todo, deu para aproveitar. [...] Emendei dois: eu queria experimentar fazer um tapete bem grande; como eu ia fazer um desenho? Tem pintor que pinta por meio de pinceladas, pontos, outros com espátula e outros com o dedo. Na revista tem clichê que é feito de metal, mas eu não tinha metal. Outro jeito que tinha era o bordado mas eu não tinha nem linha nem agulha. [...] Aí pensei na tinta. Aqui não tem fábrica de tinta, mas tem tinta aí dentro; pra fazer bem feito ia demorar. Pensei nos quadrinhos, os ladrilhos, lembrei do caleidoscópio. (Diniz, 2000, p. 184)

Antes disso, ainda na década de 1970, Leon Hirszman realizou três filmes sobre o trabalho do Museu de Imagens do Inconsciente, um deles em torno de Fernando Diniz, sua vida no Engenho de Dentro, sua obra. Em um filme sensível e delicado, *Em busca do espaço cotidiano*, o cineasta abordou a retomada do espaço cotidiano por Fernando Diniz, acompanhando a perspectiva desenvolvida por Nise da Silveira (1981) em *Imagens do inconsciente*. Acompanhamos, assim, Fernando em seu quarto no hospital, transitando por seus desolados corredores e a mais potente de todas as imagens: o vemos trabalhando no ateliê, absolutamente concernido em uma atividade que o toma todo: seu corpo, sua mente, sua potência de criação.

Fernando acompanhou com atenção e entusiasmo as filmagens, interessado no processo de realização de um filme, a linguagem da imagem em movimento, a construção dos planos. Segundo o próprio artista, foi a participação nesse filme que lhe despertou o interesse pelo movimento da imagem. A partir daí, passou a construir em barro enormes engrenagens feitas de luas e estrelas que chamava *Relógios do sol*. Também realizou séries de desenho e pintura nas quais utilizava movimentos de zoom e outros elementos da linguagem cinematográfica, integrando na imagem o tempo e o espaço. Por fim, esse interesse o levou a desenvolver um projeto de desenho animado. Passou a realizar desenhos em sequências de ação e movimento em uma quantidade excepcional: um total de 42 mil desenhos. O projeto foi desenvolvido com orientação do cineasta Marcos Magalhães, resultando no filme *Estrela de oito pontas*, premiado com três kikitos no Festival de Gramado, além de ter recebido prêmios nos Festivais de Brasília e de Cuba.

Em cinquenta anos de atividades no museu, Fernando Diniz criou mais de trinta mil obras – além dos 42 mil desenhos para o filme – entre pinturas em tela, tapetes, esculturas em barro, desenhos e um filme de animação. Morreu em 5 de março de 1999, aos 81 anos de idade, de cardiopatia e câncer.

Uma vida recolhida, uma vida construída em um espaço de mortificação, uma vida nos limites da doença e da morte encontrando no impessoal – ali onde somos todos apenas homens – a potência de criação e de variação. A potência de reinventar a vida quando já nada mais se tem. A força de um processo de singularização que se sente por essa afirmação positiva da vida mesmo na situação de maior precariedade.

Nessa reinvenção Fernando estava às voltas com uma questão que não dizia respeito só a ele, mas é uma questão que nos atravessa a todos: como criar territórios, que não sejam prisões, em um mundo que produz incessantemente desterritorializações? Como construir um plano de consistência no qual possamos afirmar a singularidade, sem cair nos individualismos e nas exaltações do eu tão frequentes no contemporâneo? Como afirmar a vida mesmo nos espaços e nas situações as mais precárias, criando um mínimo de terra para habitar e, ao mesmo tempo, as linhas por onde fugir?

> Encarcerado 50 anos no Manicômio por estar nadando nu no mar, Fernando teve uma existência das mais nômades, viajando entre linguagens, explorando os espaços intermediários, que não são objetivos nem subjetivos, visitando constantemente essa fronteira a partir da qual não dizemos mais eu. De toda essa viagem produziu, nas palavras de Doctors, uma pintura deslumbrante.

Não há outro adjetivo que qualifique melhor o vigor de sua imagem, que brilha com a precisão de quem constrói um abrigo para se proteger. É desse envolvimento reconfortante que trata a obra de Fernando Diniz. Há luxo. Há calma. Há volúpia nas suas imagens. [...] Sua obra é o testemunho plástico de um dos nossos maiores artistas. É a demonstração de uma construção plástica direta, precisa e preciosa de algo inominável e incomparável, que são a força e o mistério do grande Fernando Diniz. (Doctors, 2000, p. 177)

• **FINALIZANDO**

O agenciamento com artistas e críticos criou para a experiência do Museu de Imagens do Inconsciente, bem como para o desenvolvimento da poética de cada um dos artistas que produziram ali, desdobramentos imprevistos. Práticas e teorias não se esgotaram nessa experiência; em torno delas todo um campo de possível foi efetuado.

Extrapolando o enquadramento inicial que tomava as obras como frutos de forças poderosas advindas do inconsciente, podemos pensar que elas são, também, produto de um determinado agenciamento, de múltiplos encontros que potencializaram essas forças e lhes deram condições de se configurar. Produto, enfim, de um dispositivo que acolheu e forneceu meios para que essas forças moldassem determinada realidade. É claro que, se isso é verdade para os artistas do Engenho de Dentro, é também verdade para qualquer artista. Ninguém cria sozinho.

Nessa perspectiva, a experiência desse museu encarnou e levou ao seu limite uma certa concepção da produção artística como expressão de uma dada subjetividade, que marcou fortemente a arte a partir do romantismo, e da qual Mondrian e uma vasta linhagem da arte concreta buscaram se libertar. Com Diniz e Palatnik, estamos diante de dois artistas que tendo passado pelo ateliê de pintura da STOR – em lugares diferentes e por razões diferentes –

tematizaram também de forma bastante diferente esta que é uma questão de toda a arte moderna.

Como captou a sensibilidade de Palatnik, a experiência do Engenho de Dentro levara ao limite a ideia de uma arte como expressão do mundo interno dado, o que, por um lado, desembocou no esgotamento dessa visão, mas, por outro, avançando para além dela, fez que bifurcasse e abrisse não uma, mas múltiplas possibilidades de experimentações estéticas e clínicas. Palatnik desenvolveu sua poética com base em uma linhagem construtiva que, na visão de Flávio Carvalho, se fez na altura e na pureza daquilo que é cerebral. Ligado a uma tendência que buscava a desindividualização da arte, acabou por encontrar a singularidade de uma experiência perceptiva e de um caminho próprio.

De um acontecimento que dissolveu seu eu e fez desmoronar seu território, seu espaço cotidiano, Fernando Diniz construiu – sobre essa linha fronteiriça na qual uma vida disputa com a doença, a miséria e a morte, e auxiliado por um dispositivo mobilizador da potência vital – um plano de consistência para as singularidades que foram disparadas naquele acontecimento. Desenvolveu sua poética no interior de uma proposta terapêutica que tomava a arte como expressão da subjetividade. Estava, como diria Flávio de Carvalho, ligado à arte do impuro, do abissal, das profundezas do inconsciente. Mergulhado nesse caos, nesse abismo, retirou as forças para traçar na superfície um novo mapa de sentido. Do eu imobilizado em seus vividos psíquicos, ele saltou para o mais impessoal, para habitar um lugar de criação, ativar um modo de vida e criar uma consistência para a sua errância que se deu, por cinquenta anos, dentro de um hospital psiquiátrico. Passagem do aprisionamento na interioridade solipsista para um agenciamento coletivo que cria consistência para o que se passa entre dois ou mais.

"Assim se esclarece que a *grande saúde* se conquiste na doença, que faz da saúde uma afirmação e uma metamorfose, não um estado e uma satisfação" (Badiou, 2000, p. 164).

ISSO É ARTE? A RESSURREIÇÃO DE QORPO-SANTO OU A RECUPERAÇÃO DE UMA OBRA

Uma questão permanece e insiste quando se vai falar de obras que foram produzidas na vizinhança com a clínica ou, de qualquer modo, fora do espaço instituído da arte e muitas vezes – o que é mais grave para alguns –, sem a intenção de fazer arte: "Isso é arte?"

Essa questão não é só formulada diante dos trabalhos de pacientes de hospitais psiquiátricos, mas é uma questão que a própria modernidade na arte coloca. Celso Favaretto (in: *Isto é arte?*, 2000) esclarece que as artes moderna e contemporânea colocam em questão uma imagem de arte fixada pela tradição romântica, que identifica arte com obra-prima e a relaciona com as ideias de harmonia, acabamento e unicidade. Ao colocar em questão essa imagem, a arte do nosso tempo gera estranhamento e exige outro modo de ver a arte, isto é, um olhar produtivo e que pergunta: "Então isso também é arte?". Para Favaretto, esta é a grande pergunta moderna, instaurada quando a arte se tornou um grande campo de jogo que abriga experimentações variadas e que estende o próprio campo da arte para outros espaços até então inexplorados.

No entanto, a formulação da pergunta nesses termos diante de desenhos ou pinturas, como as que foram produzidas no Engenho de Dentro, implica pelo menos duas ordens de pensamento. Em primeiro lugar, essa pergunta pode ser formulada porque há um olhar que, partindo do universo da arte, se debruça sobre essas produções que lhe são exteriores e lhes confere algum índice de valor. Mas se a pergunta é formulada é porque também esses objetos não são imediatamente artísticos. E por que não? Porque a forma como foram produzidos, os espaços em que foram produzidos, não estão incluídos no sistema da arte; portanto, a pergunta implica também que essas obras colocam em questão esse mesmo sistema. Em resumo, não só estamos diante de produções que utilizam a matéria e a linguagem da arte, como muitas vezes produzem rupturas nessa mesma linguagem; são objetos criados que mobilizam a sensibilidade, inquietam, nos põem a trabalhar, pois não formulamos essa pergunta diante de qualquer rabisco, imagem, linha, forma, frase que encontramos em um cotidiano povoado de estímulos visuais, sonoros, gráficos.

No texto "O limiar da arte", Donatella Righetti (1970) explora as relações entre "expressões de tipo artístico e doenças mentais", e pergunta a um psicanalista, um psicólogo e um crítico de arte se "no caso de pinturas ou desenhos realizados por doentes mentais, podemos falar de obras de arte". A resposta do crítico de arte Gillo Dorfles à pergunta de Righetti (1970, p. 48) não deixa dúvidas, ele toma partido de uma dessas vertentes: "a obra de arte não pode ser definida como tal, se não existem uma técnica e uma vontade precisa de fazer uma obra de arte". Quando solicitado a proferir um juízo estético sobre alguns quadros produzidos por esquizofrênicos, negou-se a fazê-lo dizendo que essas obras teriam valor puramente diagnóstico, terapêutico, catártico. Sobre as estereotipias e repetições do mesmo motivo presentes nessas obras e também frequentes na pintura moderna, diz que "o artista chegou, neste caso, a uma rarefação do próprio mundo através de pesquisa consciente, racional. Não me parece que possamos tecer comparações". Terminou por concordar com a entrevistadora quando esta concluiu, com base no que o crítico havia dito, que para julgar uma obra teríamos que saber quem a realizara (in: Righetti, 1970, p. 48).

Porém, sabemos que o que hoje classificamos como arte está submetido a um regime de valor que é próprio do nosso tempo; portanto, nem eterno, nem universal. Podemos reconhecer hoje arte e objetos de arte em todas as civilizações, grupos, tribos, como o fez Mário Pedrosa; onde há homem, há arte. Mas esse reconhecimento se dá com as lentes do nosso tempo, porque entendemos arte de certa maneira, definimos e classificamos essa atividade humana com base em determinado código.

Para muitos povos aquilo que hoje encontramos e, maravilhados, depositamos nele o mais alto valor artístico, era uma forma de atravessar uma montanha[13], um utensílio para preparar uma comida, ou uma forma de tentar controlar magicamente as intempéries do mundo, os deuses, os inimigos, os animais.

A definição de algo como objeto de arte depende de parâmetros circunstanciais e datados. Mas o que faz uma determinada produção pertencer a um universo de sentido e não a outro? O que faz que um objeto qualquer passe a ser compreendido e percebido como obra de arte?

No mundo contemporâneo estamos às voltas com inúmeras definições de arte e tentativas de compreender essa esfera da criação humana. No livro *Arte é o que eu e você chamamos arte*, Frederico Morais (1998) nos apresenta 801 definições de arte e do sistema da arte. Mas mesmo que possamos definir arte de infinitas maneiras ou ainda que não consigamos defini-la de maneira alguma, nossa cultura toma alguns objetos criados como arte e outros não.

Ao longo deste trabalho, pudemos acompanhar que o território coberto por essa categoria se deslocou para abranger em seu interior, mesmo que de forma categorizada como arte bruta, arte virgem, arte dos loucos ou arte incomum, algumas produções de algumas pessoas-margem. Vimos que houve uma transformação da crítica de arte em relação às produções ocorridas fora do espaço institucional da arte, em especial aquelas ligadas à situação de internamento associado à loucura. Mas se isso implica uma ampliação da concepção de arte que, de forma mais ou menos clara, passou a comportar produções estéticas marginais, indica também, e principalmente, uma mutação na sensibilidade contemporânea.

De alguma maneira, como nos sugere Peter Pelbart (1998, p. 66), o desafio que atravessa o projeto estético contemporâneo de "presentificar o excesso do impresentificável, utilizando o informe como indício desse mesmo impresentificável" – pedindo uma estética fragmentária, complexa, feita de fluxos –, atravessa também algumas experimentações estéticas que se fazem na fronteira da clínica ou da patologia e que evocam dor e colapso, além de metamorfoses e intensidades sem nome. Essa mutação da sensibilidade talvez nos ajude a compreender a recuperação da obra de Qorpo-Santo, cem anos depois de sua produção, quando foi impressa e enviada à posteridade. Por que hoje lemos esses textos com interesse? Para Flávio Aguiar (1975), a recuperação de uma obra é um longo processo de idas e vindas, de avaliações e reavaliações.

Os escritos de Qorpo-Santo haviam permanecido por um século enterrados em antigas bibliotecas ou guardados em coleções particulares como raridade e no início da década de 1960 foram descobertos por um grupo de intelectuais, professores e alunos universitários de Porto Alegre. O interesse inicial voltou-se para as peças de teatro e, alguns anos depois, na noite de 26 de agosto de 1966, se deu o momento privilegiado no qual aquilo que pertencia ao esquecimento coletivo retorna: três peças do escritor estrearam em Porto Alegre. Segundo Aguiar, em um século não se teve notícias de qualquer montagem das peças de Qorpo-Santo. A montagem de 1966 foi muito bem recebida pelo público, e a temporada, prevista para cinco dias, foi estendida, com plateias sempre lotadas.

No ano seguinte, Décio Pignatari (1971), em passagem por Porto Alegre, travou contato com o grupo que havia realizado essa montagem e conheceu o texto das três peças encenadas. Sua impressão foi a de que o teatro de Qorpo-Santo era um teatro de costumes que havia sofrido uma desregulagem de registro, o que lhe deu um tônus geral sinistro, entre metafísico e surrealista, configurando um antiteatro, que, se lembrava Ionesco, tinha parentescos também com Artaud. Pignatari colocou a obra do autor gaúcho na companhia das de Sousândrade e Kilkerry, que, segundo ele, emergiram do passado para tonificar nossa literatura dramática e poética.

Em fevereiro de 1968, dois anos depois da primeira montagem em Porto Alegre, a dramaturgia de Qorpo-Santo estreava no Rio de Janeiro. O Teatro do Clube de Cultura de Porto Alegre apresentou no V Festival de Teatro de Estudantes "Mateus e Mateusa" e "Eu sou vida; eu não sou morte", colocando paulistas e cariocas em contato com a obra de escritor gaúcho. O crítico Yan Michalsky, que estava presente, escreveu uma crítica no *Jornal do Brasil* chamando a atenção para a precocidade, o modernismo e a ousadia de Qorpo-Santo, ressaltando "a qualidade intrínseca de suas pequenas peças, seu espantoso instinto cênico, sua fantástica imaginação e a lucidez com a qual, dentro do mais delirante clima de aparente loucura, desfecha impiedosos golpes contra alguns dos aspectos mais rançosos de seu ambiente" (Rio de Janeiro, 8 fev. 1968).

Em maio do mesmo ano, "As relações naturais" estreou no Rio de Janeiro, atraindo muita atenção e provocando um debate acalorado. Luis Carlos Maciel (1968), o diretor dessa montagem, publicou um texto no *Correio da Manhã*, no qual afirmava que Qorpo-Santo, como dramaturgo, não lidava com personagens, mas com forças em conflito e que via em sua dramaturgia a dissolução de todas as categorias dramáticas tradicionais: a estrutura dramática se desintegrava em uma série de cenas desarticuladas; os personagens perdiam a coerência psicológica; a trama não tinha rumo ou objetivo; as situações eram dispersas, imprecisas; a forma dramática era substituída, como no teatro do absurdo, por uma nova forma teatral composta de imagens dispersas aparentemente interligadas, sem que houvesse qualquer mediação dramática na *mise-en-forme* de seu teatro.

Cem anos foram precisos para que fosse engendrada uma sensibilidade com a qual esta obra pudesse conversar. Uma sensibilidade que se perturba, mas é extremamente atraída pela despreocupação, presente na *Ensiqlopèdia*, de hierarquizar temáticas; pela forma rizomática de construção dessa obra, cuja avalanche de textos e ideias não tem nenhuma estrutura linear que siga determinada racionalidade e possa ajudar o leitor a nela navegar. Qualquer ponto pode conectar-se a qualquer outro indefinidamente e cada uma dessas conexões ilumina de forma diferente cada pequeno trecho.

Uma sensibilidade que ressoa com a premência e a urgência com que esses textos foram produzidos "em costas de cartas, numas cartas velhas, em velhos recibos, alguns requerimentos, também atestados" (Qorpo-Santo, 2000, p. 18). Alguns deles até perdidos pelo descompasso entre a acelerada criação mental e o ritmo mais lento do trabalho com a matéria da escrita, como o próprio autor nos revela: "Creio haverem-se perdido vinte e tantas peças para teatro e outras tantas para música por as não haver podido escrever nos dias em que as produzi" (apud Fraga, 1988, p. 90).

Uma sensibilidade que é tomada pela expressão de precariedade do tempo e do espaço, pelo retrato caótico de nossa existência que ali se encontra e está totalmente implicada na tensão entre ter que ser um e sentir-se muitos; com a inconsistência de personagens que morrem e ressuscitam, mudam de nome, desaparecem; com o dilaceramento de uma subjetividade "hesitante entre a vertigem da queda e a recuperação de si própria" (Fraga, 1988, p. 20).

Uma sensibilidade que dialoga e interfere nos textos por meio da porta deixada aberta pelo próprio autor ao solicitar do leitor que os complete, corrija, reinvente.

São procedimentos e processos artísticos que, segundo Fraga (in: Qorpo-Santo, 2001, p. 12), "ao olhar contemporâneo, parecem extremamente sofisticados e, mais que tudo, extremamente artificiosos, indo de encontro à tendência da arte atual de assumir, e não esconder sua artificialidade". Trabalhando com coisas e situações absolutamente banais, mas tratando-as de forma a perturbar qualquer ordem ou organização que pudesse estar presente, Qorpo-Santo desintegra o cotidiano e o torna estranho para nós.

Flávio Aguiar (1975) nomeou a dramaturgia de Qorpo-Santo de "teatro da paralisia". Cada uma de suas peças oferece infinitas opções na escolha dos processos teatrais para aquele que se propõe a montá-las; sem optar por quaisquer desses caminhos, o procedimento parece ser o de um salto mortal que se interrompe paralisando-se no ar.

Essa paralisia intriga o olhar contemporâneo que busca encaixar esse teatro em uma das categorias do teatro atual. A primeira das categorias a qual ele foi relacionado foi com a do teatro do absurdo, com afirmações de vários críticos de que Qorpo-Santo terá sido seu precursor (César, 1969; Michalsky, 1968). Outros, como Fraga (1988), associam seus procedimentos à escrita automática dos surrealistas. Flávio Aguiar (1975) recusa essas categorias, afirmando que Qorpo-Santo foi o precursor de si próprio. Ilumina, assim, o processo de criação de si que acompanha aquele da criação da obra. Uma obra e um si mesmo que testemunham a precariedade a partir da qual é possível fazer arte.

NOTAS

1 • Sobre esse aspecto, a visão de Nise difere da de Jung. Para ele, a atividade plástica é insuficiente para levar a cabo um trabalho analítico, que exige compreensão intelectual e emocional dos conteúdos expressos para que possam ser integrados à consciência. Nise atribui essa divergência de opiniões à diferença que haveria entre a clínica de neuróticos e de psicóticos (1981, p. 135).

2 • Um "bom encontro" para Spinoza é aquele que produz alegria, isto é, aumenta a potência de agir dos corpos envolvidos. Pensamos que o encontro entre Mário Pedrosa e os artistas do museu potencializou a todos: artistas, críticos, psiquiatras e mesmo a própria arte brasileira.

3 • Para Pedrosa (1995 [1975]) a distinção entre arte culta e arte popular é fruto de uma sociedade dividida em classes e expressa a dominação ideológica da burguesia, já que a chamada arte erudita, ou simplesmente arte, reivindica para si toda a criatividade humana.

4 • Para um conhecimento mais aprofundado das críticas produzidas sobre as exposições do Museu de Imagens do Inconsciente, remeto o leitor à pesquisa desenvolvida por Gustavo Henrique Dionísio (2000), na Unesp: "Psicologia da forma e as imagens do inconsciente: de Mário Pedrosa a Nise da Silveira".

5 • Deteremo-nos mais atentamente nas críticas deste autor por representar o contraponto mais claro, consistente e insistente às idéias de Mário Pedrosa relativas aos trabalhos do Engenho de Dentro. Quirino Campofiorito era, além de crítico de arte, pintor e professor.

6 • Notemos que o termo usado por Pedrosa é o mesmo que Jung utilizava para designar uma forma do fazer artístico no qual a obra se impunha ao autor, como vimos anteriormente. No entanto, não podemos afirmar que a origem do termo utilizado pelo crítico seja esta, embora saibamos que a esta altura seu contato com Nise da Silveira já se estreitara.

7 • A denominação "cinecromático" foi cunhada por Mário Pedrosa, algum tempo depois de o aparelho ter sido inventado.

8 • O cinecromático foi recusado na I Bienal de São Paulo por não se enquadrar em nenhuma das categorias regimentais. Devido a problemas com as obras da delegação japonesa, foi autorizada sua presença na sala deixada vazia. Acabou sendo visto pelo júri internacional, recebeu menção honrosa e a indicação de que deveria figurar entre as obras do MAM de São Paulo.

9 • Guattari (1992) tomou o termo de Francisco Varella, para quem o ser vivo seria uma máquina autopoiética: aquela que engendra continuamente sua própria organização e seu próprio limite.

10 • Para Pedrosa (1980) essa origem negra marcou-lhe o destino de louco e de artista. Aguilar (2000) também comenta a origem negra de grande parte dos artistas do Engenho de Dentro, associando essa informação à observação que Jung fez sobre as pinturas dos esquizofrênicos brasileiros, por meio das quais adivinhava a ausência do medo do inconsciente por parte dos artistas e de quem com eles trabalhava.

11 • Nise da Silveira (1981) tomou a expressão de Minkowski para quem o *espaço claro* caracteriza-se pela nitidez do contorno dos objetos e pela existência de espaço livre entre as coisas; já o *espaço escuro* indica que o espaço vital estreitou-se, o que leva à sensação de que a distância entre os objetos apagou-se e eles ficam sobrepostos uns aos outros.

12 • Suely Rolnik (2001) chama de "operador pragmático" a dimensão psicológica da subjetividade que comporta as faculdades de memória, inteligência, percepção, sentimento, ou seja, aquilo que nos permite situar no mapa dos significados vigentes. Mas, para a autora, na relação entre a subjetividade e o mundo intervém algo mais do que esta dimensão psicológica que nos é familiar; este algo mais se passa em outra dimensão da subjetividade, que ela chama de dimensão estética.

13 • Deleuze e Guattari (1997b) citam em "Tratado de nomadologia: a máquina de guerra" um texto de Elie Fauvre sobre um povo itinerante da Índia que em sua passagem pelo interior de montanhas de granito ia deixando para trás, esculpidas nas rochas, formas magníficas.

Conclusão
Arte, clínica e loucura. Devires

> O PERCURSO DAS OBRAS DO MUSEU DE
> IMAGENS DO INCONSCIENTE

Muito tempo ainda seria necessário para que as exposições dos trabalhos dos artistas do Engenho de Dentro se livrassem definitivamente dos diagnósticos e das histórias clínicas que acompanhavam as obras e rompessem de uma vez por todas com a arte psicopatológica. Desde as primeiras exposições de trabalhos de internos de hospitais psiquiátricos, na década de 1940, muitas se seguiram ao longo desse tempo que nos separa delas. E a temática que estava em jogo no debate entre Mário Pedrosa e Quirino Campofiorito parece tê-las acompanhado de alguma forma.

Durante a década de 1980, duas grandes exposições – "Região dos desejos" e "Arte e loucura: limites do imprevisível" – estiveram em cartaz em São Paulo atestando o interesse cultural pela questão. Segundo João Frayze-Pereira (1995), nessas ocasiões muito se falou e se escreveu sobre a relação entre doença mental e arte, e nesses textos os artistas eram quase sempre tratados como crianças ou ingênuos e o valor das obras recaía, frequentemente, sobre a curadoria das exposições ou sobre o responsável pelo trabalho clínico que havia possibilitado aquelas obras.

Em 1981, a "Exposição de Arte Incomum", inserida na XVI Bienal de São Paulo, trazia ao lado das obras, ainda como nas mostras dos anos 1940, o diagnóstico dos pintores e uma rápida história de caso. A esse respeito, Jô Benetton (1984) conta que jovens em tratamento no Hospital-Dia A Casa foram visitar essa exposição e ficaram indignados com essa forma de apresentação dos trabalhos que enfatizava mais a discussão clínica que os procedimentos ou a linguagem da obra.

Quase vinte anos depois, em 2000, o módulo *Imagens do Inconsciente* da exposição "Brasil 500 anos: mostra do redescobrimento" – um panorama que pretendeu abarcar toda a produção visual brasileira – parece finalmente incorporar um novo desenho para a relação entre o campo da arte e certas populações em sofrimento ou em desvantagem social, desenho que já estava de alguma forma indicado na inflexão provocada pela experiência do Engenho de Dentro. Nessa exposição não encontramos mais, ao lado das obras, os diagnósticos de cada artista, como se esses trabalhos tivessem finalmente se libertado dos últimos resquícios que os ligavam ao campo psicopatológico para serem definitivamente assimilados à produção cultural brasileira. Tal fato parece ser índice de uma revolução sutil e silenciosa, que tem se operado no campo em que a arte se encontra com essas pessoas-margem.

Nélson Aguilar, curador-chefe da mostra, considera que essa exposição corrige um equívoco histórico. A tentativa de categorização do surto criativo revela-se cada vez mais uma tentativa supérflua: "Apesar dos esforços por enquadrá-la racionalmente, não há adjetivos para a arte, ela aflora de qualquer ambiente, em qualquer condição" (*apud* Cancino, 1999).

A referência a Nise da Silveira importa como alguém que, com seu esforço e delicadeza, inventou um dispositivo que possibilitou a produção de muitas dessas obras, significou-as de forma inovadora e colocou-as em contato com outros olhares exteriores ao campo clínico (este último procedimento foi fundamental para o deslocamento do lugar que essas obras ocupavam no universo cultural).

A apresentação, por meio de vídeos, do lugar onde viveram os artistas deste módulo não está mais a serviço de questionar se essas produções são ou não arte, mas de marcar o lugar de exclusão e marginalidade a que foram confinados por muito tempo artistas e obras. Durante todo o século XX, muitos foram os que lutaram para a inclusão social das pessoas com experiência de sofrimento mental; outros, como Mário Pedrosa, pela inclusão de suas obras no circuito cultural e artístico.

Mas por que os pequenos relatos da vida de cada um dos pintores estão presentes? E por que não deveriam estar? Não estão, nessas obras, arte e vida indissoluvelmente ligadas? Não é essa ligação profunda que tantos artistas modernos procuraram e que aqui fulgura com brilho intenso? E não é também parte dessas obras, e forte marca cultural e histórica de nosso tempo, o lugar onde foram produzidas? E não é ainda mais espantoso que pessoas vivendo uma vida que nos parece tão empobrecida tenham tido a força de produzir tanta beleza? Beleza e força que, do lugar que ocupam hoje na cultura, questionam e fazem estremecer as bases de uma certa lógica manicomial e um certo modo de ver a loucura, a doença, a diferença.

Talvez este seja um dos efeitos mais poderosos dessa obra coletiva. Obra composta pelas produções plásticas de cada um dos artistas, pelos bons encontros que as obras e sua realização promoveram para todos os envolvidos, pelos monitores de ateliê, pelo trabalho incansável daqueles que continuam sua labuta no Engenho de Dentro, seja na criação de formas de atenção aos novos pacientes, seja no cuidadoso trabalho de arquivo, memória e recuperação dos trabalhos realizados, e que nessa mostra nos expõem essas preciosidades de forma impressionantemente bela. Obras compostas, enfim, pelo dispositivo que acolheu e produziu uma *bricolage* de artistas, terapeutas, produções criadoras de mundos, como a nos dizer que toda obra é sempre coletiva, realizada a partir de compostos heterogêneos das pessoas que circulam em torno dela, dos afetos que produzem os signos, aos quais ela tem a função de decifrar.

O módulo *Imagens do inconsciente* tem ainda outra importância: inclui, mesmo que seja em um espaço exterior ao módulo *Arte moderna e contemporânea brasileira*, a produção desses artistas reconhecendo sua importância para a arte brasileira do século XX, como deixa claro a apresentação desse módulo presente no folheto da exposição distribuído ao público: "Vozes que partem do interior do hospital psiquiátrico dialogam com as vanguardas artísticas do século XX, nublando os limites entre normalidade e patologia, e afirmando-se decididamente como obras de arte" (folder da Exposição "Brasil +500 – Mostra do Redescobrimento", São Paulo, 2000).

Dessa forma, a arte brasileira moderna e contemporânea foi marcada, em alguma medida, pela força de obras produzidas fora do espaço institucional da arte, em especial nos manicômios.

A arte moderna, tendo como um de seus procedimentos mais frequentes a pesquisa de estilos, de linguagens, formas de expressão, formas de fazer arte desenvolvidos em outros campos, por povos ou pessoas que estão fora do circuito instituído da arte, procurou e promoveu seu encontro com essas obras. Vimos que no Brasil essa marca ganhou uma faceta própria. As tendências da arte moderna europeia atravessaram o oceano ao mesmo tempo que os primeiros ventos do pensamento psicanalítico. Por outro lado, as práticas ergoterápicas desenvolvidas nos manicômios receberam os sopros desses ventos que varriam a vida cultural em nosso país. Um procedimento antropofágico possibilitou que as influências europeias nesses três campos fossem deglutidas de forma a fazê-las misturarem-se e interferirem-se mutuamente.

ARTE CONTEMPORÂNEA NA VIZINHANÇA DA CLÍNICA

Talvez não seja por acaso que dois artistas plásticos contemporâneos brasileiros desenvolveram obras marcadas por uma inquietante proximidade com o espaço clínico e habitaram essa *zona de indiscernibilidade* entre arte e clínica de maneira muito bem-sucedida e com efeitos muito poderosos: um artista louco, Arthur Bispo do Rosário, e uma artista que se quer terapeuta, Lygia Clark. Ambos nos interessam justamente no ponto em que colocam em questão o sistema da arte que eventualmente pode não defini-los como artista, ou como arte aquilo que fazem.

No trabalho de Lygia Clark, o quadro e sua moldura constituíram a primeira metáfora do limite a ser estendido, questionado ou mesmo atravessado ou abolido, em direção a outros suportes. O desdobramento desse projeto poético levou à obra *Caminhando*, a partir da qual a artista passou a atribuir uma importância cada vez maior ao ato realizado pelo espectador, agora participante da obra. Para ela, a partir daí a obra é o ato, a experiência que se vive naquele fragmento de tempo. "É preciso – diz ela – absorver o sentido do precário para descobrir, na imanência do ato, o sentido da existência" (in: *Lygia Clark*, catálogo, 1997).

Essa pesquisa levou-a ao limite do campo artístico. A artista acabou por desembocar em uma região fronteiriça na qual arte e clínica estão implicados em suas conexões, em suas dissonâncias, gerando um espaço de tensões que provoca desestabilização nos dois campos. As proposições que desenvolveu em seu consultório experimental muitas vezes não foram consideradas artísticas, o que denota uma tentativa de manter claras as fronteiras entre os dois campos.[1] Mas essas experimentações estético-clínicas escapam a toda tentativa de uma leitura puramente terapêutica de seu trabalho e trazem para o universo das artes uma dimensão clínica ainda de difícil compreensão.

Da mesma forma, não parece ser apenas coincidência que a produção impressionante e descomunal de Arthur Bispo do Rosário – um universo paralelo recriado dentro da cela de um manicômio por ordem divina – possa ser analisada no contexto da arte contemporânea, tal como o fez Frederico Morais para afirmar que ela transita com absoluta originalidade e competência no território da arte atual. Aos que insistiram em separar as esferas da loucura e da arte, Frederico Morais (1990, p. 18) afirmou que "arte tem a ver com tudo, inclusive com a loucura", acrescentando que a criação artística nunca é um ato totalmente consciente. Para este crítico, "Bispo é tosco, direto e rude, pois lida com materiais pobres, os 'materiais da vida'. Ele é um fazedor de coisas, um demiurgo, alguém capaz de arrancar as coisas de sua banalidade e de sua concretude material para dar--lhes um novo significado, como Marcel Duchamp" (Morais, 1990, p. 22).

Transitando entre a indigência e a loucura, Bispo do Rosário passou grande parte de sua vida em um manicômio. Podemos dizer que sofreu a concretização de processos de exclusão que seguem de perto certas existências. Contudo, o que a trajetória de Bispo nos mostra é que ele criou dentro do manicômio agenciamentos que permitiram que a vida continuasse pulsando em seu corpo. Estranhamente, durante quarenta anos, Bispo conseguiu driblar eletrochoques, lobotomias e até medicação (dizendo que esta lhe minava a capacidade de trabalho) e proteger a si e a sua produção, construída fora de qualquer proposta terapêutica, por uma necessidade de tal intensidade que nem as amarras institucionais foram capazes de apaziguar.

Somente nos anos 1980 sua obra atravessaria os muros da Colônia Juliano Moreira. Com a abertura política, jornalistas e cinegrafistas cruzaram os portões do manicômio e flagraram um inferno, até então escondido de todos, e um universo paralelo, o de Arthur Bispo do Rosário. Teve início então a polêmica em torno de sua obra: seria arte ou não? Em 1982, aconteceu a única exposição de seus trabalhos enquanto estava vivo, no MAM do Rio de Janeiro. Chamava-se "À margem da vida".

Mas Bispo esteve mesmo à margem da vida? Ou, ao contrário, não esteve a vida, em toda a sua potência criadora, habitando aquela pequenina cela de um manicômio? De que tipo de vida esteve Bispo à margem em sua passagem pela terra? Essa trajetória mostra outra face daquilo que podemos chamar de marginalidade: um movimento de desterritorialização, de ruptura com relação a certos territórios disponíveis, que pode conter em seu bojo uma possibilidade de reterritorialização em outro lugar.

Sobre Bispo do Rosário, Aguilar afirmou: "Ao tecer aqueles suntuosos mantos, Bispo [...] provou que, nos hospitais psiquiátricos brasileiros, se produziu uma extrema vanguarda, sem precedentes na história da arte" (*apud* Cancino, 1999). Mas, além das ressonâncias entre suas construções e aquelas da arte contemporânea, ressaltadas por Frederico Morais, chama a atenção, também, a potência de seu processo criativo que escapa a toda tentativa de leitura psicopatológica, e a força com que esse processo criativo protegeu e fez surgir criador e obra. Ao lado do produto construído em anos de reclusão, vemos um produto imaterial, a própria vida que ali se fez.

Dessas duas trajetórias, de Bispo do Rosário e Lygia Clark, interessa-nos afirmar seu caráter estético e ao mesmo tempo manter, de alguma forma, sua exterioridade em relação ao sistema da arte e a desterritorialização que provocam.

Outros acontecimentos no campo da arte evocaram ressonâncias com a clínica, agora em novos patamares. Em 1989, Arnaldo Antunes foi convidado para organizar uma mostra a partir do vasto material do acervo do MAC-USP. O convite da exposição mostra que seu intento era criar uma exposição marcada pelo signo da precariedade (Antunes, 2000). Procurou assim, no acervo, obras em que o processo de criação fosse mais aparente, ou ainda, se tornasse o próprio objeto estético, como cadernos de anotações, esboços, obras inacabadas. Transitou, dessa forma, como ele nos diz, por "não-obras" ou "quase-obras" ou por "obras fora da obra".

De outro lado, os estudos de crítica genética se debruçaram sobre o processo criador em sua manifestação na arte, processo marcado pela estabilidade precária das formas por meio do qual algo que não existia antes passa a existir. O interesse desses estudos é ultrapassar os limites da obra entregue ao público e observar a arte sob o prisma do gesto e do trabalho. "Ao introduzir na crítica essa noção de tempo, seus pesquisadores passam a lidar com a continuidade, que nos leva à estética do inacabado" (Sales, 1998, p. 20).

Na perspectiva desses estudos, a arte não é só o produto considerado acabado pelo artista, mas compreende um estado de criação de contínua metamorfose que delineia um percurso feito de formas de caráter precário. Trata-se, portanto, de uma visão que põe em questão o conceito de obra acabada, colocando-nos diante de uma realidade em constante metamorfose. A obra entregue ao público é apenas um dos momentos do processo, um emolduramento do transitório. Assume-se, assim, uma nova perspectiva estética que nos leva a considerar a "beleza da precariedade de formas inacabadas e da complexidade de sua metamorfose" (Sales, 1998, p. 160).

A própria ideia de obra de arte torna-se obsoleta. Celso Favaretto (in: *Isto é arte?*, 1999) relata que em meados dos anos 1960 a ideia de objeto teve a força de codificar todo um conjunto de transformações que vinham ocorrendo desde o início do século e de abrir perspectivas para o que viria depois. As obras de arte abandonam essa designação e passam a ser chamadas indistintamente de objetos.

Hoje, muitas são as formas de arte que não se materializam em uma coisa ou um objeto e, em alguns casos, nem sequer podem ser vistas, existem apenas na cabeça de quem as pensa, como no caso da arte conceitual. Outras existem apenas no momento em que as experimentamos e depois se desfazem com a efemeridade daquilo que é mais da ordem da duração que da extensão. A arte, sem adjetivações, passa a ser povoada por performances, ações e experimentações. Como nos ensina Celso Favaretto,

> Na busca de novos rumos da sensibilidade contemporânea [...] a atividade artística desloca o acento das obras para a produção de acontecimentos, ações, experiências, objetos [...] liberando uma significação básica: a reinvenção da arte é

condição para que ela possa intervir na transformação radical do homem e do mundo. Assim fazendo estaria realizando e ultrapassando as categorias de arte, tornadas categorias de vida, seja pela estetização do cotidiano, seja pela recriação da arte como vida. (In: Fabbrini, 1994, p. 7)

Para Favaretto, a arte pode ser muitas coisas, mas é, sobretudo, uma experiência da delicadeza (in: *Isto é arte?*, 1999). A percepção das nuances na arte é uma espécie de treinamento não consciente para a percepção de outras esferas da vida. Nesse sentido, uma experiência estética pode provocar uma mutação da sensibilidade. E aqui o artista deixa de ser o mago criador para tornar-se propositor de situações que vão chamar a interferência dos ex-espectadores, agora participantes, e ambos configurarão o que se chamava obra.

Nesse contexto, artísticos podem ser momentos clínicos de intensidade ímpar, que não podem ser repetidos, mas que têm a potência de provocar mutações subjetivas, ampliar a capacidade de ser afetado, potencializar a vida. Assim também, experimentações criadoras de sujeitos que são estrangeiros ao mundo das artes ganham outra dimensão e outro valor. No encontro, com a diversidade de formas de existência e com as formas expressivas as mais inusitadas, artistas buscam uma ruptura da linguagem artística e do sistema da arte para que se instaure a expressão (Gullar, 1982, p. 12). Poderíamos dizer que se busca resgatar a eficácia da obra de arte, que diz respeito à sua capacidade de engendrar um devir, uma posterioridade, de instaurar novas esferas de possibilidades, novos campos de visibilidade e gerar seus sujeitos.

Entre a busca de ruptura da linguagem e o esforço por inserir na linguagem expressões singulares, solitárias e sem sentido até então, o fazer artístico e o fazer terapêutico se encontram. E se a arte passa a poder comportar esse tipo de experiência-limite e assim "preparar, para além da cultura, uma relação com aquilo que a cultura rejeita" (Blanchot *apud* Pelbart, 2001, p. 56), isso terá também profundas consequências para a clínica.

CLÍNICA CONTEMPORÂNEA NA VIZINHANÇA DA ARTE

No campo clínico, temos assistido nos últimos 25 anos à construção de um grande número de práticas nas quais atividades artísticas são chamadas a participar de um processo de transformação das instituições psiquiátricas e de questionamento e redefinição do lugar da loucura, colocando em relevo e explorando aspectos variados da arte e produzindo novas formas de pensar e exercer a terapia ocupacional.

As primeiras experiências de desinstitucionalização[2] produzidas no Brasil no interior de grandes manicômios tiveram nas atividades um importante aliado. Nelas houve uma busca por ampliar os recursos terapêuticos, e, nesse contexto, procurou-se "ver no domínio das atividades artísticas, expressivas e seus produtos novas possibilidades no campo das trocas sociais e da produção de valor" (Nicácio, 1994, p. 170).

A proposta de transformação institucional realizada no Juqueri, nos anos 1980, que buscava redução da taxa de mortalidade, aumento de altas, humanização das condições de internação e trabalho, tinha nos centros de convivência um dos principais instrumentos para a implementação dessas mudanças, com projeção de filmes, realização de atividades artesanais, teatro, música, esportes e a reorganização da Escola Livre de Artes Plásticas. "Através das atividades desenvolvidas nos centros pretendia-se romper com o confinamento nos pátios, devolver ao interno direito de decidir aonde ir e o que fazer, produzindo um novo tipo de relação" (Nascimento, 1991, p. 130).

Essas iniciativas provocaram fortes resistências e, em pouco tempo, foram desarticuladas e inviabilizadas. No entanto, alguns anos depois, a experiência de desinstitucionalização da Casa de Saúde Anchieta, em Santos, levou a proposta de intervenção institucional mais adiante.

Para a equipe que realizou a intervenção no Anchieta, em 1989, e que prosseguiu o trabalho no sentido da sua desmontagem, era necessário sair da instituição, intervir na vida cultural da cidade e transformar valores. Fernanda Nicácio (1994) conta que no início do processo de desconstrução desse hospital psiquiátrico teve lugar a invenção de um espaço de convivência: o Centro de Convivência TamTam, com objetivo de agir na transformação institucional, gerando acontecimentos no pátio do hospital: momentos de troca, encontro e criação.

Foi desenvolvido, então, um conjunto de ações que buscava, por meio da arte, tematizar as oposições saúde e doença, normal e patológico, loucura e sanidade. A arte era vista como um instrumento de enriquecimento de vidas, de descoberta e ampliação de potencialidades singulares, de acesso a bens culturais. O Centro de Convivência foi sendo incrementado e ganhou novas dimensões, passando a interferir na vida cultural da cidade, com programas de rádio, shows, exposições, entre outros.

Segundo Nicácio,

> esse conjunto de intervenções artísticas e culturais não se identifica com propostas de elogio à loucura: trata-se de atravessar os campos de saúde e doença, de uma profunda ruptura com o modelo clínico ou outras formas de codificação do sofrimento, de se confrontar com os valores culturais que atribuem desvalor à diversidade, à deficiência, à ruptura com as normas. (1994, p. 176)

Do mesmo período é a criação do Espaço Aberto ao Tempo, marcado por fortes referências à face experimentalista do trabalho de Nise da Silveira e pela presença da arte contemporânea, em especial do trabalho de Lygia Clark e seus objetos relacionais. Essa instituição viva surgiu do inconformismo perante a força de mortificação de uma enfermaria psiquiátrica, que puxava para seu próprio centro vazio qualquer pulsação vital.

Lula Wanderlei (2002) conta que foi a experiência de estruturação do Self — como experiência viva da arte — que forjou a possibilidade de construção, em uma das enfermarias do Hospital do Engenho de Dentro, no Rio de Janeiro, de um método capaz de libertar pacientes e técnicos da disciplinada e mecânica medicina psiquiátrica. Essa construção teve como ponto de partida a disposição da equipe de uma enfermaria desse hospital de enfrentar a tarefa de um trabalho conjunto sem definição prévia de papéis, no qual as identidades profissionais iam pouco a pouco se dissolvendo em direção a uma identidade coletiva pautada na produção do encontro, no afeto, na criatividade e na criação de linguagens.

Uma das estratégias utilizadas para a transformação da estrutura clínica da enfermaria foi sua abertura em direção ao espaço mais amplo do hospital e o povoamento desse espaço por diferentes atividades, o que deu origem a oficinas múltiplas – de tecelagem, cerâmica, culinária – e a grupos de criação musical, corporal e literária. Para Wanderlei,

> O sofrimento da vivência psicótica, se revelando como um corte na comunicação com o mundo, faz do exercício das linguagens – visual, auditiva, corporal –, organizadas em encontros (oficinas, grupos e psicoterapias), as ferramentas para um cotidiano que propicie plenitude/vida. [...] É a partir desses pequenos territórios, com organização própria e autonomia, que o participante inicia a experiência do ambiente como totalidade. (2002, p. 145)

A experiência do Espaço Aberto ao Tempo, com sua potência de gerar vida no espaço institucional, contribuiu para o início das discussões sobre o fim do Hospital do Engenho de Dentro e sua transformação em um centro educacional, cultural, recreativo, utilizado como recurso para a comunidade e para as unidades de saúde da região.

A cidade invade o manicômio ao mesmo tempo que as práticas de desinstitucionalização atravessam os muros do hospital, invadem a cidade e passam a intervir nas redes sociais e na cultura, buscando desfazer manicômios mentais. Um número cada vez maior de ações territoriais visa, por meio do desenvolvimento de atividades artísticas e culturais, construir uma emancipação para todos os envolvidos: terapeutas, usuários, artistas. Trata-se de enfrentar o problema da reabilitação dos espaços vividos, criar novas comunidades e outras sociabilidades (Castro, 2001).

Em consonância com alguns movimentos na arte, algumas dessas práticas clínicas que utilizam atividades artísticas deslocaram a ênfase do produto e da visão deste como expressão do mundo interno para investir na ideia de indissociabilidade entre o processo e seus múltiplos produtos. Esses produtos podem ser materiais e imateriais: obras, quase-obras, acontecimentos e efeitos sobre os corpos que criam signos a serem decifrados. Na decifração desses signos, vida e subjetividade são produzidas.

> Não se trata de expressar um universo interior já existente, mas, sobretudo, de criar um estado, um gesto, um trajeto, um rastro, uma cintilância, uma atmosfera, e nessas passagens desencadeadas ir produzindo novas dilatações, novas contrações, de tempo, de espaço, de corporeidade, de afecto, de percepção, de vidência, um pluriverso à imagem e à semelhança desses deslocamentos. (Pelbart, 1998, p. 67)

O "PACTO": UM DISPOSITIVO ARTÍSTICO E CLÍNICO

Envolvidos e atravessados por essas questões, terapeutas ocupacionais, alunos e docentes de terapia ocupacional, artistas, professores e alunos de artes, interessados em desenvolver pesquisas, promover atividades de extensão e contribuir para a formação de terapeutas ocupacionais, entre outros profissionais da saúde e das artes, reuniram-se no Laboratório de Estudo e Pesquisa Arte e Corpo em Terapia Ocupacional (Canguçu *et al.*, 2000)[3]. Nesse laboratório foi criado o Programa Permanente Composições Artísticas e Terapia Ocupacional (Pacto), um dispositivo voltado à comunidade no qual se busca sustentar uma zona de indiscernibilidade entre arte e clínica, mantendo em suspenso a tarefa de diferenciar quando se trata de um ou outro desses campos.

Esse dispositivo se propõe a acompanhar grupos no desenvolvimento de projetos em artes plásticas e experimentações corporais, incluindo em sua proposta o fazer artístico, a atualização cultural e a divulgação das produções realizadas. Ele está aberto para qualquer pessoa da comunidade interessada em desenvolver atividades artísticas e corporais, mas está especialmente voltado a acolher a população tradicionalmente atendida em terapia ocupacional: pessoas com deficiências, usuários de serviços de saúde mental, idosos, pessoas em situação de risco pessoal e desvantagem social.

Algumas pessoas chegam ao programa encaminhadas por serviços de saúde ou instituições da cultura. Outras o procuram espontaneamente por interesse no aprofundamento técnico em linguagens plásticas ou corporais, por estarem em busca de lugares de convivência, ou na tentativa de encontrar espaços de experimentação nos quais seja possível um aguçamento da sensibilidade e a exploração de universos desconhecidos. Experimentação de vozes diversas, timbres, ritmos, sons os mais imprevistos que o corpo possa produzir; o corpo em sua expressividade e em suas mais inesperadas sensações.

Após uma entrevista inicial com o interessado, na qual se exploram os aspectos do cotidiano e as experiências anteriores com atividades, bem como a história clínica e as redes de sociabilidade que possui, este é convidado a participar de um dos grupos do Pacto. São grupos de composição heterogênea, que não se constituem tendo como base uma rubrica diagnóstica ou social. O trabalho com a heterogeneidade coloca as diferenças visíveis e invisíveis, e o olho sensível que pode captá-las, em um lugar de extrema importância. Busca-se potencializar, por meio do trabalho com pessoas diferentes no sentido molar, a gênese de diferenças moleculares, na confrontação com modos de ser dissidentes e na ruptura com modalizações normativas. Constituem-se, assim, grupos de potência heterogênea, que evitam anular ou achatar as diferenças e trabalham para que elas sejam motores de encontro e pertença social (Inforsato, 2001).

Muitas das pessoas que atendemos no Pacto foram ou são institucionalizadas com base em suas diferenças visíveis, o que as levou a conviver predominantemente em grupos muito homogêneos, sob o olhar de especialistas. São escolas para deficientes mentais, instituições para psicóticos, nas quais, muitas vezes, a diferença é homogeneizada e tomada como marca de inclusão na instituição e de exclusão no espaço social mais amplo.

Nesse sentido, o trabalho do Pacto tem como objetivo a criação de um espaço exterior às instituições de tratamento que possa garantir aos participantes a oportunidade de desenvolver seu potencial criativo, artístico, intelectual e formas de expressão singulares. Buscamos possibilitar a eles novas inserções, outros circuitos e a experimentação de um espaço de mistura, de encontro, de troca. Quem sabe possa aí ser inventada uma nova sociabilidade, um novo povo, uma comunidade dos sem-comunidade. Para pensá-la talvez seja preciso construir outra ideia de comunidade, tal como nos propõe Jean Luc Nancy (1986): uma comunidade não de mesmos, mas de diferentes, comunidade de desiguais que compartilham entre si a distância de sua separação e na qual a coexistência com o outro introduz uma espécie de dessimetria.

Ao olharmos além das diferenças identitárias que se nos apresentam, começamos a entrever, por meio de minúsculos e sutis movimentos, pequenas percepções, esboços, traços de diferenças que fazem diferenças, singularidades, devires que são constantemente espantados, mas que, se acolhidos, podem levar o sujeito a outras configurações, instaurando processos de singularização nos quais uma pessoa-margem pode vir a sair de uma situação de marginalidade para seguir um devir-minoritário.

Talvez acompanhando esses processos possamos encontrar uma força subjetiva, coletiva, da qual trata Toni Negri, capaz de resistência diante de um modelo universal que se caracteriza por excluir massas inteiras dessa pretensa universalidade inclusiva. Para isso seria necessário cavar sempre

> a partir do ponto mais baixo: esse ponto não é a prisão enquanto tal, é simplesmente onde as pessoas sofrem, onde elas são as mais pobres e as mais exploradas; onde as linguagens e os sentidos estão mais separados de qualquer poder de ação e onde, no entanto, ele existe; pois tudo isso é a vida e não a morte. (Negri, 2001, p. 55)

Guattari e Rolnik (1986, p. 47) insistem na premência de abrirmos espaços para os processos de singularização que têm como traço comum "um devir diferencial que se sente por um calor nas relações, por uma afirmação positiva da criatividade".

Nesse sentido, nosso intuito é abrir possibilidades para que experimentemos, todos, os caminhos que levam de uma identidade minoritária a um devir minoritário, atuando no enfrentamento dos processos de homogeneização das diferenças. Buscando enfraquecer os enclausuramentos identitários, estamos também em luta contra o desvalor que acompanha algumas marcas e enfraquece vidas e abrindo espaço para que as diferenças se reconectem a movimentos de singularização.

Não é por acaso que a arte e os artistas podem ser aliados preciosos na construção de agenciamentos que não se construam sob a lógica da semelhança, mas que se façam entre elementos heterogêneos, cada um a todos os outros. Entrar em um processo de devir e deixar-se levar por ele, acompanhá-lo, implica seguir linhas de diferenciação portadoras de potências expressivas, entrar em um estado de experimentação, de exploração do meio, que é fundamental à criação artística. Por outro lado a possibilidade de criar formas e configurações a partir da sensibilidade de cada um e de seu processo é imprescindível para que se percorra esse trajeto sem desmoronar ou cair em expressões mortíferas do desejo.

A proposta do Pacto insere-se, portanto, em um campo fronteiriço: é uma proposta de aprendizado e inserção no campo das artes, mas visa a um público que é frequentemente apanhado nas malhas de uma rede de tratamento que produz muitas vezes uma patologização da diferença. Mais do que investir na terapeuticidade das atividades realizadas, busca-se seu caráter de prática sociocultural; mas há, indubitavelmente, uma dimensão clínica que se coloca em questão, o que nos leva a pensar que esse dispositivo instaura uma forma de intervenção em terapia ocupacional de contornos inusitados.

> A arte como uma linha de fuga. Grupos que se configuram com seus "participantes-fugitivos". Fugindo das marcas que ao longo de sua existência tentam fixá-los em identidades de deficientes, doentes, loucos, marginais ou ainda numa infância perene ou como adultos precocemente convocados. Totalizações que clamam menos que a uma libertação, a uma saída. [...] Fugindo desses enquadres totais, encontram um grupo que também quer fugir. Encontram um projeto que quer criar lugares, buscar saídas, "linhas de fuga". (Inforsato, 2001, p. 10)

Aqui a precariedade de cada um dos participantes não é tomada como patologia a ser curada, mas como elemento de um processo vital de autopoiese, de autocriação, e, nessa medida, estético, que tem seus norteadores éticos na produção de diferenças e na busca de uma potência de vida.

As questões que atravessam essa prática atravessaram também a pesquisa a qual nos dedicamos. Essas questões dizem respeito à potência do encontro entre arte e clínica e não à redução de um desses termos ao outro. Estamos interessados em pensar: o que a conexão com a arte potencializa na clínica; como a arte pode, em espaços clínicos, facilitar trajetos quando estamos lidando com processos de subjetivação marcados pela precariedade e o inacabamento, muitas vezes acompanhados pelo desvalor e pela exclusão; o que pode uma terapia ocupacional que se acopla e se conecta com as forças da criação; que tipo de agenciamento entre o campo artístico e o terapêutico pode fortalecer a capacidade de fazer variar os modos de existência e afirmar a vida em sua potência de criação.

PARA FINALIZAR

Essas experiências e invenções que fazem arte e clínica se atravessarem e que vemos proliferar no contemporâneo estão associadas a uma transformação das relações entre esses campos. Ao final de nossa viagem percebemos que essas relações não se esgotaram, mas houve um deslocamento de suas coordenadas, fazendo que surgisse uma nova paisagem, radicalmente diferente daquela moderna, nesse território de embates e composições.

De certa forma, é como se o investimento artístico feito na produção dos loucos tivesse contribuído para libertá-los – ao menos um pouco – de fazer cargo de uma desterritorialização que a sociedade não comporta e tivesse ajudado a espalhar essa desterritorialização, fazendo que se busque o processo esquizo na imanência do processo criador, e não em uma entidade nosológica, que é também exterioridade cultural.

A ressonância entre a sensibilidade contemporânea e o funcionamento esquizo[4] de certas existências dissidentes – um funcionamento cuja produtividade está ligada a um plano de produção que funciona por agenciamentos, conexões de fragmentos heterogêneos – abre caminho para que se dê visibilidade e legitimidade àquilo que o senso comum social despreza, teme ou abomina, invertendo o jogo das exclusões sociais (Pelbart, 1998).

Esse fato tem um poderoso efeito sobre a vida das pessoas que experimentam estados clínicos, efeito que já havia sido vislumbrado por Osório César e por Nise da Silveira. Cada sujeito, ao construir um objeto, pintar uma tela, cantar uma música, faz algo mais que expor a si mesmo e o próprio sofrimento. Ele realiza um fato de cultura (Napolitani *apud* Righetti, 1970, p. 47). O valor que determinadas produções podem ganhar, passando a interessar justamente por seu caráter de singularidade, dissidência, deriva e inacabamento, e sua circulação em um coletivo, provoca um enriquecimento dessas vidas; e aqui estamos tomando a vida, e não a arte, como critério. Ao adentrarem no campo cultural, conectando-se aos modos de expressão dominantes, modos de expressão dissidentes atravessam a linha divisória que os separavam da produção cultural, ganhando cidadania cultural (Frayze-Pereira, 1995, p. 26) e certo poder nas reais relações de força (Guattari e Rolnik, 1986, p. 22), o que é de extrema importância.

No entanto, esses modos de expressão não são investidos de valor somente em um agenciamento com a cultura dominante. Os mais diversos níveis de conexões – com o grupo, com uma coletividade local, com outro que se constitua como interlocutor – são promotores de valor e fazem que a produção de uma obra concorra efetivamente para a recomposição de universos existenciais e para uma produção mutante de enunciação (Guattari, 1992).

E mais. O valor de troca que uma obra venha a ganhar quando é introduzida no circuito das artes não deve descaracterizar seu valor de uso como prática estética, possibilitando que subjetividades em obra possam construir-se a si mesmas, configurando e dando forma ao caos e às rupturas de sentido que muitas vezes as habitam. Dar mais valor à designação de arte ou não arte do que ao processo de experimentação que produziu uma obra, mesmo que precária e efêmera, seria limitar a sensação ao campo da opinião de um espectador (mais ou menos autorizado) ao qual cabe decidir se é arte ou não. "Tanto esforço para re-encontrar no infinito as percepções e afecções ordinárias, e conduzir o conceito a uma doxa do corpo social..." (Deleuze e Guattari, 2001, p. 254).

Por isso, se por um lado nos interessamos por pensar a relação da recepção com as obras e os sentidos que são depositados nelas, por outro voltamos nosso olhar para o processo de criação para tomá-lo a partir de seu efeito na vida e na autoprodução de sujeitos, mapeando os sentidos que a criação tem para aquele que cria.

Para além da opinião, interessou-nos pensar o plano de composição que é possível criar, a consistência que é possível ganhar por meio da manipulação de uma matéria de expressão e os agenciamentos que são produzidos a partir daí. Enfim, pensar as relações que podem ser estabelecidas entre a criação e a produção de uma certa saúde, a invenção de uma forma de enfrentamento da doença, da solidão, do isolamento.

Assim, mesmo que a arte, a clínica e a loucura tivessem mantido sua singularidade – pois são irredutíveis umas às outras, procedendo por meios próprios e respondendo às suas questões específicas –, não cessaram de interferir entre si. Os múltiplos atravessamentos entre os campos produziram mutações em cada um deles, como se, de alguma forma, tivessem sido implodidos como blocos monolíticos e isolados do conjunto das práticas sociais e passassem a se cruzar em outros tantos territórios.

Nesse processo, a loucura encontrou uma linha de fuga que extrapola o campo de uma interioridade subjetiva; a arte, uma outra linha, que pode levá-la para espaços que extrapolam o campo de uma atividade delimitada e autônoma; a clínica, uma terceira linha que pode levá-la a extrapolar o domínio do patológico.[5]

Do mesmo modo, a relação entre os campos também se deslocou. A arte não está mais interessada na loucura como entidade psicopatológica, mas em uma certa forma de produção esquizo, uma desterritorialização que fica adensada nos esquizofrênicos. Segundo René Scherer (1999), o lugar da arte é hoje esse lugar do resíduo que compreende as anomalias da vida humana irredutíveis a um modelo ideal. Anomalias que, afastando-se do normal, nos permitem a pesquisa de uma utopia como não aceitação da realidade reduzida a seus aspectos objetivos. A arte assim pensada em sua dimensão utópica, concebida como afirmação do real e abertura a possíveis, promove o re-encontro do homem com o mundo da vida e com seu corpo vivente e sempre precário. Nesse sentido, anomalia, precariedade e inacabamento encarnam forças de resistência à modelização dos funcionamentos e dos corpos e se aproximam instigadoramente da arte, seja do produto artístico, seja do processo de criação.

A clínica nessa nova configuração é aquela que se faz no território. Ela não está voltada para a remissão dos sintomas, mas para a promoção de processos de vida e de criação, e poderá comportar outra saúde. Não uma saúde de ferro dominante, mas uma irresistível saúde frágil, como diria Deleuze (1997), marcada por um inacabamento essencial que, por isso mesmo, pode se abrir para o mundo; uma saúde que consegue ser vital mesmo na doença.

Para essa clínica, marcada pela ideia de desinstitucionalização, não interessa o sistema da arte ou a arte institucionalizada, mas os procedimentos artísticos associados a uma arte do efêmero e do inacabado que comportem as desterritorializações e os desequilíbrios dos sujeitos dos quais se ocupa.

Quanto aos sujeitos criadores – aqueles que diriam, com Artaud (in: Passetti, 1992), "não temos nada a ver nem com a arte nem com a beleza. O que procuramos é a emoção interessada. Um certo poder de deflagração ligado aos gestos e às palavras" –, esses continuam agarrados por um conjunto de impossibilidades, escavando saídas, criando possíveis, buscando construir linhas de fuga que, por fim, servem para todos nós.

Como diria Carlos Drummond de Andrade, "o problema não é inventar. É ser inventado, hora após hora, e nunca ficar pronta nossa edição convincente".

NOTAS

1 • Para alguns críticos, como Ferreira Gullar (1997), a obra de Lygia desemboca na invenção de um procedimento terapêutico. Esta não é a visão de Suely Rolnik (1997), nem de Guy Brett (1997). Ambos enfatizam a importância de não reduzirmos sua obra a nenhum dos dois campos, mas, pelo contrário, manter aberta a tensão que a obra instaura entre eles.

2 • "O processo de desinstitucionalização foi, e continua sendo, muito inspirador para o movimento da reforma brasileira, já que esse processo produziu uma ruptura com o paradigma asilar e uma nova relação com a experiência do sofrimento psíquico. Esse processo se propõe não só ao recentramento na cidade e à reaproximação de pacientes e comunidade, mas, sobretudo, repensar as condições de cidadania desses indivíduos por um lado retirando-os dos asilos, mas também desconstruindo o próprio asilo, problematizando com isso a psiquiatria e seu pressuposto objeto" (Galletti, 2001, p. 12).

3 • O Laboratório de Estudo e Pesquisa Arte e Corpo em Terapia Ocupacional, do qual faço parte, é um grupo de pesquisa do CNPq, criado em 1996 junto ao Centro de Docência e Pesquisa em Terapia Ocupacional da FMUSP. Congrega docentes, profissionais e alunos do curso de graduação em Terapia Ocupacional da FMUSP, do Programa de Pós-Graduação em Ciências da Reabilitação da FMUSP, do Pacto e dos projetos que têm parceria como o laboratório.

4 • "Nós distinguimos a esquizofrenia enquanto processo e a produção do esquizo como entidade clínica boa para o hospital: os dois estão antes em razão inversa. O esquizo do hospital é alguém que tentou alguma coisa e que falhou, desmoronou. [Mas] afirmamos que há um processo esquizo, de descodificação e de desterritorialização que só a atividade revolucionária impede de virar produção de esquizofrenia" (Deleuze, 2000, p. 36).

5 • É importante lembrar que as linhas de fuga começam por minúsculos riachos, correm entre os segmentos, escapam de sua centralização, furtando-se à sua totalização. Quando dizemos que a clínica encontra uma linha de fuga, não queremos dizer que uma forma hegemônica de fazer clínica desapareceu, mas que foi potencializada uma saída para fora dessa forma hegemônica. No nosso mapa, o ponto de captura mais duro parece ser justamente o da clínica e em particular a instituição que a encarna: o Hospital Psiquiátrico. A equipe do Espaço Aberto ao Tempo (EAT) se debateu praticamente com o mesmo *triste lugar* que Nise da Silveira e seus pacientes habitavam. Nas palavras de Nise da Silveira, "a psiquiatria é a mais resistente. A mais impertinentemente resistente" (in: Passetti, 1992). No entanto, para Deleuze e Guattari "as fugas e os movimentos moleculares não seriam nada se não repassassem pelas organizações molares e não remanejassem seus segmentos [...] Sempre vaza ou foge alguma coisa" (1997c).

Referências bibliográficas e iconográficas

> LIVROS, JORNAIS, REVISTAS E TRABALHOS ACADÊMICOS

AGUIAR, Flávio. *Os homens precários*. Porto Alegre: A Nação; IEL, 1975.

ANDRADE, Liomar Quinto. *Terapia expressivas: uma pesquisa de referenciais teórico-práticos*. 1993. Tese (doutorado em Psicologia Clínica) – Instituto de Psicologia da Universidade de São Paulo, São Paulo, SP.

ANDRADE, Mário de. *Aspectos da literatura brasileira*. São Paulo: Martins Editora, 1943.

_____. *Obra imatura*. São Paulo: Martins Editora, 1960.

_____. *Poesias completas*. São Paulo: Martins Editora, 1974.

_____. *Aspectos das artes plásticas no Brasil*. São Paulo: Martins Editora, 1975.

_____. *Namoros com a medicina*. São Paulo: Martins Editora; Belo Horizonte: Itatiaia, 1980 [1937].

_____. "O movimento modernista". In: *Aspectos da literatura brasileira*. São Paulo: Martins Editora, 1992.

_____. *Carta ao pintor moço*. São Paulo: Boitempo Editorial, 1995 [1942].

ANDRADE, Oswald de. *Obras completas VI: do pau-brasil à antropofagia e às utopias*. Rio de Janeiro: Civilização Brasileira, 1970.

_____. *Os dentes do dragão*. São Paulo: Globo/Secretaria do Estado da Cultura de São Paulo, 1990.

_____. *Estética e política*. São Paulo: Globo, 1992.

Antunes, Arnaldo. *40 Escritos*. São Paulo: Iluminuras, 2000.

Arantes, Otília Beatriz Fiori. "Prefácio: Mário Pedrosa, um capítulo brasileiro da teoria da abstração". In: Pedrosa, M. *Forma e percepção estética: textos escolhidos II*. Otília Arantes (org.). São Paulo: Edusp, 1996.

Argan, Giulio Carlo. *Arte Moderna*. São Paulo: Companhia das Letras, 1992.

Archivos Brasileiros de Hygiene Mental, Revista oficial da Liga de Hygiene Mental do Rio de Janeiro. Período: de 1925 a 1930.

Assis, Machado de. *Memorial de Aires. O alienista*. Org., introd e notas de Massaud Moisés. São Paulo: Cultrix, 1961 [1908].

_____. *O alienista*. São Paulo: Ática, 1977 [1882].

_____. *Papéis avulsos – edição comentada*. São Paulo: Selimunte, 1994 [1882].

_____. *Memórias póstumas de Brás Cubas*. São Paulo: Scipione, 1994 [1881].

_____. *Quincas Borba*. São Paulo: Scipione, 1994 [1891].

_____. *Terspsícore*. São Paulo: Boitempo Editorial, 1996 [1886].

_____. *Contos: uma antologia/Machado de Assis*; seleção, introdução e notas John Gledson. São Paulo: Companhia das Letras, 1998.

Badiou, Alain. "Da vida como nome do ser". In: *Gilles Deleuze: uma vida filosófica*. São Paulo: Editora 34, 2000.

Barbosa, Ana Mae. "Apresentação". In: Ferraz, Maria Heloísa Toledo. *Arte e loucura: limites do imprevisível*. São Paulo: Lemos Editorial, 1998, p. 10-7.

Barros, Regina Benevides. *Grupo: afirmação de um simulacro*. 1994. Tese (doutorado em Psicologia Clínica) – Pontifícia Universidade Católica, São Paulo, SP.

Basaglia, Franco; Basaglia, Franca O. *Los crimenes de la paz: investigación sobre los intelectuales y los técnicos como servidores de la opressión*. México: Siglo Veintuno Ed., 1977.

Bataille, Georges. *La literature y el mal*. Madrid: Taurus, 1977.

Bausch, Pina. "Dance, senão estamos perdidos". *Folha de S.Paulo*, São Paulo, 27 ago. 2000. Caderno Mais!

Benneton, Maria José. "Alguns aspectos do uso de atividades artísticas em terapia ocupacional". *Boletim de Psiquiatria*, São Paulo, v. 17, n. 2, p. 53-96, 1984.

_____. *A terapia ocupacional como instrumento nas ações de Saúde Mental*. 1994. Tese (doutorado em Saúde Mental) – Faculdade de Ciências Médicas – Universidade Estadual de Campinas (Unicamp), Campinas, SP.

_____. *A descoberta da insanidade na arte*. Aula proferida no Curso de Extensão "Práxis Artística e Terapêutica: interfaces da arte e da saúde". São Paulo, MAC-USP e Curso de Terapia Ocupacional. 1996 (mimeo).

BLANCHOT, Maurice. *O espaço literário*. Rio de Janeiro: Rocco, 1987.

BOSI, Alfredo. *História concisa da literatura brasileira*. São Paulo: Cultrix, 1990.

BRAGA, Rubem. "Abraham Palatnik pinta com luz e movimento". *Revista Manchete*, Rio de Janeiro, 1953.

BRASIL, U. "Qorpo-Santo contra a estética romântica". *O Estado de São Paulo*, São Paulo, 27 jan. 2001. Caderno 2.

BRETT, Guy. "Lygia Clark: seis células". In: *Lygia Clark*. Catálogo da exposição promovida pela Fundació Antoni Tàpies, Barcelona, 1997.

BRITO, Mário da Silva. *História do modernismo brasileiro*. Rio de Janeiro: Civilização Brasileira, 1964.

BRITO, Ronaldo. *Neoconcretismo: vértice e ruptura do projeto construtivo brasileiro*. São Paulo: Cosac & Naify, 1999.

BRUNELLO, Maria Inês Britto; CASTRO, Eliane Dias; LIMA, Elizabeth Araújo. "Atividades humanas e terapia ocupacional". In: *Terapia ocupacional no Brasil: fundamentos e perspectivas*. São Paulo: Plexus, 2001.

BRUNO, C.A.N.B. "Psicanálise e movimento estético". In: *Álbum de família: imagens, fontes e ideias da psicanálise em São Paulo*. São Paulo: Casa do Psicólogo, 1994.

CAMPOFIORITO, Quirino. "Exposição do Centro Psiquiátrico". *A Noite*, Rio de Janeiro, 21 fev. 1947.

_____. "9 artistas". *O Jornal*, Rio de Janeiro, 29 nov. 1949a.

_____. "Arte e psiquiatria". *O Jornal*, Rio de Janeiro, 4 dez. 1949b.

_____. "Arte e ciência". *O Jornal*, Rio de Janeiro, 11 dez. 1949c.

_____. "Esquizofrenia e arte". *O Jornal*, Rio de Janeiro, 14 dez. 1949d.

_____. "Esquizofrenia e crítica". *O Jornal*, Rio de Janeiro, 17 dez. 1949e.

_____. "A arte dos esquizofrênicos". *O Jornal*, Rio de Janeiro, 22 dez. 1949f.

_____. "Arte e terapia". *O Jornal*, Rio de Janeiro, 27 dez. 1949g.

CAMPOS, Haroldo. "Apresentação". In: *Oswald de Andrade: trechos escolhidos*. Rio de Janeiro: Agir, 1967.

CANCINO, C. A. "Imagens do inconsciente". *Folha de S.Paulo*, São Paulo, 12 nov. 1999.

CANGUILHEM, G. *O normal e o patológico*. Rio de Janeiro: Forense Universitária, 2000.

CANGUÇU, Daniela Figueiredo; CASTRO, Eliane Dias; COSTA, Ana Lúcia Borges; INFORSATO, Erika Alvarez; LIMA, Elizabeth Araújo; LIMA, Leonardo José Costa. "Programa Permanente de Composições Artísticas e Terapia Ocupacional (Pacto): uma proposta de Atenção na Interface Arte-Saúde". *Revista de Terapia Ocupacional da USP*, São Paulo, v. 11, n. 2/3, 2000.

CANGUÇU, Daniela Figueiredo; INFORSATO, Erika Alvarez; LIMA, Elizabeth Araújo. "Pacto-adolescentes: uma experiência com atividades artísticas em terapia ocupacional". *Ocupando as atividades: anais do VII Congresso Brasileiro de Terapia Ocupacional*. Porto Alegre, 2001.

CANOGIA, L. "O artista plástico Flávio de Carvalho". In: *Flávio de Carvalho: 100 anos de um revolucionário romântico*. São Paulo: CCBB/MAB-Faap, 1999.

CARVALHO, Flávio R. "Uma tese curiosa – a cidade do homem nu". *Diário de São Paulo*, São Paulo, 19 jul. 1930.

_____. "Crianças artistas, doidos artistas". *Rumo*, Rio de Janeiro, ano 5, n. 29, set. 1933.

_____. "A única arte que presta é a anormal". *Diário de São Paulo*, São Paulo, 24 set. 1936.

_____. *Os ossos do mundo*. Rio de Janeiro: Ariel, 1936.

_____. "O drama da arte contemporânea". *Diário de São Paulo*, São Paulo, 20 jun. 1937.

_____. "O aspecto psicológico e mórbido da arte moderna". *Diário de São Paulo*, São Paulo, 22 jun. 1937.

_____. "O que eu vejo na pintura". *Diário de São Paulo*, São Paulo, 18 nov. 1956.

_____. "A luta nos domínios da arte". *O Cruzeiro*, Rio de Janeiro, 2 abril 1938. In: *Flávio de Carvalho: 100 anos de um revolucionário romântico*. São Paulo: CCBB/MAB – Faap, 1999.

_____. *A experiência n. 2 realizada sobre uma procissão de Corpus-Christi: uma possível teoria e uma experiência*. Rio de Janeiro: Nau, 2001 [1931].

CASSIRER, Ernst. *Ensaio sobre o homem*. São Paulo, Martins Fontes, 1994.

CASTRO, Eliane Dias. "O olhar de Nise da Silveira sobre a obra de Jung". *Revista Hermes*, São Paulo, n. 4, Sedes Sapientiae, 1998.

_____. *Atividades artísticas e terapia ocupacional: construção de linguagens e inclusão social*. 2001. Tese (doutorado) – ECA-USP, São Paulo, SP.

CÉSAR, Guilhermino. "Introdução". In: *As relações naturais e outras comédias*. Fixação do texto, estudo crítico e notas por César, Guilhermino. Porto Alegre: Edição FF-UFRS, 1969.

CÉSAR, Osório. "A arte primitiva nos alienados". *Memórias do Hospício do Juquery*, São Paulo, ano II, n. 2., 1925.

_____. *A expressão artística nos alienados: contribuição para o estudo dos symbolos na arte*. São Paulo: Officinas Graphicas do Hospital do Juquery, 1929.

_____. "Estudo comparativo entre a arte de vanguarda e a arte dos alienados". *Rumo*, Rio de Janeiro, 5, 29 set. 1933.

_____. *A arte nos loucos e nos vanguardistas*. Rio de Janeiro: Flores & Mano, 1934.

CÉSAR, Osório; MARCONDES, Durval. "Sobre dois casos de estereotypia graphica com symbolismo sexual". *Memórias do Hospício do Juquery*, São Paulo, ano III/IV, n. 3-4, 1926-1927.

CHAUÍ, Marilena. "Sobre o medo". In: *Os sentidos da paixão*. São Paulo, Companhia das Letras/Funarte, 1989.

CHIARELLI, Tadeu. *Um jeca nos vernissages*. São Paulo: Edusp, 1995.

_____. "Flávio de Carvalho: questões sobre sua arte de ação". In: *Flávio de Carvalho: 100 anos de um revolucionário romântico*. São Paulo: CCBB/MAB-FAAP, 1999.

COELHO, Teixeira. "A arte não revela a verdade da loucura, a loucura não detém a verdade da arte". In: *Psiquiatria, loucura e arte: fragmentos da história brasileira*. São Paulo: Edusp, 2002.

COSTA, Jurandir Freire. *História da psiquiatria no Brasil: um corte ideológico*. Rio de Janeiro: Campus, 1980.

DAHER, L. C. "Aspectos expressionistas da obra de Flávio de Carvalho". In: *Flávio de Carvalho: 100 anos de um revolucionário romântico*. São Paulo: CCBB/MAB-Faap, 1999.

DANTAS, Luiz. "O alienista de Machado de Assis: a loucura e a hipérbole". In: Ribeiro, R. J. (org.). *Recordar Foucault*. São Paulo: Brasiliense, 1985.

DELEUZE, Gilles. *Espinosa e os signos*. Porto: Rés, [s.d.].

_____. *Lógica do sentido*. São Paulo: Perspectiva, 1974.

_____. *Nietzsche e a filosofia*. Rio de Janeiro: Rio, 1976.

_____. *Francis Bacon: logique de la sensation*. Paris: Editora de La Différence, 1981.

_____. *A dobra: Leibniz e o barroco*. Campinas: Papirus, 1991.

_____. *Foucault*. São Paulo: Brasiliense, 1991.

_____. *Crítica e clínica*. São Paulo, Editora 34, 1997.

_____. *Conversações*. São Paulo, Editora 34, 2000.

DELEUZE, Gilles; GUATTARI, Fèlix. *Kafka: por uma literatura menor*. Rio de janeiro, Imago, 1977.

_____. *Anti-Édipo: capitalismo e esquizofrenia*. Lisboa: Assírio & Alvim, 1995.

_____. Devir-intenso, devir-animal, devir-imperceptível. In: *Mil Platôs: capitalismo e esquizofrenia*. v. 4. São Paulo: Editora 34, 1997a.

_____. "Acerca do ritornelo". In: *Mil Platôs: capitalismo e esquizofrenia*. v. 4. São Paulo, Editora 34, 1997b.

_____. "Tratado de nomadologia: a máquina de guerra". In: *Mil Platôs: capitalismo e esquizofrenia*. v. 5. São Paulo: Editora 34, 1997c.

_____. *O que é a filosofia*. São Paulo: Editora 34, 2001.

DERRIDA, Jaques. "Fazer justiça a Freud: a história da loucura na era da psicanálise". In: *Foucault: leituras da história da loucura*. Rio de Janeiro: Relume-Dumará, 1994.

DINIZ, Fernando. "O pintor é feito um livro que não tem fim". In: *O universo de Fernando Diniz*. Rio de Janeiro: Rio-Arte/Secretaria Municipal de cultura, [s.d.] (catálogo).

_____. "Tapete digital". In: *Imagens do inconsciente – mostra do redescobrimento*. Fundação Bienal de São Paulo. São Paulo: Associação Brasil 500 anos Artes Visuais, 2000 (catálogo).

DIONISIO, Gustavo Henrique. "Psicologia da forma e as imagens do inconsciente: de Mário Pedrosa a Nise da Silveira". Pesquisa de Iniciação Científica. Assis: Fapesp/Unesp, 2000.

_____. "Museu de Imagens do Inconsciente: considerações sobre sua história". *Psicologia: Ciência e Profissão*. Brasília: Conselho Federal de Psicologia, n. 3, ano 21, 2001.

DOCTORS, Marcio. "Fernando Diniz." In: *Imagens do inconsciente – Mostra do redescobrimento*. Fundação Bienal de São Paulo. São Paulo: Associação Brasil 500 anos Artes Visuais, 2000 (catálogo).

_____. "Das máquinas de pintar às máquinas de desacelerar". In: *Pioneiro Palatnik – máquinas de pintar e máquinas de desacelerar*. São Paulo: Itaú Cultural, 2002 (catálogo).

ESPÍRITO SANTO, Denise. "A poesia *nonsense* de Qorpo-Santo". In: Qorpo-Santo. *Poemas*. Denise Espírito Santo (org.). Rio de Janeiro: Contra Capa Livraria, 2000.

FABBRINI, Ricardo Nascimento. *O espaço de Lygia Clark*. São Paulo: Atlas, 1994.

FAVARETTO, Celso. *A invenção de Hélio Oiticica*. São Paulo: Fapesp/Edusp, 2000.

FERRAZ, Maria Heloísa Toledo. *Arte e loucura: limites do imprevisível*. São Paulo: Lemos Editorial, 1998.

FIGUEIREDO, Luis Claudio. *A invenção do psicológico: quatro séculos de subjetivação*. São Paulo: Escuta/Educ, 1992.

FISCHER, Ernst. *A necessidade da arte*. Rio de Janeiro: Zahar, 1983.

FOUCAULT, Michel. *Microfísica do poder*. Rio de Janeiro: Graal, 1980.

_____. *História da sexualidade I: a vontade de saber*. Rio de Janeiro: Graal, 1982.

_____. *História da loucura na idade clássica*. São Paulo: Perspectiva, 1995.

_____. *As palavras e as coisas: uma arqueologia das ciências humanas*. São Paulo: Martins Fontes, 1985.

_____. *O nascimento da clínica*. Rio de Janeiro: Forense universitária, 1998.

_____. *Em defesa da sociedade*. São Paulo: Martins Fontes, 1999.

_____. "O que são as luzes". In: *Ditos e escritos II: arqueologia das ciências e história dos sistemas de pensamento*. Rio de Janeiro: Forense Universitária, 2000.

_____. *Os anormais*. São Paulo: Martins Fontes, 2001.

FRAGA, Eudynir. *Qorpo-Santo: surrealismo ou absurdo?* São Paulo: Perspectiva, 1988.

FRANZ, M.-L. O processo de individuação. In: Jung, C. G. (org.) *O homem e seus símbolos*. Rio de Janeiro: Nova Fronteira, 1987.

FRAYZE-PEREIRA, João Augusto. *Olho d'água: arte e loucura em exposição*. São Paulo: Escuta, 1995.

FREITAS, L. A. P. *Freud e Machado de Assis: uma intersecção entre psicanálise e literatura*. Rio de Janeiro: Mauad, 2001.

FREITAS, N. "Flávio de Carvalho". In: *Flávio de Carvalho*. São Paulo: XVII Bienal de São Paulo – Núcleo Histórico, 1983 [1948].

FREITAS, V. "Flávio de Carvalho, leitor dos 'gráficos da cultura'". In: *Flávio de Carvalho: 100 anos de um revolucionário romântico*. São Paulo: CCBB/MAB-FAAP, 1999.

FREUD, Sigmund. "A interpretação dos sonhos", 1900. In: FREUD, Sigmund. *Edição standard brasileira das obras completas de Sigmund Freud*. v. IV Rio de Janeiro: Imago, 1990.

_____. "Os chistes e sua relação com o inconsciente", 1905. In: FREUD, Sigmund. *Edição standard brasileira das obras completas de Sigmund Freud*. v. VIII. Rio de Janeiro: Imago, 1990.

_____. "Delírios e sonhos na *Gradiva* de Jensen", 1906. In: FREUD, Sigmund. *Edição standard brasileira das obras completas de Sigmund Freud*. v. IX. Rio de Janeiro: Imago, 1990.

_____. "Escritores criativos e devaneio", 1907. In: FREUD, Sigmund. *Edição standard brasileira das obras completas de Sigmund Freud*. v. IX. Rio de Janeiro: Imago, 1990.

_____. "Uma lembrança infantil de Leonardo da Vinci", 1910. In: FREUD, Sigmund. *Edição standard brasileira das obras completas de Sigmund Freud*. v. XI. Rio de Janeiro: Imago, 1990.

_____. "Notas psicanalíticas sobre um relato autobiográfico de um caso de paranoia", 1911. In: FREUD, Sigmund. *Edição standard brasileira das obras completas de Sigmund Freud*. v. XII. Rio de Janeiro: Imago, 1990.

_____. "Totem e tabu", 1913. In: FREUD, Sigmund. *Edição standard brasileira das obras completas de Sigmund Freud*. v. XIII. Rio de Janeiro: Imago, 1990.

_____. "O interesse científico da psicanálise. O interesse da psicanálise do ponto de vista da ciência da estética", 1914. In: FREUD, Sigmund. *Edição standard brasileira das obras completas de Sigmund Freud*. v. XIII. Rio de Janeiro: Imago, 1990.

_____. "O Moisés de Michelangelo", 1914. In: FREUD, Sigmund. *Edição standard brasileira das obras completas de Sigmund Freud*. v. XIII. Rio de Janeiro: Imago, 1990.

_____. "Sobre o narcisismo: uma introdução", 1914. In: FREUD, Sigmund. *Edição standard brasileira das obras completas de Sigmund Freud*. v. XIV. Rio de Janeiro: Imago, 1990.

_____. "O Estranho", 1919. In: Freud, Sigmund. *Edição standard brasileira das obras completas de Sigmund Freud.* v. XVII. Rio de Janeiro: Imago, 1990.

_____. "Psicologia das massas e análise do ego", 1921. In: Freud, Sigmund. *Edição standard brasileira das obras completas de Sigmund Freud.* v. XVIII. Rio de Janeiro: Imago, 1990, v. XVIII.

_____. "Um estudo autobiográfico", 1925. In: Freud, Sigmund. *Edição standard brasileira das obras completas de Sigmund Freud.* v. XX. Rio de Janeiro: Imago, 1990.

_____. "O humor", 1927. In: Freud, Sigmund. *Edição standard brasileira das obras completas de Sigmund Freud.* v. XXI. Rio de Janeiro: Imago, 1990.

_____. "O prêmio Goethe", 1930. In: Freud, Sigmund. *Edição standard brasileira das obras completas de Sigmund Freud.* v. XXI. Rio de Janeiro: Imago, 1990.

_____. *Edição standard brasileira das obras completas de Sigmund Freud.* Rio de Janeiro: Imago, 1990.

Galetti, Maria Cecília. *Oficinas em saúde mental: instrumento terapêutico ou intercessor clínico?* 2001. Dissertação (mestrado em Psicologia Clínica) – PUC-SP, São Paulo, SP.

Gil, José. *Fernando Pessoa ou a metafísica das sensações.* Lisboa: Relógio d'Água, [s/d].

_____. *Diferença e negação na poesia de Fernando Pessoa.* Rio de Janeiro: Relume Dumará, 2000.

Guattari, Fèlix. *Caosmose: um novo paradigma estético.* Rio de Janeiro: Editora 34, 1992.

Guattari, Fèlix; Rolnik, Suely. *Micropolítica: cartografias do desejo.* Petrópolis: Vozes, 1986.

Guinsburg, Joel. *O romantismo.* São Paulo: Perspectiva, 1993.

Gullar, Ferreira. "O que diz a obra de arte". In: *Sobre arte.* Rio de Janeiro: Avenir, 1982.

_____. *Nise da Silveira: uma psiquiatra rebelde.* Rio de Janeiro: Relume-Dumará, 1996.

_____. "La trayectoria de Lygia Clark". In: *Lygia Clark.* Catálogo da exposição promovida pela Fundación Antoni Tápies, Barcelona, 1997.

_____. *Etapas da arte contemporânea: do cubismo à arte neoconcreta.* Rio de Janeiro: Revan, 1999.

_____. "A Mário Pedrosa, com carinho". *Folha de S.Paulo*, São Paulo, 16 abril 2000.

HIDALGO, Luciana. *Arthur Bispo do Rosário: o senhor do labirinto*. Rio de Janeiro: Rocco, 1996.

HIRSZMAN, M. "Palatnik faz poesia com ritmo, cor e movimento". *O Estado de S. Paulo*, São Paulo, 9 nov. 2002.

INFORSATO, Erika Alvarez. "Pacto-adolescentes: uma experiência com atividades artísticas em Terapia Ocupacional". Trabalho apresentado ao Programa de Estudos Pós-Graduados em Psicologia Clínica da PUC-SP, 2001 (mimeo).

JAFFÉ, A. "O simbolismo nas artes plásticas". In: JUNG, C. G. (org.). *O homem e seus símbolos*. Rio de Janeiro: Nova Fronteira, [s.d.].

JUNG, Carl Gustav. *Obras completas de C. G. Jung*. Petrópolis: Vozes, 1991.

_____. "Relação da psicologia analítica com a obra de arte poética" (1922). In: JUNG, Carl Gustav. *Obras completas de C. G. Jung*. v. XV. Petrópolis: Vozes, 1991.

_____. "Psicologia e poesia" (1930). In: JUNG, Carl Gustav. *Obras completas de C. G. Jung*. v. XV. Petrópolis: Vozes, 1991.

_____. "Picasso" (1932). In: JUNG, Carl Gustav. *Obras completas de C. G. Jung*. v. XV. Petrópolis: Vozes, 1991.

_____. "Ulisses: um monólogo" (1932). In: JUNG, Carl Gustav. *Obras completas de C. G. Jung*. v. XV. Petrópolis: Vozes, 1991.

_____. "Chegando ao inconsciente". In: JUNG, C. G. (org.) *O homem e seus símbolos*. Rio de Janeiro: Nova Fronteira, 1987.

KANDINSKY, Wassily. *Do espiritual na arte*. São Paulo: Martins Fontes, 1996.

KON, Noemi M. *Freud e seu duplo*. São Paulo: EdUsp/Fapesp, 1996.

KOSSOVITCH, Leon. "As artes plásticas: Mário de Andrade e seu método". *Discurso*, São Paulo: Departamento de Filosofia da FFLCH-USP, n. 7, 2º sem. 1990.

LAFETÁ, João Luiz. *1930: a crítica e o modernismo*. São Paulo: Duas Cidades/Editora 34, 2000.

LAFORA, G. "Estudo psicológico do cubismo e do expressionismo". Trad. J. Carvalhal Ribas. Extraído de *Don Juan, los milagros y otros ensayos*. Madrid: Biblioteca Nueva, 1927 (mimeo).

LEITE, Rui Moreira. "O arquiteto Flávio de Carvalho". In: *Flávio de Carvalho*. São Paulo: XVII Bienal de São Paulo – Núcleo Histórico, 1983.

_____. "O artista plástico Flávio de Carvalho". In: *Flávio de Carvalho*. São Paulo: XVII Bienal de São Paulo – Núcleo Histórico, 1983.

_____. *A experiência sem número: uma década marcada pela atuação de Flávio de Carvalho*. 1987. Dissertação (Mestrado) – ECA-USP, São Paulo.

_____. *Flávio de Carvalho: entre a experiência e a experimentação*. 1994. Tese (Doutorado) – ECA-USP, São Paulo.

LIMA, Elizabeth Araújo. *Clínica e criação: a utilização de atividades em instituições de saúde mental*. 1997a. Dissertação (Mestrado) – Programa de Estudos Pós-Graduados em Psicologia Clínica da PUC, São Paulo.

_____. "Terapia ocupacional: um território de fronteira?" *Revista de Terapia ocupacional da USP*, São Paulo, v. 8 (2-3), 1997b. Disponível em: <http://www.casadato.com.br/Noticia.asp?ID=923>.

_____. "Desejando a diferença: reflexões sobre as relações entre os terapeutas ocupacionais e as populações tradicionalmente atendidas por estes profissionais". *Revista de Terapia Ocupacional da USP*, São Paulo: Centro de Docência e Pesquisa em Terapia Ocupacional, v. 14, n. 1, p. 64-71, 2003.

_____. "Oficinas e outros dispositivos para uma clínica da criação". In: COSTA, C.M.; FIGUEIREDO, A. C. (org.). *Oficinas terapêuticas em saúde mental: sujeito, produção e cidadania*. Rio de Janeiro: Contra Capa Livraria, 2004. (Coleções IPUB).

LIMA, M. A. "Transgressão manteve-se no teatro". *O Estado de São Paulo*, São Paulo, 27 jan. 2001. Caderno 2.

LOBO, L. "As metáforas do humor em Machado de Assis". In: *Crítica sem juízo*. Rio de Janeiro: Francisco Alves, 1993.

LOBO, R. "As mudanças históricas e a chegada da psicanálise no Brasil". In: *Álbum de família: imagens, fontes e ideias da psicanálise em São Paulo*. São Paulo: Casa do Psicólogo, 1994.

LOPES, L. L. R. P. *Machado de A a X*. São Paulo: Editora 34, 2001.

LOUREIRO, Ines Rosa Bianca. *A arte no pensamento de Freud: uma tentativa de sistematização da estética freudiana*. 1994. Dissertação (Mestrado) – PUC-SP, São Paulo.

_____. *O carvalho e o pinheiro: Freud e o estilo romântico*. São Paulo: Escuta/Fapesp, 2002.

MACHADO, C. E. "Mais uma ressurreição de Qorpo-Santo". *Folha de S.Paulo*, São Paulo, 27 jan. 2001. Ilustrada.

MACHADO, Roberto et al. *Danação da norma: medicina social e constituição da psiquiatria no Brasil*. Rio de Janeiro: Graal, 1978.

MACIEL, Luiz Carlos. "O Caso Qorpo-Santo". *Correio da Manhã*, Rio de Janeiro, 26 maio 1968.

MÂNGIA, Elisabete Ferreira. *A origem da psiquiatria institucional brasileira e seus ideólogos*. 1992. Dissertação (Mestrado). PUC-SP, São Paulo.

_____. "Psiquiatria e tratamento moral: o trabalho como ilusão de liberdade". *Revista de Terapia Ocupacional da USP*, São Paulo, v. 8/2-3, 1997.

MARCONDES, Durval. *O symbolismo esthetico na literatura*. São Paulo: Secção de obras d' O Estado de São Paulo, 1926.

_____. "Psicanálise dos desenhos dos psicopatas". *Revista da Associação Paulista de Medicina*, São Paulo, v. III, n. 4, out. 1933.

MARQUES, M. V. A. *Escritos sobre um Qorpo*. São Paulo: Annablume, 1993.

MARTIN, Jean-Clet. "O olho do fora". In: *Gilles Deleuze: uma vida filosófica*. Éric Alliez (org.). São Paulo: Editora 34, 2000.

MARTINEZ, Rosa. "O trabalho dos dias". In: *Rivane Neuenschwander – Catálogo*. São Paulo: Galeria Camargo Villaça, 1998.

MATISSE, H. *Com olhos de criança*. Ideias coletadas por Règine Pernoud. Le Corrier de L'Unesco, v. 2, n. 2/3, jun/set 1991.

MATTAR, D. "Suntuoso, lúbrico, dramático". In: *Flávio de Carvalho: 100 anos de um revolucionário romântico*. São Paulo: CCBB/MAB-Faap, 1999.

MAVIGNIER, Almir. "O início do ateliê de pintura". In: *Imagens do inconsciente – Mostra do redescobrimento*. Fundação Bienal de São Paulo. São Paulo: Associação Brasil 500 anos Artes Visuais, 2000 (catálogo).

MELLO, Luis Carlos. "Flores do abismo". In: *Imagens do inconsciente – Mostra do redescobrimento*. Fundação Bienal de São Paulo. São Paulo: Associação Brasil 500 anos Artes Visuais, 2000 (catálogo).

MEMÓRIAS *do Hospício do Juquery*, n. 1 a 6. Período: 1924 a 1929. São Paulo.

MEZAN, Renato. *Freud pensador da cultura*. São Paulo: Brasiliense, 1990.

MICHALSKI, Yan. "O sensacional Qorpo-Santo". *Jornal do Brasil*, Rio de Janeiro, 8 fev. 1968.

MILLIET, Sergio. "Flávio de Carvalho". In: *Flávio de Carvalho*. São Paulo: XVII Bienal de São Paulo – Núcleo Histórico, 1983 [1962].

MOISÉS, Massaud. "O alienista de Machado, uma paródia de D. Quixote". *Jornal da Tarde*, São Paulo, 8 jan. 2000. Caderno de Sábado.

Montagna, P. "Psicanálise e psiquiatria, São Paulo". In: *Álbum de família: imagens, fontes e ideias da psicanálise em São Paulo*. São Paulo: Casa do Psicólogo, 1994.

Moraes, E. J. *A brasilidade modernista: sua dimensão filosófica*. Rio de Janeiro: Graal, 1978.

Morais, Frederico. "Palatnik: artista e inventor". *O Globo*, Rio de Janeiro, 2 dez. 1981.

_____. "A reconstrução do universo segundo Arthur Bispo do Rosário". In: *Registros de minha passagem pela terra: Arthur Bispo do Rosário*. São Paulo: MAC – Museu de Arte Contemporânea da USP, 1990 (catálogo).

_____. *Arte é o que eu e você chamamos arte*. São Paulo: Record, 1998.

_____. "Abraham Palatnik – um pioneiro da arte tecnológica". In: *Retrospectiva Abraham Palatnik: a trajetória de um artista inventor*. São Paulo: Itaú Cultural, 1999 (catálogo).

Nancy, Jean-Luc. *La communauté déseouvrée*. Paris: Christian Bourgois Editeur, 1986.

Nascimento, Beatriz Ambrósio. *Loucura, trabalho e ordem: o uso do trabalho e da ocupação em instituições psiquiátricas*. 1991. Dissertação (Mestrado) – Programa de Estudos Pós-Graduados em Ciências Sociais da PUC, São Paulo, SP.

Navarra, Rubens. "Pintura e loucura". *Diário de Notícias do Rio de Janeiro*, Rio de Janeiro, 2 mar. 1947.

Negri, A. *Exílio*. São Paulo: Iluminuras, 2001.

Nicácio, M. F. *O Processo de transformação da saúde mental em Santos: desconstrução de saberes, instituições e cultura*. 1994. Dissertação (Mestrado). São Paulo, SP.

Osorio, Luis Camilo. *Flávio de Carvalho*. São Paulo: Cosac & Naify, 2000.

Pacheco e Silva, Antonio Carlos. *Problemas de higiene mental*. São Paulo: Oficinas Gráficas do Hospital do Juquery, 1936.

Palatnik, Abraham. "A revelação do inconsciente". In: *Imagens do inconsciente – Mostra do redescobrimento*. Fundação Bienal de São Paulo. São Paulo: Associação Brasil 500 anos Artes Visuais, 2000 (catálogo).

Pedrosa, Mário. "Exposição de alienados". *Correio da Manhã*, Rio de Janeiro, 4 fev. 1947a.

_____. "Ainda a exposição do Centro Psiquiátrico". *Correio da Manhã*, Rio de Janeiro, 7 fev. 1947b.

_____. "Os artistas do Engenho de Dentro". *Correio da Manhã*, Rio de Janeiro, 14 dez. 1949a.

_____. "Artistas do Engenho de Dentro". *Correio da Manhã*, Rio de Janeiro, 18 dez. 1949b.

_____. "Pintores de arte virgem". *Correio da Manhã*, Rio de Janeiro, 19 mar. 1950.

_____. "Fernando". *Museu de Imagens do Inconsciente*. Rio de Janeiro: MEC/Funarte, 1980. Coleção Museus Brasileiros – 2 (catálogo).

_____. "Introdução". *Museu de Imagens do Inconsciente*. Rio de Janeiro: MEC/Funarte, 1980. Coleção Museus Brasileiros – 2 (catálogo).

_____. "Palatnik: um excelente intróito à Bienal". In: *Abraham Palatnik*. Rio de Janeiro: Instituto de Arquitetura do Brasil/Funarte, 1981 [1951] (catálogo).

_____. "Abraham Palatnik". *Abraham Palatnik*. Rio de Janeiro: Instituto de Arquitetura do Brasil/Funarte, 1981 [1953] (catálogo).

_____. *Política das artes: textos escolhidos I*. Otília Arantes (org.). São Paulo: Edusp, 1995.

_____. *Forma e percepção estética: textos escolhidos II*. Otília Arantes (org.). São Paulo: Edusp, 1996.

PELBART, Peter Pál. "Teatro nômade". *Revista de Terapia Ocupacional da USP*, São Paulo, v. 9, n. 2. 1998.

_____. *A vertigem por um fio: políticas da subjetividade contemporânea*. São Paulo: Fapesp/Iluminuras, 2000.

PEREGRINO JR., J. *Doença e constituição de Machado de Assis*. Rio de Janeiro: José Olympo, 1938.

PIGNATARI, Décio. *Contracomunicação*. São Paulo: Perspectiva, 1971.

QORPO-SANTO, Joaquim José Campos Leão. *Ensiqlopèdia ou seis mezes de huma enfermidade*. Porto Alegre: Tipografia Qorpo-Santo, 1877.

_____. *As relações naturais e outras comédias*. Fixação do texto, estudo crítico e notas por César, Guilhermino. Porto Alegre: Edição FF-UFRS, 1969.

_____. *Poemas*. Denise Espírito Santo (org.). Rio de Janeiro: Contra Capa Livraria, 2000.

_____. *Teatro completo*. Apresentação: Eudinyr Fraga. São Paulo: Iluminuras, 2001.

QUINET, Antonio. "Arte virgem: a função da pintura na psicose". In: *Teoria e clínica da Psicose*. Rio de Janeiro: Forense Universitária, 2000.

RIBEIRO DO VALLE, Luiz. *Psychologia morbida na obra de Machado de Assis*. Rio de Janeiro: Typ. Lith. Pimenta de Mello & C., 1918.

_____. *Certos escriptores brasileiros psycho-pathologistas*. Rio de Janeiro: Typ. Lith. Pimenta de Mello & C., 1921.

RIGHETTI, D. *O limiar da arte*. São Paulo: Rassegna Médica e Cultural, 1970. VIII (4).

ROCHA, Franco. "A questão do trabalho nos hospícios e Rocha". *Revista Médica de São Paulo*, São Paulo, v. 3, n. 5, 1900.

_____. *Hospício e colônias do Juquery: 20 anos de assistência aos alienados*. São Paulo: Typ. Brasil, 1912.

ROLNIK, Suely. "Pensamento, corpo e devir: uma perspectiva ético/estético/política no trabalho acadêmico". *Revista do núcleo de Estudos em Pesquisa da Subjetividade da PUC-SP*, São Paulo, 2 (1): p. 241-251, 1993. Cadernos de Subjetividade.

_____. "El híbrido de Lygia Clark". In: *Lygia Clark*. Catálogo da exposição promovida pela Fundació Antoni Tápies, Barcelona, 1997.

_____. "Quarar a alma". In: *A quietude da terra*. Salvador: Museu de Arte Moderna da Bahia, 2000.

_____. *Arte & Cura*. Rio de Janeiro: Simpósio "Brasil: Psicanálise e Modernismo. Museu de Arte Moderna do Rio de Janeiro e Associação Brasileira de Psicanálise, 2001 (mimeo).

_____. "Florações da realidade". In: Catherine de Zegher (ed.). *Vida afora/ Life line. Anna Maria Maiolino*. The Drawing Center, Nova York, 2002.

_____. "A vida na berlinda". Conferência realizada nos colóquios *Theaters of life*. New York: Performance Studies International, Department of Performance Studies, New York University, 2002.

ROSENFELD, Anatole. "Mário e o cabotinismo". In: *Texto/Contexto I*. São Paulo: Perspectiva, 1996.

ROUDINESCO, Elisabeth. "Ler o delírio acaba de sair na França". *Folha de S.Paulo*, São Paulo, 8 abr. 2001. Caderno Mais!

SAGAWA, R.Y. "A história da Sociedade Brasileira de Psicanálise de São Paulo". In: *Álbum de família: imagens, fontes e ideias da psicanálise em São Paulo*. São Paulo: Casa do Psicólogo, 1994.

SALLES, Cecília A. *O gesto inacabado: processo de criação artística*. São Paulo: Fapesp/Annablume, 1998.

SANGIRARDI JR. "Louco lunático infantil". In: *Flávio de Carvalho*. São Paulo: XVII Bienal de São Paulo – Núcleo Histórico, 1983.

SCHÉRER, René. "Homo tantum. O Impessoal: uma política". In: *Gilles Deleuze: uma vida filosófica*. São Paulo: Editora 34, 2000.

SCHWARZ, Roberto. "O psicologismo na poética de Mário de Andrade". In: *A sereia e o desconfiado: ensaios críticos*. Rio de Janeiro: Paz e Terra, 1981.

_____. *Um mestre na periferia do capitalismo: Machado de Assis*. São Paulo: Duas Cidades, 1990.

_____. *Ao vencedor as batatas: forma literária e processo social nos inícios do romance brasileiro*. São Paulo: Duas Cidades/Ed. 34, 2000.

SCHWARTZ, Jorge. *Vanguarda e cosmopolitismo na década de 20*. São Paulo: Perspectiva, 1983.

SILVA, Jorge Anthonio. *Arte e loucura: Arthur Bispo do Rosário*. São Paulo: Educ/Fapesp, 1998.

SILVEIRA, Nise da. *Terapêutica ocupacional: teoria e prática*. Rio de Janeiro: Casa das Palmeiras, [s.d.].

_____. "O Museu de Imagens do Inconsciente: histórico". In: *Museu de Imagens do Inconsciente*. Rio de Janeiro: MEC/Funarte, 1980. Coleção Museus Brasileiros – 2 (catálogo).

_____. *Imagens do inconsciente*. Rio de Janeiro, Alhambra. 1981.

_____. *Jung, vida e obra*. Rio de Janeiro: Paz e Terra, 1984.

_____. *O mundo das imagens*. São Paulo: Ática, 1992.

_____. *Cartas a Spinoza*. Rio de Janeiro: Francisco Alves Ed., 1999.

_____. "O mundo das imagens". In: *Imagens do inconsciente – Mostra do redescobrimento*. Fundação Bienal de São Paulo. São Paulo: Associação Brasil 500 anos Artes Visuais, 2000 (catálogo).

SOARES, Léa Beatriz. *Terapia ocupacional: lógica do capital ou do trabalho*. São Paulo: Hucitec, 1991.

SÜSSEKIND, Flora. "Rola a tinta e tudo finta!" In: Qorpo-Santo. *Poemas*. Denise Espírito Santo (org.). Rio de Janeiro: Contra Capa Livraria, 2000.

TEIXEIRA, Ivan. *Apresentação de Machado de Assis*. São Paulo: Martins Fontes, 1987.

THÉVOZ, Michel. *L'art brut*. Genéve: Editions d'Art Albert Skira, 1980.

VALERIO, Américo. *Machado de Assis e a psychanalyse*. Rio de Janeiro: Typ. Aurora H. Santiago, 1930.

VENTURA, Roberto. *Estilo tropical: história cultural e polêmicas literárias no Brasil*. São Paulo: Companhia das Letras, 1991.

VIEIRA, Maria Cristina Amorim. *O desafio da grande saúde em Nietzsche.* Rio de Janeiro: 7 Letras, 2000.

WANDERLEY, Lula. *O dragão pousou no espaço: arte contemporânea, sofrimento psíquico e o objeto relacional de Lygia Clark.* Rio de Janeiro: Rocco, 2002.

ZANINI, Walter. "Introdução a Flávio de Carvalho". In: *Flávio de Carvalho.* São Paulo: XVII Bienal de São Paulo – Núcleo Histórico, 1983.

FOLDERS, CATÁLOGOS DE EXPOSIÇÕES E MUSEUS

22 e a ideia do moderno. São Paulo: MAC, 1999.

Abraham Palatnik. Rio de Janeiro: Petite Galerie, 1965.

Abraham Palatnik. Rio de Janeiro: Gabinete de Arte Botafogo, 1971.

Abraham Palatnik. Rio de Janeiro: Instituto de Arquitetura do Brasil/Funarte, 1981.

Arte e inconsciente: três visões sobre o Juquery. São Paulo: Instituto Moreira Salles, 2002.

Brasil +500 – Mostra do Redescobrimento. Folder da Exposição, São Paulo, 2000.

Brasil, Psicanálise e modernismo. Museu de Arte de São Paulo Assis Chateaubriand, 2000.

O Brasil no século da Arte. São Paulo: MAC, 1999.

Flávio de Carvalho: 100 anos de um revolucionário romântico. São Paulo: CCBB/MAB – Faap, 1999.

Flávio de Carvalho. São Paulo: XVII Bienal de São Paulo – Núcleo Histórico, 1983.

Imagens do Inconsciente – Mostra do Redescobrimento. Fundação Bienal de São Paulo. São Paulo: Associação Brasil 500 anos Artes Visuais, 2000.

Laboratório de Estudo e Pesquisa – Arte e Corpo em Terapia Ocupacional, Folder.

Lygia Clark. Catálogo da exposição promovida pela Fundación Antoni Tápies, Barcelona, 1997.

Museu de Imagens do Inconsciente. Coleção Museus Brasileiros – 2. Rio de Janeiro: MEC/Funarte, 1980.

Pioneiro Palatnik – máquinas de pintar e máquinas de desacelerar. São Paulo: Itaú Cultural, 2002.

Registros de minha passagem pela terra: Arthur Bispo do Rosário. Museu de Arte Contemporânea – USP. São Paulo, 1990.

Retrospectiva Abraham Palatnik: a trajetória de um artista inventor. São Paulo: Itaú Cultural, 1999.

O universo de Fernando Diniz. Rio de Janeiro: Rio-arte/Secretaria Municipal de Cultura, [s.d.]

FILMES E VÍDEOS

Arthur Bispo do Rosário: o prisioneiro da passagem. Direção de Hugo Denizart, 1982.

Encontro com pessoas notáveis nº 1: Nise da Silveira. Roteiro, edição e direção: E. Passetti. São Paulo: Fundação Cultural São Paulo/PUC-Cogeae, 1992.

Imagens do inconsciente: em busca do espaço cotidiano. Direção de Leon Hirschman, 1983.

Isto é arte? Direção de Geraldo Santos. Palestra de Celso Favaretto. Itaú Cultural, 1999.

EVENTOS

SCHERER, R. *Modernidade e utopia.* Palestra. Programa de Estudos Pós-Graduados em Psicologia Clínica da PUC/SP, São Paulo, 1º dez. 1999.

---------- dobre aqui ----------

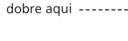

CARTA-RESPOSTA
NÃO É NECESSÁRIO SELAR

O SELO SERÁ PAGO POR

AC AVENIDA DUQUE DE CAXIAS
01214-999 São Paulo/SP

---------- dobre aqui ----------

ARTE, CLÍNICA E LOUCURA

------ recorte aqui ------

CADASTRO PARA MALA-DIRETA

Recorte ou reproduza esta ficha de cadastro, envie completamente preenchida por correio ou fax, e receba informações atualizadas sobre nossos livros.

Nome: _____ Empresa: _____
Endereço: ☐ Res. ☐ Coml. _____ Bairro: _____
CEP: _____-_____ Cidade: _____ Estado: _____ Tel.: ( ) _____
Fax: ( ) _____ E-mail: _____
Profissão: _____ Professor? ☐ Sim ☐ Não Disciplina: _____ Data de nascimento: _____

1. Você compra livros:
☐ Livrarias ☐ Feiras
☐ Telefone ☐ Correios
☐ Internet ☐ Outros. Especificar: _____

2. Onde você comprou este livro? _____

3. Você busca informações para adquirir livros:
☐ Jornais ☐ Amigos
☐ Revistas ☐ Internet
☐ Professores ☐ Outros. Especificar: _____

4. Áreas de interesse:
☐ Educação ☐ Administração, RH
☐ Psicologia ☐ Comunicação
☐ Corpo, Movimento, Saúde ☐ Literatura, Poesia, Ensaios
☐ Comportamento ☐ Viagens, Hobby, Lazer
☐ PNL (Programação Neurolingüística)

5. Nestas áreas, alguma sugestão para novos títulos? _____

6. Gostaria de receber o catálogo da editora? ☐ Sim ☐ Não
7. Gostaria de receber o Informativo Summus? ☐ Sim ☐ Não

Indique um amigo que gostaria de receber a nossa mala-direta

Nome: _____ Empresa: _____
Endereço: ☐ Res. ☐ Coml. _____ Bairro: _____
CEP: _____-_____ Cidade: _____ Estado: _____ Tel.: ( ) _____
Fax: ( ) _____ E-mail: _____
Profissão: _____ Professor? ☐ Sim ☐ Não Disciplina: _____ Data de nascimento: _____

Summus Editorial
Rua Itapicuru, 613 7º andar 05006-000 São Paulo - SP Brasil Tel. (11) 3872-3322 Fax (11) 3872-7476
Internet: http://www.summus.com.br e-mail: summus@summus.com.br

cole aqui